Structure
de la
langue tahitienne

LANGUES ET CULTURES DU PACIFIQUE

Collection dirigée par
Alban BENSA et Claire MOYSE-FAURIE

La collection « Langues et Cultures du Pacifique » veut mettre à la disposition des chercheurs et des populations concernées des matériaux rigoureusement présentés (dictionnaires, corpus de littérature orale, atlas linguistiques, etc.), des études approfondies (monographies de langues ou d'ethnies, recherches d'ethnohistoire, travaux comparatistes, etc.) et même des documents de travail de diffusion plus restreinte.

La collection publiera des recherches qui, attentives aux faits de langue, aux formes d'organisation sociale et aux représentations, seront consacrées aux différentes régions de l'Océanie.

Déjà parus dans la collection :

1. Alban BENSA et Jean-Claude RIVIERRE, 1982 – *Les Chemins de l'Alliance. L'organisation sociale et ses représentations en Nouvelle-Calédonie (Région de Touho).* 586p.
2. Jean-Michel CHARPENTIER, 1982 – *Atlas linguistique du Sud-Malakula – Linguistic Atlas of South Malakula (Vanuatu).* 2 vol. 176 p. + 997 p.
3. Claire MOYSE-FAURIE, 1983 – *Le drehu, langue de Lifou (Iles Loyauté). Phonologie, morphologie, syntaxe.* 215 p.
4. Jean-Claude RIVIERRE, 1983 – *Dictionnaire paicî-français. Lexique français-paicî.* 375 p.
5. Jean-Paul LATOUCHE, 1984 – *Mythistoire tungaru. Cosmologies et généalogies aux Iles Gilbert.* 487 p.
6. Françoise OZANNE-RIVIERRE, 1984 – *Dictionnaire iaai-français. Lexique français-iaai.* 181 p.
7. Daniel FRIMIGACCI, 1990 – *Aux temps de la Terre Noire. Ethnoarchéologie des Iles Futuna et Alofi.* 351 p. + 16 pl. h.t.
8. Claire MOYSE-FAURIE, 1993 – *Dictionnaire futunien-français, avec index français-futunien.* 521 p.
9. Jean-Claude RIVIERRE, 1994 – *Dictionnaire cèmuhî-français, suivi d'un lexique français-cèmuhî.* 543 p.
10. Claire MOYSE-FAURIE, 1995 – *Le xârâcùù, langue de Thio-Canala (Nouvelle-Calédonie). Eléments de syntaxe.* 257 p.
11. Daniel FRIMIGACCI, Muni KELETAONA, Claire MOYSE-FAURIE, Bernard VIENNE, 1995 – *Ko le fonu tu'a limulimua. La tortue au dos moussu. Textes de tradition orale de Futuna.* 515 p.
12. Françoise OZANNE-RIVIERRE (en collaboration avec Baptiste BOIGUIVIE, Scholastique BOIGUIVIE et Eliane DEDANE), 1998 – *Le nyelâyu de Balade (Nouvelle-Calédonie).* 276 p.
13. K. J. HOLLYMAN, 1999 – *Etudes sur les langues du Nord de la Nouvelle-Calédonie.* 179 p.
14. Isabelle BRIL (avec la collaboration de Soop DAHOT, Rony PHADOM, Willion PHADOM, Elia THIJIN, Georges THIJIN et du Comité linguistique des Nenema), 2000 – *Dictionnaire nêlêmwa-nixumwak-français-anglais (Nouvelle-Calédonie).* 523 p.

LANGUES ET CULTURES DU PACIFIQUE

―――――― 15 ――――――

Gilbert LAZARD et Louise PELTZER

STRUCTURE
DE LA
LANGUE TAHITIENNE

Selaf n° 391

Publié avec le concours
du MINISTÈRE DE LA CULTURE ET DE LA COMMUNICATION
DÉLÉGATION GÉNÉRALE À LA LANGUE FRANÇAISE

PEETERS
PARIS - LOUVAIN - STERLING, VIRGINIA
2000

LACITO
Laboratoire de Langues et Civilisations à Tradition Orale
FRE 2204 du CNRS
7, rue Guy Môquet – 94800 Villejuif (France)

Library of Congress Cataloging-in-Publication Data

Lazard, Gilbert.
  Structure de la langue tahitienne / Gilbert Lazard et Louise Peltzer.
    p. cm. -- (Langues et cultures du Pacifique ; 15) (SELAF ; no 391)
  Includes bibliographical references and index.
  ISBN 9042909471
    1. Tahitian language--Grammar. I. Peltzer, Louise. II. Title. III. Series. IV. Société d'études linguistiques et anthropologiques de France (Series) ; 391

PL6515 L39 2000
499.4445--dc21   00-045316

ISSN: 0750-2036
D.2000/0602/152
ISBN: 2-87723-538-6
ISBN: 90-429-0947-1

© PEETERS PRESS - LOUVAIN-PARIS
Copyright scientifique SELAF-PARIS 2000

Dépôt légal: Octobre 2000

Tous droits de reproduction, de traduction
et d'adaptation réservés pour tous pays.

INTRODUCTION

Le tahitien (*te reo tahiti*) est la langue des îles de la Société (Tahiti, Moorea et les îles Sous-le-Vent). C'est la principale langue du territoire de la Polynésie française. D'autres langues polynésiennes sont en usage sur le territoire : le marquisien, les parlers des îles Touamotou et des îles Gambier, ceux des îles Australes. Sur une population totale d'un peu plus de deux cent mille habitants environ 70% font usage d'une langue vernaculaire. Le tahitien est largement majoritaire et joue le rôle de langue véhiculaire. L'Assemblée territoriale, en 1980, l'a déclaré langue officielle avec le français. Il fait l'objet d'un enseignement dans les écoles primaires, les établissements secondaires et, depuis peu, à l'Université française du Pacifique à Papeete, où existent un DEUG de Reo tahiti, une licence et un CAPES de tahitien-français.

Le tahitien est étudié par les Européens depuis presque deux cents ans. Les grammaires anciennes sont l'œuvre de missionnaires. Davies établit un système de transcription (1810) et publia la première grammaire (1823, 1851). En français, celle de Jaussen (1887) a inspiré toutes celles qui ont suivi. Les auteurs de ces travaux savaient parfois fort bien la langue, mais, faute de formation linguistique, ils la décrivent dans les termes de la grammaire française (ou latine). Les premiers efforts pour saisir les articulations propres du tahitien datent des années 1970. Le *Lexique* de Lemaître (1973) est plein d'aperçus intéressants et il est précédé d'une esquisse grammaticale judicieuse, mais très brève. La *Grammaire approfondie* de Coppenrath et Prévost (1975) représente un progrès considérable sur les ouvrages anciens : elle témoigne d'un gros effort pour s'affranchir de la tradition grammaticale des langues indo-européennes et identifie pour la première fois nombre de morphèmes et de constructions spécifiques de la langue, sans encore toutefois échapper complètement aux présupposés traditionnels (il y est question de noms, verbes, etc., comme si la distinction des "parties du discours" n'était pas problématique). La *Grammaire* de l'Académie tahitienne (1986) suit la même doctrine à quelques détails près et dans un ordre un peu différent. On trouve aussi d'utiles données sur la langue de la conversation courante dans le manuel de Tryon (1970). Par ailleurs, les autres langues polynésiennes, proches parentes du tahitien, ont fait l'objet de nombreux travaux dans les dernières décennies.

Le terrain était donc dégagé pour une analyse conforme aux exigences de la linguistique moderne. Après une grammaire issue de l'enseignement donné à l'Université du Pacifique et destinée essentiellement aux étudiants polynésiens (Peltzer 1996), nous offrons ici au public ce que nous croyons être la première description scientifique des principales articulations de la structure de la langue tahitienne. Elle s'adresse aux linguistes et à tous les lecteurs curieux de linguistique polynésienne.

Elle a pour objet la langue contemporaine parlée et écrite, qui n'est pas absolument identique à celle qu'on trouve dans les écrits du XIXe siècle, essentiellement des traductions de la Bible. Elle se fonde sur la lecture de textes divers, sur quelques études dues à de jeunes chercheurs, notamment les thèses de doctorat de Raapoto (1979), Peltzer (1986), Fortunel (1992), et surtout sur la compétence de Louise Peltzer, locutrice native.

Les langues polynésiennes sont "exotiques", en ce sens qu'elles sont très différentes des langues européennes, ce qui les rend d'autant plus instructives pour le linguiste. On dit souvent qu'elles ignorent la distinction entre nom et verbe : cela signifie que la plupart des lexèmes s'emploient de telle façon qu'ils se traduisent en français tantôt par des noms tantôt par des verbes. Comme la morphologie grammaticale est à peu près inexistante, c'est-à-dire que les mots sont invariables (sauf rares exceptions), rien dans leur forme ne permet de les assigner à telle ou telle classe, c'est-à-dire finalement de les ranger dans des classes comme, dans nos langues, celles des noms, des verbes, des adjectifs, etc. Comme, d'autre part, il est exclu, par principe, de recourir à la sémantique, qui prête à toutes les dérives, les seuls critères possibles sont ceux qu'offre la combinatoire des unités. Si l'on veut éviter le piège toujours présent qui consiste à transférer à la langue étudiée les caractéristiques d'une autre plus familière, la méthode doit être suivie avec une extrême rigueur.

Il nous a paru possible de fonder l'analyse grammaticale sur la définition des courtes séquences que nous avons appelées "unités syntaxiques de base" (USB). Par exemple, une USB formée d'un lexème précédé d'une particule dite "aspectuel" est identifiable sans ambiguïté, parce qu'elle est définie par la présence d'un aspectuel et que le paradigme des aspectuels forme un inventaire fermé définissable par l'énumération de ses unités (qui sont en petit nombre). Un autre type d'USB est défini par la présence d'un "article", une autre par la présence d'une particule dite "inclusive", etc. Cette méthode permet de décrire les structures grammaticales sans avoir à poser au préalable des classes de mots. En revanche, elle donne en principe la possibilité de définir des classes de lexèmes en prenant pour critère les types d'USB que chaque lexème est susceptible de former : c'est là un travail long et fastidieux, qui n'a pu être fait ici, mais qui pourrait l'être dans une étape ultérieure de la recherche (*cf.* § 1.2 et § 22).

Cela dit, il nous a paru vain d'user d'une terminologie inusuelle, qui risquait d'égarer le lecteur plus que de l'aider. Nous appelons "forme verbale" (FV) toute USB consistant en un lexème précédé d'un aspectuel, "forme nominale" (FN) toute USB consistant en un lexème précédé d'un article (ou encore en un nom propre ou un pronom). Nous avons même parfois parlé de "verbe", entendant par là l'ensemble du paradigme des formes verbales que peut constituer un même lexème. Cela ne signifie aucunement que ces expressions aient le même sens que quand on les emploie à propos du français. S'agissant du tahitien, "forme verbale" signifie, ni plus ni moins, la même chose que "aspectuel + lexème", quel que soit le sens de cette séquence. De même, "forme nominale" équivaut exactement à "article + lexème" (ou, parfois, "nom propre" ou "pronom"), quel que soit le sens de la séquence et quelle que soit sa position dans la phrase.

L'exposé est illustré de nombreux exemples. La plupart sont issus de la compétence de Louise Peltzer ; les autres sont signalés par une référence. Tous sont glosés. Les gloses n'ont d'autre fonction que d'aider le lecteur à comprendre la structure de la phrase. Nous ne nous sommes pas astreints à traduire toujours le même lexème par le même mot français. Comme un lexème tahitien peut se traduire, selon le cas, par un verbe, un nom, un adjectif, etc., on peut trouver, par exemple, **ha'amori** glosé "adorer" ou "adoration, culte" ou "adorateur". Dans le cas des mots qui se traduisent par un adjectif français, mais qui peuvent aussi bien constituer des "formes verbales", nous avons parfois glosé par un adjectif ce qui est "verbe" en tahitien : ainsi on peut trouver un mot comme **rahi** glosé soit "être grand" soit simplement "grand", même en position verbale. Ces détails ne devraient pas gêner le lecteur averti de la multi-fonctionnalité des mots tahitiens.

La transcription posait de petits problèmes, car l'orthographe est flottante sur certains points, notamment sur la notation de la longueur des voyelles et celle de l'occlusive glottale. La prononciation elle-même est variable. Il arrive que la glottale disparaisse, en discours courant, dans des mots usuels, notamment des mots grammaticaux. D'autre part, il peut y avoir quelques flottements dans les oppositions de longueur. Dans le doute, nous avons opté pour la notation la plus explicite, qui est celle du lexique de Lemaître, avec le maximum de glottales et de longueurs. Si elle se trouve, dans certains cas, "hypercorrecte", la correction est aisée.

Relevons, pour conclure, quelques traits généraux qui paraissent caractériser la langue tahitienne :

1. Multifonctionnalité des lexèmes et inexistence de morphologie grammaticale : ce point a été évoqué ci-dessus.

2. Importance de la prédication nominale. Dans bien des cas où on a en français un verbe et où on attendrait aussi en tahitien un prédicat verbal, c'est-à-dire constitué d'une "forme verbale" comme définie plus haut, on a un prédicat nominal, c'est-à-dire une "forme nominale" en position prédicative (*cf.* § 2.2). Prédicat verbal et prédicat nominal semblent équivalents. Ce trait est de ceux qui font bien apparaître la différence qui sépare la distinction entre nom et verbe dans les langues européennes et celle qui s'établit en tahitien entre "forme nominale" et "forme verbale".

3. Importance de l'agentivité. Divers traits marquent la différence entre des phrases "d'action", où l'un des participants est un être actif, un agent véritable, et celles qui n'impliquent pas la présence d'un agent. Corrélativement, la transitivité paraît relativement secondaire. L'objet est construit comme les autres compléments au moyen de la préposition **i**, et il ne se laisse définir que par une propriété transformationnelle. L'opposition entre verbes "agentifs" (transitifs ou intransitifs) et verbe "patientifs" semble plus importante que l'opposition entre verbes transitifs et verbes intransitifs.

4. Nets vestiges d'ergativité. Le "pseudo-passif" est très différent du passif des langues européennes ; il ressemble, au contraire, ce qui n'est pas surprenant, à la construction ergative qui fonctionne dans d'autres langues polynésiennes. Il marque plus que l'actif le caractère délibéré et dynamique de l'action (*cf.* § 6). Dans une théorie générale de la transitivité, on serait porté à considérer la construction pseudo-passive comme plus transitive que l'active.

5. Importance de la parataxe. Beaucoup de liaisons logiques entre les phrases ne sont pas exprimées au moyen d'un instrument grammatical du type de nos conjonctions, mais ressortent simplement de la juxtaposition des énoncés, éventuellement nuancés par des qualificatifs. Dans bien des cas où nous croyons saisir une relation grammaticale, il se pourrait que la relation soit simplement de parataxe (*cf.* § 9.1, § 10, § 16.3, § 16.4).

6. Abondance de morphèmes homophones. Ce dernier point appelle un commentaire. Plusieurs morphèmes grammaticaux appartenant à des paradigmes différents ont la même forme ou, plus exactement, nous avons réparti entre des morphèmes différents les emplois d'une même forme qui relèvent de paradigmes différents. C'est ainsi que nous avons distingué notamment :

- **e** aspectuel, **e** particule numérale, **e** particule inclusive ;
- **i** aspectuel, **i** préposition générale, **i** préposition locative référant au passé ;
- **ei** particule inclusive, **ei** préposition locative référant au futur ;
- **mai** aspectuel, **mai** directionnel, **mai** préposition ;
- **nō** aspectuel, **nō** préposition.

On peut se demander si, dans une analyse plus approfondie, certains des morphèmes de ce genre ne devraient pas être identifiés entre eux et éventuellement avec d'autres. Nous avons choisi de les distinguer pour des raisons de méthode. L'application stricte de la méthode distributionnelle nous l'imposait. D'autre part, si la suite des études permet de découvrir un plus haut niveau d'abstraction où certains de ces morphèmes s'identifieraient, il sera facile de le faire à partir de notre exposé. Mais si, inversement, nous les avions identifiés d'emblée par hypothèse et si les analyses futures devaient faire apparaître la nécessité de les distinguer, cette opération serait beaucoup plus difficile. Il vaut mieux faire trop de distinctions que pas assez, en grammaire comme en phonologie.

Le présent ouvrage n'est donc qu'une étape dans l'exploration de la langue tahitienne. Il vise à systématiser les connaissances actuelles et à ouvrir les voies du futur progrès de la recherche. Ces voies peuvent s'orienter dans deux directions. D'un côté, vers des investigations de détail. De nombreux points particuliers sont à préciser. Il y a là matière à un vaste travail, ce qui est vrai de toute langue, mais, bien plus encore, d'une langue aussi peu étudiée que le tahitien. D'un autre côté, il y aurait lieu d'approfondir les caractéristiques générales de cette langue, si différente de celles auxquelles nous sommes le plus habitués. Nous avons évoqué ci-dessus quelques-unes de ces caractéristiques : il doit être possible de les préciser, de tenter d'apercevoir les rapports qu'elles entretiennent entre elles et de s'acheminer ainsi vers une caractérisation typologique plus profonde.

Nous espérons que ce livre offrira ainsi une base aux recherches ultérieures. Dans l'immédiat, il renseignera sur cette langue trop peu connue à la fois le public général, les linguistes typologues et les linguistes océanistes. Et peut-être ceux-ci voudront-ils bien y trouver aussi des principes et un schéma de description utilement applicables à d'autres langues de la famille.

ABRÉVIATIONS

ANA	anaphorique	NC	nom commun
ART	article	NEG	négation
ASP	particule aspectuelle	NP	nom propre
COLL	collectif	NUM	particule numérale
CONJ	conjonction	PASS	suffixe de pseudo-passif (**-hia**)
DEI	déictique	PL	pluriel
DEM	article démonstratif	POS	article possessif
DIR	directionnel	PP	préposition
FA	forme attributive	PREF	préfixe
FI	forme inclusive	PRES	présentatif
FN	forme nominale	PROH	prohibitif
FNUM	forme numérale	PRON	pronom démonstratif
FQ	forme qualificative	QN	quasi-nom
FV	forme verbale	QUANT	quantifieur
I	particule inclusive	QV	quasi-verbe
ID	identificateur (**'o**)	RES	restrictif (**noa**)
INT	intensif (**roa**)	SOC	sociatif
INTER	particule interrogative	SUF	suffixe
LIG	ligateur	USB	unité syntaxique de base
LOC	forme locative	VOC	particule vocative

Sources d'exemples

Aue   P. Constans, *Aue ! Manuel de conversation*, Pirae, Tahiti, s.d.
CP   H. Coppenrath/P. Prévost, *Grammaire approfondie* ... (*cf.* Bibliographie)
GA   *Grammaire* de l'Académie tahitienne (*cf.* Bibliographie)
HF   H. Fortunel, *Les opérations constitutives*... (*cf.* Bibliographie)
LT   L. Peltzer, *Légendes tahitiennes*, Conseil international de la Langue française, 1985.
Ma   E. Dodd, *Maui*, [Papeete], Haere po no Tahiti, 1985.
PN   M. Tevane, *Te muhu o Pare Nui*, causeries historiques parues dans le journal *Les Nouvelles* 1987-1988.
Ra   D. Raapoto, *Études préliminaires*... (*cf.* Bibliographie)
TM   C. Morand, *Te Ma'o tupapa'u*, trad. Tevaite a Tetu Manaifa, Éd. des Mers Australes, 1987.

PRÉLUDE PHONOLOGIQUE

Phonèmes

La langue tahitienne a neuf consonnes et dix voyelles.

Les consonnes sont les suivantes :

	Labiales	Dentales	Glottales
Occlusives	p	t	'
Spirantes	f		h
	v		
Nasales	m	n	
Vibrante		r	

Le système vocalique comprend cinq voyelles brèves et cinq longues :

```
     i        u              ī        ū
       e    o                  ē    ō
         a                       ā
```

Syllabisme

Toutes les syllabes sont ouvertes. Il n'y a donc ni consonne en fin de mot ni groupe de consonnes à l'intérieur. En revanche des voyelles peuvent se suivre, exemples : **ua** "pluie", **ao** "jour", **'araea** "terre rouge, argile", **māuiui** "douleur", **oaoa** "étroit", **pūai** "fort".

Accent

L'accent de mot est fixe. La règle fondamentale est la suivante : dans les mots simples, l'accent tombe sur la dernière syllabe si elle est longue, sur l'antépénultième si elle est longue et les suivantes brèves, sur la pénultième dans les autres cas (Bickmore 1995).

Dans la chaîne parlée les mots se lient entre eux, si bien qu'il est fréquent qu'une voyelle finale se contracte avec la voyelle initiale du mot suivant, exemples : **noa atu** "cela ne fait rien" > **noātu**, **'aita ā** "pas encore" > **'aitā**, **'a rave atu** "prends" > **'a ravētu**. D'autre part, les articulations glottales **h** et **'** tendent à anticiper sur la voyelle qui précède, exemples : **vahine** "femme" > [vhɛine], **Pira'e** nom de lieu > [pirʔɛ:] (avec ɛ: < ae), **ma'o** "requin" > [mʔɔ:] (avec ɔ: < ao).

PREMIÈRE PARTIE

La phrase

1. LES ÉLÉMENTS

1.1. LES UNITÉS MINIMALES

Ce sont :

a) Les unités lexicales ou lexèmes, exemples : **ta'ata** "homme, personne", **vahine** "femme", **fare** "maison", **fenua** "terre, pays", **hāmani** "fabriquer", **'ite** "voir, savoir", **ao** "jour, monde", **tipi** "couteau, couper", **pohe** "mort, la mort, mourir", **'āpī** "nouveau, jeune", **'ute'ute** "rouge, couleur rouge" ;

b) Les morphèmes grammaticaux tels que : – les particules aspectuelles : **'ua** (parfait), **tē** (progressif), **e** (inaccompli), etc., – les particules inclusives (ou existentielles) : **e, ei,** – l'identificateur **'o**, – les articles : **te** (général), **nā** (paucal), etc., et les articles démonstratifs : **teie** "ce...-ci", **terā** "ce...-là", etc., – les déictiques (ou particules déictiques)[1] : **nei** "ici" (près de moi), **na** (près de toi), **ra** (près de lui, loin), – les directionnels : **mai** "vers ici", **atu** "en s'éloignant", **a'e** "sur le côté ; vers le haut ; après", **iho** "sur place ; vers le bas", – les pronoms personnels : **(v)au** "moi", **'oe** "toi", **'oia** ou **'ona** "lui, elle", et démonstratifs : **terā** "cela, celui-là, celle-là", etc., – les prépositions : **i** "à", **o** et **a** "de" (possession), **nō** "pour, de", **nā** "par, à, pour", **mai** "en venant de", etc.

Voici des exemples de phrases qui présentent diverses combinaisons de lexèmes et de morphèmes grammaticaux :

(1.1) **'ua ao**
ASP jour
"Il fait jour"

(1.2) **'ua 'ite au**
ASP savoir 1S
"Je sais"

---

[1]. Nous appelons par convention "déictiques" les particules **nei, na, ra**, et "démonstratifs" les articles et pronoms à valeur déictique **teie, tenā, terā**. Ces dernières formes sont étiquetées "démonstratifs" quand elles fonctionnent comme articles et "pronoms" quand elles remplissent dans la phrase les mêmes fonctions que les syntagmes nominaux, *cf.* §§ 20.2, 20.3.

(1.3) **'ua haruru te mātini**
ASP gronder ART moteur
"Le moteur tourne"

(1.4) **'ua haere 'oia i Pape'ete**
ASP aller 3S PP LOC
"Il/Elle est allé(e) à Papeete"

(1.5) **tē haere nei 'oia i Pape'ete**
ASP aller DIR 3S PP LOC
"Il/Elle va à Papeete"

(1.6) **'ua haere 'o Petero i Pape'ete**
ASP aller ID NP PP LOC
"Pierre est allé à Papeete"

(1.7) **'ua haere terā ta'ata i Pape'ete**
ASP aller DEM homme PP LOC
"Cette personne est allée à Papeete"

(1.8) **'ua hāmani te tāmuta i te fare o Teri'i**
ASP fabriquer ART charpentier PP ART maison PP NP
"Le charpentier a construit la maison de Terii"

(1.9) **'ua hāmani te tāmuta i te fare 'āpī**
ASP fabriquer ART charpentier PP ART maison neuf
"Le charpentier a construit la maison neuve"

(1.10) **'ua hāmani te tāmuta i te fare moni**
ASP fabriquer ART charpentier PP ART maison argent
"Le charpentier a construit la banque"

(1.11) **e tomo vave 'oia i roto i te fare nei**
ASP entrer tôt 3S PP LOC I ART maison DEI
"Il va bientôt entrer dans cette maison-ci" (**roto** "dedans")

(1.12) **e manu terā**
I oiseau PRON
"Cela est un oiseau"

(1.13) **e fa'ehau terā ta'ata**
I soldat DEM homme
"Cet homme est soldat"

(1.14) **e pape te-i** (ou **tō**) **terā vāhi**
I eau ART-PP (POS) DEM lieu
"Il y a de l'eau à cet endroit"

(1.15) 'o   te   taote   te-i   haere   mai
        ID   ART docteur   ART-PP aller   DIR
        "C'est le docteur qui est venu"

(1.16) e   nā   mua   'oe   i   te   parau
        ASP PP   LOC   2S   PP   ART   parole
        "Tu parleras le premier" (**mua** "avant")

1.2. LES UNITÉS SYNTAXIQUES DE BASE (USB)

Dans la phrase, les lexèmes et les morphèmes grammaticaux forment de courtes séquences que nous appelons unités syntaxiques de base (USB).

1.2.1. Définition des principales USB

Nous posons par définition les USB suivantes :

a) Un lexème précédé d'une particule aspectuelle est une forme verbale (FV). Dans les phrases citées ci-dessus (§ 1.1) : **'ua ao** (1.1) **'ua 'ite** (1.2), **'ua haruru** (1.3), **'ua haere** (1.4), **tē haere** (1.5), **'ua hāmani** (1.8, 1.9, 1.10) et **e tomo** (1.11) sont des FV.

b) Les unités suivantes sont des formes nominales (FN) :

- un nom commun (NC), formé d'un article[2] (éventuellement démonstratif) suivi d'un lexème, exemples (§1.1) : **te mātini** "le moteur" (1.3), **(e tāmuta** "le charpentier" (1.8, 1.9, 1.10), **te fare** "la maison" (1.8, 1.9, 1.10, 1.11), **te taote** "le docteur" (1.15), **te parau** "la parole" (1.16), **terā ta'ata** "cet homme" (1.13), **terā vāhi** "cet endroit" (1.14) ;

- un nom propre (NP), ordinairement précédé de la particule d'identification (ou identificateur) **'o** quand il n'est pas introduit par une préposition, exemple **'o Petero** "Pierre" (1.6) ;

- un pronom personnel ou démonstratif (PR), exemples : **(v)au** "moi" (1.2), **'oia** "lui, elle" (1.4, 1.5), **terā** "cela" (1.12).

c) Un lexème précédé d'une particule inclusive est une forme inclusive ou existentielle, dite, pour simplifier, forme inclusive (FI), exemples : **e manu** "est oiseau/il y a oiseau" (1.12), **e fa'ehau** "est soldat/il y a soldat" (1.13), **e pape** "est eau/il y a eau" (1.14).

d) Une forme locative (LOC), ou, plus simplement, un locatif, est un lexème qui peut être précédé directement d'une préposition, mais non d'un article.

---

2. L'article **te** est ici traduit "le/la", mais il n'est pas exactement équivalent à cet article français, car il peut aussi, en contexte approprié, avoir valeur indéfinie.

Fonctionnent comme LOC d'une part des noms propres de lieux, exemple : **Papeete** nom de ville (1.4, 1.5, 1.6, 1.7), d'autre part un petit nombre de lexèmes, qui forment un inventaire fermé, exemples : **roto** "dedans" (1.11), **mua** "avant, devant" (1.16). Ces derniers, lorsqu'ils ne sont pas introduits par une préposition, sont précédés de l'identificateur **'o** (comme des NP), exemple : **'o roto** "le dedans, l'intérieur".

e) Une forme qualificative (FQ) est un lexème qui suit directement (sans particule) un autre lexème, exemples : **'āpī** "neuf" (1.9) et **moni** "argent" (1.10) qualifient **fare** ; **vave** "tôt" (1.11) qualifie **tomo**.

f) Les noms de nombre précédés de particules spécifiques sont des formes numérales (FNUM) (*cf.* § 2.4).

Il faut peut-être ajouter à la liste précédente des séquences formées d'un lexème précédé de **mea** "chose", qui fonctionne comme une particule à la suite de l'omission de la particule inclusive **e** (*cf.* § 2.3.3). De telles USB seraient dites "formes attributives".

1.2.2. Syntagmes

Certaines des USB peuvent être noyaux de syntagmes.

Un syntagme verbal comprend obligatoirement une FV et facultativement, après la FV, un ou plusieurs qualificatifs, un directionnel et un déictique (*cf.* § 12), exemples : **'ua ao** dans (1.1), **'ua 'ite** dans (1.2), **'ua haruru** dans (1.3), **'ua haere** dans (1.4), (1.6) et (1.7), **'ua hāmani** dans (1.8), (1.9) et (1.10) sont des syntagmes réduits au minimum, la FV ; **tē haere nei** dans (1.5) comprend un déictique ; **e tomo vave** dans (1.11) comprend un qualificatif.

Un syntagme nominal comprend obligatoirement une FN et, facultativement, un prédéterminant entre l'article et le lexème central et, après la FN, un ou plusieurs qualificatifs, un directionnel et un déictique (*cf.* § 14), exemples : **au** dans (1.2), **te mātini** dans (1.3), **'oia** dans (1.5) et (1.11), **'o Petero** dans (1.6), **terā ta'ata** dans (1.7) et (1.13), **te tāmuta** dans (1.8), (1.9) et (1.10), **te fare** dans (1.11) et (1.13), **terā** dans (1.12), **terā vāhi** dans (1.14), **te taote** dans (1.15), **'oe** et **te parau** dans (1.16) sont des syntagmes nominaux réduits au minimum, la FN ; **te fare o Teri'i** dans (1.8) comprend un complément possessif ; **te fare 'āpī** dans (1.9) et **te fare moni** dans (1.10) comprennent un qualificatif ; **te fare nei** dans (1.11) comprend un déictique.

Un syntagme inclusif comprend obligatoirement une FI et, facultativement, les mêmes types de termes que les syntagmes nominaux à l'exception des compléments possessifs (*cf.* § 15), exemples : **e manu** dans (1.12), **e fa'ehau** dans (1.13) et **e pape** dans (1.14) sont des syntagmes inclusifs réduits au minimum, la FI.

Un syntagme nominal ou un locatif précédé d'une préposition est un "groupe prépositionnel", exemples : **i Pape'ete** dans (4), (5), (6) et (7), **i te fare o Teri'i** dans (8), **i te fare 'āpī** dans (9), **i te fare moni** dans (10), **i roto** et **i te fare nei** dans (11), **nā mua** et **i te parau** dans (16).

1.2.3. Autres USB

Outre les USB mentionnées ci-dessus (§ 1.2), il faut tenir compte de certaines séquences complexes, qui ont les mêmes propriétés syntaxiques soit que les FN soit que les FV : nous les appelons respectivement quasi-noms et quasi-verbes.

Les quasi-noms (QN) sont formés d'un article suivi :

a) soit d'un groupe prépositionnel, c'est-à-dire d'une préposition précédant un syntagme nominal ou un locatif, exemples : dans (1.14), **tei terā vāhi** < **te** (article) + **i** (préposition) + **terā vāhi** (FN) "ce qui/quelque chose qui (est) à cet endroit" (*litt.* le/un-à-cet-endroit), et de même **tō terā vāhi** < **te** (article) + **o** (préposition) + **terā vāhi** "ce qui/quelquechose qui (est) de cet endroit" (*litt.* le/un-de-cet-endroit) ;

b) soit d'un syntagme verbal, suivi éventuellement de compléments, exemple dans (1.15), **tei haere mai** < **te** (article) + **i haere** (FV) +**mai** (directionnel) "celui qui/quelqu'un qui est venu" (*litt.* le/un-est venu).

Les quasi-verbes (QV) sont formés d'une particule aspectuelle suivie d'une expression prépositionnelle, exemple dans (1.16), **e** (aspectuel indiquant l'inaccompli) **nā** (préposition) **mua** "(sera) par devant".

1.2.4. Classes de lexèmes ?

Contrairement à beaucoup de langues, mais de même que les autres langues polynésiennes, le tahitien est structuré de telle sorte qu'il n'est pas possible d'y distinguer d'emblée des classes de lexèmes tels que verbes, noms, adjectifs, etc. D'une part en effet, les lexèmes ne portent pas de marques morphologiques qui les caractériseraient comme appartenant à une classe déterminée. D'autre part, la grande majorité d'entre eux, sinon tous, sont susceptibles de former des USB de divers types. En d'autres termes, le même mot, selon l'USB dans laquelle il est intégré, se traduira en français par un verbe, un nom, un adjectif, un adverbe, etc. Par exemple **pohe** entre dans des USB comme **'ua pohe 'oia** (FV + PR) "il est mort", **te pohe** (FN) "la mort", **te ta'ata pohe** (FV + FQ) "l'homme mort", **'ua taparahi pohe** (FV + FQ) **au iā-na** "je l'ai tué" (*litt.* je l'ai frappé à mort), **e pohe ma'i** (FI + FQ) **tō-na** "il est mort de maladie", (*litt.* est (une) mort de maladie la-de-lui). De très nombreux lexèmes sont dans le même cas.

C'est pour cette raison qu'il convient de prendre pour unités élémentaires de la syntaxe non pas les lexèmes, mais les USB, qui sont formées d'un lexème et d'une particule ou d'un lexème dans une position caractéristique.

S'il est vrai que la majorité au moins des lexèmes peuvent former des USB diverses, il semble cependant que tous n'entrent pas dans les mêmes types d'USB. Il est donc en principe possible d'établir des classes de lexèmes définies par les types d'USB que les lexèmes de chaque classe sont capables de former. On rangerait dans une même classe tous les lexèmes formant les mêmes types d'USB, dans une autre classe ceux qui forment d'autres types d'USB ou les mêmes moins un ou plusieurs types, ou les mêmes plus d'autres. Les classes se trouveraient définies par l'ensemble des types d'USB que leurs membres sont susceptibles de former. On aurait donc des classes telles que les suivantes :

a) mots formant   FV   FN   FI   FQ   (ex. **pohe**, *cf.* ci-dessus)
b) mots formant   FN   FI   FQ
c) mots formant   FV   FN   FQ   etc.

Cette procédure implique un recensement de tous les lexèmes de la langue et des capacités combinatoires de chacun. C'est un travail long et fastidieux, qui devra bien être fait quelque jour. Heureusement, quelque important qu'il soit pour une description complète du tahitien, il n'est pas indispensable à celle de ses structures grammaticales, puisque les éléments de sa syntaxe ne sont pas les lexèmes, mais les USB. Nous pouvons donc nous en dispenser pour le présent ouvrage : nous nous contenterons d'une très brève esquisse en fin d'exposé (§ 22).

1.3. LES FONCTIONS

Les principales fonctions dans la proposition sont : prédicat, sujet, complément, qualificatif.

1.3.1. Prédicat

Le prédicat figure en tête, sauf thématisation (*cf.* § 5) et mis à part le cas des propositions subordonnées (*cf.* § 3).

Peuvent remplir la fonction de prédicat : – des syntagmes verbaux, ex. (1.1) à (1.11), – des QV, ex. (1.16), – des syntagmes nominaux, ex. (1.15), – des syntagmes inclusifs, ex. (1.12) à (1.14), des formes numérales (*cf.* § 2.4), – des groupes prépositionnels (*cf.* § 2.5), – des expressions présentatives (*cf.* § 2.8).

Le prédicat est le plus souvent accompagné d'un sujet, mais il y a des prédicats sans sujet, ex. (1.1).

1.3.2. Sujet

Le sujet suit le prédicat dans les propositions indépendantes (ou principales) ; en proposition subordonnée, il peut le précéder (*cf.* § 3). Il ne porte pas de marque spécifique : cette caractéristique est définitoire : elle le spécifie parmi les actants de la proposition, car c'est le seul qui ne soit pas introduit par un relateur (une préposition).

La fonction de sujet est remplie par un syntagme nominal, qui peut avoir pour noyau un nom commun, ex. (1.3), (1.7), (1.8), (1.9), (1.10), (1.13), un nom propre, ex. (1.6), ou un pronom, ex. (1.2), (1.4), (1.5), (1.11), (1.12), (1.16), — ou par un QN, ex. (1.14), (1.15).

1.3.3. Compléments

Les compléments sont des expressions prépositionnelles, c'est-à-dire des syntagmes nominaux ou des locatifs précédés d'une préposition, exemples : **i Pape'ete** dans (1.4), (1.5), (1.6), **i te fare** (**o Teri'i**) dans 1.8), **i te fare 'āpī** dans (1.9), **i te fare moni** dans (1.10), **i roto** et **i te fare nei** dans (1.11), **i te parau** dans (1.16), et aussi **o Teri'i** dans (1.8).

Il faut distinguer des autres les compléments possessifs (au sens strict), qui sont introduits par la préposition **o** ou la préposition **a** et qui déterminent des FN. Ils se placent soit après le lexème de la FN soit entre l'article et ce lexème (et éventuellement ses prédéterminants), exemple : **te fare o Teri'i** (1.8) ou **tō Teri'i fare** (où **tō** < **te**, article, + **o**, préposition) "la maison de Terii". Les autres compléments sont des termes de la proposition.

Parmi les compléments introduits par la préposition **i**, la fonction d'objet (ou complément d'objet) se laisse définir par une propriété transformationnelle, celle de "remonter" vers le début de la phrase dans la "construction actancielle possessive" (*cf.* § 5.3).

1.3.4. Qualificatifs

Les qualificatifs sont des FQ, c'est-à-dire des lexèmes suivant immédiatement d'autres lexèmes. Les USB dites FQ étant définies par leur fonction syntaxique, il n'y a pas lieu de donner des noms différents à l'unité et à la fonction.

Le terme qualifié peut être :

a) un nom commun, exemple : **te fare 'āpī** "la maison neuve" dans (1.9), **te fare moni** "la banque" (*litt.* maison argent, dans 1.10) ;

b) un nom propre, exemple : **Teri'i na'ina'i** "Terii junior" (**na'ina'i** "petit") ;

c) une FV, exemple : **e tomo vave** "entrera bientôt" (**vave** "tôt") dans (1.11) ;

d) une FI, exemple : **e ta'ata mā'ohi terā** "c'est un Tahitien" (*litt.* est homme indigène cela) ;

e) un autre qualificatif, exemples : **te fare ho'ora'a rā'au** "la/une pharmacie" (*litt.* maison vente médicament), où **rā'au** "drogue" qualifie **ho'ora'a** "vente" qui qualifie **fare** "maison" (*cf.* **fare ho'ora'a** "boutique"), **e vahine 'ori nehenehe terā** (*litt.* est femme danse joli cela) "c'est une femme qui danse bien"[3].

Beaucoup de séquences lexème + qualificatif(s) peuvent être considérées comme des composés. Il n'y a pas de différence structurale entre séquences qualificatives et mots composés, *cf.* § 21.6.

Certains qualificatifs peuvent être regardés comme grammaticalisés, *cf.* § 12.3 et § 14.4.

1.3.5. USB et fonctions

Récapitulons les fonctions que peuvent remplir les différentes USB (ou plutôt les syntagmes dont elles sont le noyau) :

- FV : prédicat ;
- FN : prédicat, sujet, complément ;
- FI : prédicat ;
- LOC : prédicat, complément ;
- FQ : qualificatif ;
- FNUM : prédicat (*cf.* § 16) ;
- QV : prédicat ;
- QN : prédicat, sujet, complément.

2. LES PRÉDICATS

Dans cette section, on passe en revue les différents types de prédicats, illustrés par quelques exemples caractéristiques. On ne considère ici en principe que les prédicats qui se trouvent en proposition indépendante (ou principale) ; les prédicats subordonnés sont soumis à certaines contraintes qu'on décrira plus loin (*cf.* § 3). L'exposé est borné aux traits essentiels, qui caractérisent l'emploi

---

3. Mais la même phrase peut aussi signifier "c'est une belle danseuse", si l'on analyse **nehenehe** comme qualifiant **vahine 'ori** "danseuse" (composé), *cf.* § 14.4.1.

prédicatif : on trouvera plus de détails, sur la constitution interne des syntagmes en question et sur les sens convoyés, dans la deuxième partie, relative aux syntagmes.

Sont examinés successivement : les prédicats verbaux (§ 2.1), les prédicaux nominaux (§ 2.2), les prédicats inclusifs (§ 2.3), les prédicats numéraux (§ 2.4), les prédicats prépositionnels (§ 2.5), les prédicats quasi-verbaux (§ 2.6), les prédicats présentatifs (§ 2.7).

2.1. PRÉDICATS VERBAUX

2.1.1. Généralités

Les prédicats verbaux sont formés d'un syntagme verbal, c'est-à-dire d'une FV (aspectuel + lexème), facultativement suivie d'un ou plusieurs qualificatifs et souvent aussi d'un des quatre directionnels **mai, atu, a'e, iho** et/ou d'un des trois déictiques **nei, na, ra**.

Les directionnels désignent proprement des directions dans l'espace : **mai** indique la direction vers le locuteur ou la position en face de lui, **atu** le mouvement à partir du locuteur ou vers l'interlocuteur, **a'e** le mouvement ou la position sur le côté ou vers le haut, **iho** la position sur place ou le mouvement vers le bas. Mais ces particules sont susceptibles de convoyer des nuances diverses selon le sémantisme du lexème noyau.

Les déictiques indiquent des positions dans l'espace ou dans le temps : **nei** réfère à la sphère du locuteur et situe ce qui est près de lui ou dans le présent ; **na** réfère à la sphère de l'interlocuteur et indique une position à quelque distance ; **ra** appartient à la sphère de la troisième personne et réfère à une position lointaine.

Les combinaisons de directionnels et de déictiques, qui sont très fréquentes peuvent porter de nombreuses significations diverses appartenant au domaine spatial, temporel ou notionnel. Ces particules sont souvent nécessaires à l'intelligibilité de la phrase.

Les particules dites aspectuelles expriment diverses nuances d'aspect, temps ou mode. Les principales sont : **e** (inaccompli), **tē** (progressif), **i** (accompli), **'ua** (parfait), **'a** (inceptif), **'ia** (désidératif). Pour plus de détails, *cf.* § 12.2, où sont mentionnés quelques autres aspectuels.

2.1.2. Aspectuel e

La particule **e** indique le procès inaccompli, qui peut être soit futur, ex. (2.1), (2.3), éventuellement avec une nuance injonctive, ex. (2.2), (2.3), soit habituel ou général, ex. (2.4).

Selon le contexte, il peut référer au présent ou au passé.

(2.1)　e　　tae　　mai　'oia　　　ānanahi
　　　　ASP　arriver　DIR　3S　　　demain
　　　　"Il arrivera demain"

(2.2)　e　　pīpī　'oe　i　　te　　tiare
　　　　ASP　arroser　2S　PP　ART　fleur
　　　　"Tu arroseras les fleurs"

(2.3)　e　　inu　'oe　i　　terā　rā'au,　e　　maita'i　roa　tō　　'oe　ma'i
　　　　ASP　boire　2S　PP　DEM　drogue　ASP　être bon　INT　POS　2S　maladie
　　　　"Bois ce médicament et ton mal guérira complètement"

(2.4)　e　　'amu　te　　ta'ata　Tahiti　i　　te　　i'a　　ota
　　　　ASP　manger　ART　homme　NP　　　PP　ART　poisson　cru
　　　　"Les Tahitiens mangent du poisson cru"

L'aspectuel **e** est fréquent dans différentes sortes de propositions subordonnées.

2.1.3. Aspectuel tē

La particule **tē** indique le procès en cours, ex. (2.5), (2.6), (2.9), (2.11), ou imminent, ex. (2.7), et quelquefois aussi le procès habituel, ex. (2.8). Il ne s'emploie qu'avec un déictique. Avec **nei** ou **na** il peut référer au présent, ex. (2.5, 2.6), avec **ra** au passé, ex. (2.9), ou au futur, ex. (2.10) ; mais ces déictiques n'indiquent pas nécessairement des relations temporelles : le sens présent, passé ou futur résulte du contexte, ex.(2.11), (2.12), (2.13).

(2.5)　tē　　tai'o　nei　'oia　i　　te　　ve'a
　　　　ASP　lire　DEI　3S　　PP　ART　journal
　　　　"Il est en train de lire le journal"

(2.6)　tē　　aha　　　na　　'oe?
　　　　ASP　faire quoi　DEI　2S
　　　　"Qu'est-ce que tu fais ?"

(2.7)　tē　　ho'i　　nei　　au
　　　　ASP　revenir　DEI　1S
　　　　"Je vais rentrer"

(2.8)　tē　　haere　nei　au　i　　te　　ha'api'ira'a
　　　　ASP　aller　DEI　1S　PP　ART　école
　　　　"Je vais à l'école" (maintenant ou habituellement)

(2.9) **i tō-na taera'a mai, tē tāmā'a ra tātou**
PP POS-3S arrivée DIR prendre repas DEI 1Pincl
"À son arrivée, nous (inclusif) étions en train de déjeuner/dîner"

(2.10) **tē reva ra te mau rātere ānanahi**
ASP partir DEI ART PL voyageur demain
"Les voyageurs partiront demain"

(2.11) **tē ta'oto mai ra tō-'u māmā**
ASP dormir DIR DEI POS-1S maman
"Ma mère était en train de dormir" (à ce moment) ou "Ma mère est en train de dormir" (là-bas)

(2.12) **tē ha'amana'o ra 'oe i terā mahana ?**
ASP se rappeler DEI 2S PP DEM jour
"Te rappelles-tu ce jour-là ?"

(2.13) **tē hina'aro nei rātou 'ia maoro 'oia i uta**
ASP vouloir DEI 3P ASP longtemps 3S PP LOC
"Ils veulent/voulaient qu'il reste longtemps à l'intérieur des terres" (par opposition au bord de la mer)

L'aspectuel **tē** est exclu en proposition subordonnée : il est alors remplacé par **e** (*cf.* § 3.1).

2.1.4. Aspectuel i

La particule **i** réfère à un procès accompli. Il est très fréquent en proposition subordonnée. En indépendante, il indique une action révolue : il peut référer à un passé récent ou plus lointain, selon le directionnel et le déictique employé. Exemples :

(2.14) **i hīmene na tā-'u tamāhine inapō**
ASP chanter DEI POS-1S fille la nuit dernière
"Ma fille a chanté la nuit dernière" (avant de venir ici)

(2.15) **i tunu na vau i te mā'a**
ASP cuire DEI 1S PP ART nourriture
"J'ai fait la cuisine" (ailleurs, avant de venir ici)

(2.16) **i tāmā'a iho nei au**
ASP prendre repas DIR DEI 1S
"J'ai déjeuné/dîné" (ici même)

(2.17) **i haere mai nei tō 'oe hoa**
ASP aller DIR DEI POS 2S ami
"Ton ami vient de passer ici" (il est parti)

2.1.5. Aspectuel 'ua

La particule **'ua** est proprement une marque de parfait. Avec les lexèmes dénotant un procès télique, il a un sens résultatif, ex. (2.18), (2.19), mais il est aussi très souvent employé avec un directionnel et un déictique (**mai ra, iho ra**, etc.), comme passé narratif, ex. (2.20), (2.21). Avec les lexèmes dénotant un procès atélique, il exprime l'état, ex. (2.22). Dans un contexte approprié, il peut référer au futur, ex. (2.23).

(2.18) **'ua reva 'oia**
ASP partir 3S
"Il est parti"

(2.19) **'ua parau 'oia iā-'u**
ASP parler 3S PP-1S
"Il m'a parlé"

(2.20) **'ua parau mai ra 'oia iā-'u...**
ASP parler DIR DEI 3S PP-1S
"Alors il m'a dit..."

(2.21) **'ua haere mai au i te mahana piti ra**
ASP aller DIR 1S PP ART jour deux DEI
"Je suis venu mardi" (jour+deux = mardi)

(2.22) **'ua haruru te mātini** (= 1.3)
ASP gronder ART moteur
"Le moteur tourne"

(2.23) **ānanahi i te hora hitu, 'ua reva ia tātou**
demain PP ART heure sept ASP partir ANA 1Pincl
"Demain à sept heures, nous (inclusif) serons partis"

L'aspectuel **'ua** est exclu en proposition subordonnée : il est alors remplacé par **i** (*cf.* § 3.1).

2.1.6. Aspectuel 'a

La particule **'a** réfère au moment initial du procès (aspect "inceptif"). En proposition indépendante (ou principale), il sert surtout à former l'impératif ; dans cet emploi il est souvent accompagné du déictique **na**, qui atténue l'injonction, ex.(2.24), (2.25). Il s'emploie aussi dans des tours plus ou moins idiomatiques, notamment dans l'expression de la mise en garde, ex. (2.26).

(2.24) **'a 'āfa'i mai (na) i te faraoa**
ASP porter DIR DEI PP ART pain
"Apporte le pain"

(2.25) **'a haere mai na 'a tauturu iā-'u**
ASP aller DIR DEI ASP aider PP-1S
"Viens m'aider" (*litt.* viens, aide-moi)

(2.26) **'a ha'apa'o maita'i mai iā 'Aiū 'a hohoni-hia**
ASP veiller bien DIR PP Bébé ASP mordre-PASS

'oia e te 'aveu (Aue 27)
3S PP ART crabe
"Fais bien attention à Bébé qu'il ne soit pas pincé (*litt.* il va être mordu) par le crabe"

2.1.7. Aspectuel 'ia

La particule **'ia** a différents emplois en proposition subordonnée. En indépendante, elle a valeur optative. Exemples :

(2.27) **'ia manuia 'outou !**
ASP réussir 2P
"Puissiez-vous réussir !"

(2.28) **'ia maita'i te tere !**
ASP être bon ART voyage
"Bon voyage !"

(2.29) **'ia oti terā 'ohipa !**
ASP finir DEM travail
"Qu'on achève ce travail !" (*litt.* que ce travail finisse)

2.1.8. Formes verbales sans particule aspectuelle

Les particules aspectuelles peuvent être omises dans certaines conditions.
Dans les énoncés narratifs, l'aspectuel manque souvent quand le syntagme verbal comprend un directionnel et un déictique, exemples :

(2.30) **ho'i mai ra 'o Maeva, pārahi iho ra i ni'a i te**
revenir DIR DEI ID NP s'asseoir DIR DEI PP LOC PP ART

ro'i rave a'e ra i te ve'a nō te tai'o...
lit prendre DIR DEI PP ART journal PP ART lire
"Maeva rentra, s'assit sur le lit, prit le journal pour le lire..."

(2.31) **'ite atu ra vau iā Moea**
voir DIR DEI 1S PP NP
"J'ai alors vu Moea"

(2.32) **parau iho ra vau iā 'orua e fa'aea**
 dire DIR DEI 1S PP 2D ASP s'arrêter
 "Alors je vous (deux) ai dit de vous arrêter"

> L'absence d'aspectuel peut être considéré comme un aspect zéro (un aoriste) réservé aux contextes narratifs et conditionné par la présence d'un directionnel et d'un déictique.

À l'impératif, lorsque le lexème noyau de la FV a plus de deux syllabes, l'aspectuel **'a** peut être omis. Exemples :

(2.33) **fa'aea na**
 s'arrêter DEI
 "Arrête !"

(2.34) **haere i rāpae**
 aller PP LOC
 "Sors !"

(2.35) **parau iā-na e haere mai**
 dire PP-3S ASP aller DI
 "Dis-lui de venir"

2.1.9. Formes verbales suivies de qualificatifs

Les syntagmes verbaux comprennent souvent des qualificatifs. Certains peuvent être considérés comme grammaticalisés. Parmi ces derniers, **roa** et **noa** sont particulièrement fréquents : **roa** "grandement, beaucoup, entièrement", etc., marque l'intensité ou la complétude, ex. (2.36) ; **noa** "seulement, librement, spontanément, continuellement", etc., indique l'absence d'un autre élément ou l'extension sans obstacle, ex. (2.37)[4]. Certains lexèmes sont grammaticalisés pour marquer des nuances aspectuelles : ainsi **haere**, qui signifie proprement "aller", indique un procès qui se prolonge, ex. (2.38) ; **tā'ue** "jeter" marque la soudaineté, ex. (2.39).

(2.36) **'ua rave roa 'o Tama i tā-na 'ohipa**
 ASP faire INT ID NP PP POS-3S travail
 "Tama a fini son travail"

(2.37) **'ua rave noa 'o Tama i tā-na 'ohipa**
 ASP faire RES ID NP PP POS-3S travail
 "Tama n'a fait que son travail"

---

4. **roa** et **noa** sont, par convention, glosés respectivement INT(ensif) et RES(trictif), *cf.* § 12.3.3.

(2.38) tē māta'ita'i haere nei 'o Heimata i teie vāhi
ASP contempler aller DEI ID NP PP DEM lieu

maere roa (TM 13)
INT étonnant

"Heimata contemplait cet endroit merveilleux"

(2.39) ara tā'ue noa a'e nei 'o Hiro (LT 48)
s'éveiller jeter RES DIR DEI ID NP

"Alors Hiro s'éveilla soudain"

Mais toutes sortes de lexèmes peuvent fonctionner comme qualificatifs d'une FV et conférer au procès des inflexions très variées. Voici quelques exemples :

(2.40) 'ua topa 'oi'oi te 'āva'e
ASP tomber vite ART lune

"La lune se coucha rapidement"

(2.41) tē ua ri'i nei
ASP pleuvoir petit DEI

"Il pleut un peu"

(2.42) 'ua hau'a no'ano'a ri'i 'oe (Aue 9)
ASP sentir odorant petit 2S

"Tu sens rudement bon"

(2.43) e taparahi pohe roa 'ona i te mau moa i
ASP frapper mort INT 3S PP ART PL coq PP

teie motu (LT 62)
DEM île

"Il tuera tous les coqs sur cette île"

En particulier, des lexèmes désignant le plus souvent des entités et comme tels employés ordinairement dans des FN peuvent se trouver, comme qualificatifs, "incorporés" dans le syntagme verbal (*cf.* § 12.3.2). Exemples :

(2.44) tē fa'ahoro pereo'o ra 'o Tama i 'ō
ASP conduire voiture DEI ID NP PP là

"Tama est là-bas conducteur de voitures" (*litt.* conduit-voiture là)

(2.45) 'ua haru rima mai 'o Teri'i i te i'a
ASP prendre main DIR ID NP PP ART poisson

"Terii a attrapé le poisson à la main"

(2.46) 'ua topa turi 'ona
ASP tomber genou 3S

"Il est tombé à genoux"

2.1.10. Classes de formes verbales

Les FV se laissent ranger dans plusieurs classes sur la base de leurs propriétés syntaxiques.

Il faut mettre à part les énoncés tels que les suivants :

(2.47) **'ua ta'ata**
       ASP homme
       "Il y a du monde"

(2.48) **'ua rō te pāni**
       ASP fourmi ART marmite
       "La marmite est pleine de fourmis"

Les expressions **'ua ta'ata** et **'ua rō**, formées de l'aspectuel **'ua** suivi d'un lexème, doivent être analysées comme des FV. Cependant, avec ces lexèmes, 'aspectuel **'ua** ne commute pas, semble-t-il, avec tous les autres aspectuels. D'autre part, l'énoncé négatif correspondant est différent de celui des autres verbes (*cf.* § 4.2.2). Par ces deux propriétés, les FV de ce genre se distinguent des autres. Nous les appelons "verbes défectifs".

Par ailleurs, le critère de la "construction actancielle possessive" (*cf.* § 5.3) et de ses variantes conduit à définir le complément d'objet et à distinguer les verbes qui l'admettent, c'est-à-dire les verbes "transitifs", et ceux qui ne l'admettent pas. De plus, parmi ces derniers, il distingue ceux qui se prêtent à la construction actancielle possessive, dits "verbes agentifs", et ceux qui ne s'y prêtent pas, dits "verbes patientifs".

On pose donc quatre classes de FV (dites, pour simplifier, verbes) :

- verbes transitifs,
- verbes (intransitifs) agentifs,
- verbes (intransitifs) patientifs,
- verbes défectifs.

2.2. PRÉDICATS NOMINAUX

Les prédicats nominaux sont formés d'un syntagme nominal, c'est-à-dire d'une FN (soit article + lexème soit nom propre soit pronom), facultativement suivie de qualificatif(s), directionnel et/ou déictique, et généralement précédée de l'identificateur **'o**. Exemples :

(2.49) **'o Rui tō mātou matahiapo**
       ID NP POS 1Pexcl aîné
       "Notre aîné(e) est Louis(e)"

(2.50)   'o   mātou   tā   'oe   mau   tamari'i
           ID   1Pexcl POS 2S   PL   enfant
           "C'est nous, tes enfants"

(2.51)   'o   terā   ta'ata   tō   mātou   paoti
           ID   DEM   homme   POS   1Pexcl patron
           "Notre patron est cet homme"

(2.52)   'o   te   taote   te-i   haere   mai   (= 1.15)
           ID   ART   docteur ART-ASP aller   DIR
           "Celui qui est venu est le docteur" ou "C'est le docteur qui est venu"

Exemples de prédicats nominaux sans **'o** :

(2.53)   **tō-na   hoa   'o   Matarea te-i   nā   'ō   atu**... (HF 312)
           POS-3S ami ID   NP   ART-ASP PP   LOC DIR
           "C'est son ami Matarea qui a dit..." (**i nā 'ō** est un QV ; **nā 'ō** = "dire")

(2.54)   **tenā   tā   'oe   mā'a**
           PRON POS 2S   nourriture
           "C'est bien fait pour toi" (*litt.* c'est cela ta nourriture)

Les phrases à prédicat nominal ont souvent une valeur équative au sens strict : elles expriment l'identité du référent du sujet et de celui du prédicat, comme dans les exemples précédents. Mais parfois elles n'expriment qu'une équivalence approximative, rhétorique. Exemples :

(2.55)   'o   rātou   noa   te   maoro
           ID   3P   RES   ART   retard
           "C'est eux qui nous retardent" (*litt.* le retard c'est eux)

(2.56)   te   taera'a   mai   o   te   ha'amori   'itoro   i   Mo'orea,
           ART   arrivée   DIR   PP   ART   culte   idole   PP   LOC

           'o   te   pohe   ia   o   te   mau   'orometua   (PN)
           ID   ART   mort   ANA PP   ART PL   pasteur
           "L'arrivée du culte des idoles à Moorea, c'était (= signifiait) la mort des pasteurs"

Dans (2.56), le prédicat est **'o te pohe o te mau 'orometua** ; ce qui précède est un terme thématisé.

Dans la narration, un événement peut se trouver exprimé par un prédicat nominal (sans sujet) (*cf.* § 10.3.5). Exemples :

(2.57)   'eiaha   na   e   rū...,   'o   te   reo   ia   o   Māui
           PROH   DEI ASP se hâter ID   ART   voix ANA PP NP
           "Ne vous hâtez pas, dit Maui" (*litt.* (ce fut) la voix de Maui)

(2.58)   'o   te   ta'ara'a   ia   iā   Māui   te   tahi   'ohipa   i   te
         ID   ART être perçu ANA   PP   NP   ART   un   chose   PP   ART

         pa'arira'a   i   ni'a   i   tā-na   matau   (Ma 67)
         résistance   PP   LOC   PP   POS-3S   hameçon

"Maui sentit que quelque chose s'était pris à son hameçon" (*litt.* (ce fut) la perception à Maui (d')une chose en résistance sur son hameçon)

Dans (2.58), **te ta'ara'a iā Māui te tahi 'ohipa** est un syntagme verbal nominalisé où **te tahi 'ohipa** est le sujet, *litt.* le quelque chose être perçu à/par Maui (*cf.* § 18).

2.3. PRÉDICATS INCLUSIFS

Les prédicats inclusifs sont formés d'un syntagme inclusif, c'est-à-dire d'une FI (particule inclusive + lexème), facultativement suivie de qualificatif(s), directionnel et/ou déictique. La particule peut être **e** ou **ei**.

2.3.1. Prédicats en e : généralités

Les prédicats formés de **e** soit indiquent que le référent du sujet est inclus dans la classe dénotée par le lexème de la FI, soit posent l'existence d'un ou plusieurs éléments appartenant à cette classe. Ces prédicats ne se trouvent qu'en proposition indépendante (ils sont cependant subordonnés en phrase négative, *cf.* § 4.4). Ils sont intemporels : ils peuvent occasionnellement référer au passé.

(2.59)   e   **manu**   terā
         I   oiseau   PRON
         "Cela est un oiseau"

(2.60)   e   **fa'ehau**   terā   ta'ata
         I   soldat   DEM   homme
         "Cet homme est un soldat"

Fréquemment le prédicat inclusif en **e** est suivi d'un QN, c'est-à-dire d'un article suivi soit d'un groupe prépositionnel soit d'une FV. Exemple :

(2.61)   e   **pahī**   te-i   reva   i   te   mahana   piti
         I   bateau   ART-ASP   partir   PP   ART   jour   deux
         "Un bateau est parti mardi" ou "Il y a un bateau qui est parti mardi".

On peut hésiter sur la façon de rendre compte de la structure d'une phrase comme (2.61). On peut en effet l'analyser de deux façons :

a) le QN est le sujet et la phrase signifie littéralement "ce qui/une chose qui est parti(e) mardi est un bateau" (interprétation inclusive) ;

b) il n'y a pas de sujet et le QN est une relative (*cf.* § 8.3) déterminant le lexème de la FI et la phrase s'interprète comme "il y a un bateau (qui) est parti mardi" (interprétation existentielle).

> La particule **e** est le correspondant tahitien d'un morphème qui, dans d'autres langues polynésiennes, est analysé comme un article non-référentiel, "un (quelconque)". Dans les langues du groupe tongique et du groupe samoïque, cet article s'emploie assez librement, quoique avec certaines restrictions. En maori et en hawaiien (maori **he**, hawaiien **he**), il est soumis à de sévères contraintes et se trouve surtout, mais non exclusivement, avec des lexèmes employés prédicativement. En tahitien, il ne fait aucunement partie du paradigme des articles : ce n'est plus qu'une particule prédicative.

2.3.2. Phrases exprimant la possession

La construction décrite ci-dessus, § 2.3.1 (prédicat inclusif + QN) est celle qui sert à exprimer prédicativement la possession ; dans ce cas le QN est constitué de l'article suivi d'un complément possessif formé à l'aide la préposition **a** ou de la préposition **o** (*cf.* § 14.7) ; l'article se combine avec la préposition : **te + a > tā, te + o > tō**. Exemples :

(2.62) e 'ūrī   tā   Petero
        I chien POS   NP
        "Pierre a un chien/des chiens"

(2.63) e fare   rahi   roa   tō   Teri'i
        I maison grand INT   POS   NP
        "Terii a une très grande maison"

(2.62) signifie littéralement "la/une chose de Pierre est chien" (ou "il y a chien qui (est) de Pierre") et de même (2.63) "la/une chose de Terii est très grande maison" (ou "il y a très grande maison qui (est) de Terii").

La même construction sert encore à exprimer l'existence en un lieu ; la préposition est alors soit **i** soit **o**. Exemples :

(2.64) e pape   te-i   (ou tō)   terā   vāhi
        I eau   ART-PP   (POS)   DEM   lieu
        "Il y a de l'eau à cet endroit"

(2.65) e parauparaura'a   tō   teie   pō
        I conférence   POS   DEM   nuit
        "Il y a/aura une conférence ce soir"

2.3.3. Phrases exprimant la qualification

Parmi les prédicats inclusifs en **e**, ceux qui sont formés de **mea** "chose" suivi d'un qualificatif sont fréquents. Exemples :

(2.66) e   mea   marō   te   ha'ari
       I   chose   sec   ART   coco
       "Les cocos sont secs"

(2.67) e   mea   rahi   tā   'oe   moa
       I   chose   grand POS   2S   poule
       "Tu as beaucoup de poules"

Ce tour est souvent employé même dans des contextes où l'on pourrait attendre un prédicat verbal. Exemples :

(2.68) e   mea   ha'uti   roa   te   pahī   (Aue 27)
       I   chose   bouger   INT   ART   bateau
       "Le bateau remue beaucoup" (*litt.* est chose très agitée)

(2.69) e   mea   maoro   'oe   i   Tahiti   nei ?
       I   chose   long   2S   PP   LOC   DEI
       "Es-tu depuis longtemps à Tahiti ?" (*litt.* es-tu chose longue...)

(2.70) e   mea   pinepine   'o   Heimata   i   te   haere   i   ni'a   i
       I   chose   souvent   ID   NP   PP   ART   aller   PP   LOC   PP

       te   a'au   (TM 5)
       ART   récif
       "Heimata va souvent sur le récif" (*litt.* est chose fréquente à aller...)

(2.71) 'ia   hina'aro   ana'e   'ona   i   te   reira   vahine,
       ASP   vouloir   seulement   3S   I   ART   ANA   femme

       e   mea   rave   noa   iho   ā   tā-na   (LT 55)
       I   chose   prendre   RES   DIR   encore POS-3S
       "S'il voulait cette femme, il la prenait simplement" (*litt.* il a/avait la chose de prendre simplement)

Dans de tels prédicats, certains locuteurs, en discours rapide, omettent la particule **e**, si bien que se forme ainsi un nouveau type de prédicat ayant pour particule caractéristique **mea** et pour lexème noyau le qualificatif de **mea**. Les séquences mea + lexème peuvent être considérées comme une nouvelle espèce d'USB, qu'on pourrait appeler *forme attributive* (FA). Les lexèmes qui forment ces FA, c'est-à-dire ceux qui suivent immédiatement **mea**, sont souvent de ceux qui ne peuvent former de FI. Voici quelques exemples :

(2.72) **mea rahi roa te i'a**
chose grand INT ART poisson
"Le poisson est abondant" ou "Il y a beaucoup de poisson"

(2.73) **mea maita'i 'orua ?**
chose bon 2D
"Vous (deux) allez bien ?"

(2.74) **mea hupehupe roa tō mātou mau tāne**
chose paresseux INT POS 1Pexcl PL homme
"Nos hommes sont très paresseux"

(2.75) **mea here roa te tahi i te tahi**
chose aimer INT ART un PP ART autre
"Elles s'aimaient beaucoup"

(2.76) **mea hohoni-hia tō-'u 'āvae e te 'urī**
chose mordre-PASS POS-1S jambe PP ART chien
"J'ai été mordu à la jambe par un chien" (*litt.* ma jambe est chose mordue...)

(2.77) **mea roa'a tā 'orua ?**
chose obtenu POS 2D
"Avez-vous pris ?" ou "Avez-vous des prises ?" (à la pêche)

(2.78) **mea ta'ata ?**
chose homme
"Y a-t-il du monde ?"

2.3.4. Prédicats en ei

Tandis que les prédicats inclusifs en **e** expriment une relation statique, ceux qui sont formés de **ei** expriment une relation dynamique. Ils signifient soit que le référent du sujet doit être inclus dans la classe dénotée par le lexème noyau, ex. (2.79), (2.80), soit, dans des propositions sans sujet, que doit exister un ou plusieurs élément(s) de cette classe, ex. (2.81), (2.82). En proposition indépendante, ils ont un sens désidératif ou injonctif.

(2.79) **ei ta'ata itoito 'oe !**
I homme courage 2S
"Sois un homme courageux !"

(2.80) **ei mana'o itoito tō 'oe !**
I esprit courage POS 2S
"Aie du courage !" (*litt.* aie un esprit courageux)

(2.81) **ei   pape !**
        I   eau
        "Qu'il y ait de l'eau !" ou "Il faut de l'eau"

(2.82) **ei   hau !**
        I   paix
        "Que soit la paix !"

Contrairement aux prédicats en **e**, ceux qui sont formés de **ei** peuvent se trouver en position subordonnée. Exemples :

(2.83) **'ua   riro   te   pape   ei   uaina**
        ASP devenir ART eau I vin
        "L'eau a été changée en vin" (*litt.* l'eau est devenue (de sorte) que soit vin)

(2.84) **'ua   haere   'ona   ei   mono**
        ASP aller 3S I remplaçant
        "Il est allé comme remplaçant"

(2.85) **'ua   rave   au   iā   Tamara   ei   tauturu   nō-'u**
        ASP prendre 1S PP NP I aide PP-1S
        "J'ai pris Tamara pour m'aider" (*litt.* comme aide pour moi)

2.4. PRÉDICATS NUMÉRAUX

Les prédicats numéraux sont formés d'une FNUM (forme numérale : particule numérale + nom de nombre) suivie ou non d'un lexème dénotant les personnes ou choses comptées. La particule la plus fréquente est **e**. Les phrases (2.86 et (2.87) illustrent les deux constructions, qui, en l'occurrence, aboutissent au même sens.

(2.86) **e   maha   va'a   tō   rātou**
        NUM quatre pirogue POS 3P
        "Ils ont quatre pirogues" (*litt.* ce qui/chose qui (est) à eux est quatre pirogues)

(2.87) **e   maha   tō   rātou   va'a**
        NUM quatre POS 3P pirogue
        "Ils ont quatre pirogues" (*litt.* leur(s) pirogue(s) (sont) quatre)

Par exception, le nom de nombre **hō'ē** "un" fonctionne sans particule comme prédicat : il est prédicatif par nature. Exemples :

(2.88) hō'ē   mai'a   tā-'u   i   'amu
       un   banane   POS-1S ASP manger

"J'ai mangé une (seule) banane" (*litt.* ce que j'ai mangé (est) une banane ; sur la construction de la relative, *cf.* § 8.3.2)

Une phrase à prédicat numéral peut ne pas comporter de sujet : elle a alors un sens existentiel. Exemples :

(2.89) e   toru   pahī   i   reva
      NUM trois bateau ASP partir

"Il y a trois bateaux (qui) sont partis" ou "Trois bateaux sont partis"

(2.90) e   hia   moni   i   terā 'ahu ?
      NUM combien argent PP   DEM   robe

"C'est combien cette robe ?" (*litt.* c'est combien d'argent à/pour cette robe ; **hia** "combien" se comporte comme un nom de nombre)

Il y a quelques autres particules numérales : **to'o** pour compter des personnes en petit nombre, **ta'i** et **tāta'i** distributifs (*cf.* § 16.1).

On emploie aussi la particule **'a** au lieu de **e** lorsqu'il s'agit d'indiquer l'état présent d'un compte, l'achèvement d'une série : le sens est "cela fait tant". Exemples :

(2.91) 'a   toru   i'a   tā-'u
      ASP trois poisson POS-1S

"Cela me fait trois poissons" ou "J'ai maintenant trois poissons"

(2.92) 'a   pae   'ahuru ta'ata i   roto i   te   'āua
      ASP cinq dix   homme   PP LOC   PP ART cour

"Il y a maintenant cinquante personnes dans la cour"

(2.93) 'a   pae   matahiti au   i   Tahiti nei
      ASP cinq an   1S   PP NP   DEI

"Je suis à Tahiti depuis cinq ans" ou "Cela fait cinq ans que je suis à Tahiti" (*litt.* je (suis) maintenant cinq ans à Tahiti)

Dans le même sens on emploie aussi **'ua**.

> Il y a toutes raisons de penser que les particules **'a** et **'ua** qu'on trouve dans cet emploi ne sont autres que les aspectuels **'a** (inceptif) et **'ua** (parfait) ; on emploie aussi **'ia** (injonctif). S'il en est ainsi, il est tentant d'identifier la particule numérale **e** à l'aspectuel **e** et d'analyser les formes numérales comme des formes verbales. Toutefois l'existence d'autres morphèmes, **to'o**, etc., qui font partie du même paradigme, et le comportement de **hō'ē**, etc., singularisent les prédicats numéraux. Dans ces conditions et en attendant des analyses plus approfondies, il paraît sage de considérer les formes numérales comme un type d'USB spécifique.

2.5. PRÉDICATS PRÉPOSITIONNELS

Les groupes prépositionnels, c'est-à-dire les séquences préposition + FN ou LOC ± qualificatif(s) ± directionnel ± déictique, peuvent fonctionner comme prédicats. Nous examinerons successivement le cas général (§ 2.5.1), puis le cas particulier des prépositions locatives à référence temporelle (§ 2.5.2).

2.5.1. Cas général

Les prédicats prépositionnels peuvent exprimer la possession ou la destination, ex. (2.94), l'origine, ex. (2.95), des positions dans l'espace ou dans le temps, ex. (2.96) à (2.100), la ressemblance, ex. (2.101), etc.

(2.94) **nā Teri'i terā moni**
PP NP DEM argent
"Cet argent est à/pour Terii"

(2.95) **nō Tahiti terā ta'ata**
PP LOC DEM homme
"Cette personne est de Tahiti"

(2.96) **iō Tama mātou ināpō**
PP NP 1Pexcl hier soir
"Nous étions chez Tama hier soir"

(2.97) **i reira noa iho ā tō rāua ora-noa-ra'a**
PP ANA RES DIR encore POS 3D vivre-RES-SUF
"C'est là qu'ils (eux deux) vivaient" (*litt.* là (était) effectivement (**iho ā**) leur vivre continuellement)

(2.98) **mai te fare mai au**
PP ART maison DIR 1S
"Je viens de la maison"

Dans (2.98) l'idée de "venir" est rendue par la combinaison de la préposition **mai** "de" (origine) et du directionnel **mai**.

(2.99) **nā reira mai te rā i te hiti mai**
PP ANA DIR ART soleil PP ART lever DIR
"Le soleil se lève/levait de là" (*litt.* de là est/était le soleil au lever)

(2.100) i te reira iho ā ia taime tō Areti
        PP ART ANA DIR encore ANA moment POS NP

'ōpuara'a ē... (LT 118)
projeter que

"C'est juste à ce moment qu'Arthur décida que..." (*litt.* à ce moment juste (**iho ā**) (fut) le projet d'Arthur que)

(2.101) mai te reira ato'a te ha'amori 'itoro
        PP ART ANA aussi ART adorateur idole

"Les idolâtres sont aussi comme cela"

2.5.2. Prépositions locatives à référence temporelle

Les particules **ei** et **tei** devant une FN ou un locatif indiquent une localisation avec une référence temporelle, **ei** au futur, ex. (2.102), (2.103) et **tei** au présent, (2.104), (2.105). Il faut probablement ranger dans le même paradigme la préposition **i** référant au passé, ex. (2.106), (2.107) (*cf.* § 17.11).

(2.102) ei te mātete tāua e farerei ai
        PP ART marché 1Dincl ASP se rencontrer ANA

"Nous (deux, inclusif) nous rencontrerons au marché" (*litt.* c'est au marché (que) nous nous rencontrerons)

(2.103) ei te ta'ata tīa'i ra te tāviri
        PP ART homme garde DEI ART clef

"C'est le gardien qui aura la clef" (*litt.* la clef sera auprès du gardien)

(2.104) tei hea te pū'ohu taofe ? tei te pātere mā'a
        PP où ART paquet café PP+ASP ART placard nourriture

"Où est le paquet de café ? — Dans le garde-manger"

(2.105) tei te ta'ata tīa'i ra te tāviri
        PP ART homme garde DEI ART clef

"C'est le gardien qui a la clef"

(2.106) i te fare nei te taote
        PP ART maison DEI ART docteur

"Le docteur était à la maison"

(2.107) i te ta'ata tīa'i ra te tāviri
        PP ART homme garde DEI ART clef

"C'est le gardien qui avait la clef"

Ces prédicats ne se trouvent pas en proposition subordonnée (*cf.* § 17.11).

2.6. PRÉDICATS QUASI-VERBAUX

On trouve en fonction de prédicats des QV formés d'un aspectuel précédant la préposition **nā** + FN ou LOC. Ils expriment proprement le fait de passer par un lieu, ex. (2.108), et souvent aussi une position relative dans l'espace ou dans le temps, ex. (2.109), (2.110), ou un moyen ou une manière de faire, ex. (2.111), (2.112).

(2.108) 'ua nā terā vāhi 'oia i te haere
ASP PP DEM lieu 3S PP ART aller
"Il est passé par là" (*litt.* il (fut) par ce lieu à l'aller)

(2.109) 'ua nā muri roa vau
ASP PP LOC INT 1S
"Je suis très en retard" ou "Je suis arrivé le dernier" (*litt.* je (suis) beaucoup par derrière)

(2.110) e nā mua 'oe i te parau
ASP PP LOC 2S PP ART parole
"Tu parleras le premier" (*litt.* tu (seras) par devant à parler)

(2.111) 'ua nā ni'a mai rātou i te pahī
ASP PP LOC DIR 3P PP ART bateau
"Ils sont venus en bateau" (*litt.* ils (furent) par dessus vers ici en bateau)

(2.112) e nā reira 'oe iā-'u
ASP PP ANA 2S PP-1S
"Tu me traiteras comme cela" (*litt.* tu (feras) par là à moi)

Comme les prédicats verbaux, les prédicats quasi-verbaux peuvent, en contexte approprié, être dépourvus de sujet. Exemples :

(2.113) e nā hea i te i'a ? e tunu pa'a
ASP PP où PP ART poisson ASP cuire griller
"Comment va-t-on faire le poisson ? — On va le griller" (**nā hea** "par où ?" = "comment ?")

De même encore qu'avec les prédicats verbaux (*cf.* § 2.1.7), l'aspectuel peut manquer avec les prédicats quasi-verbaux quand ils comportent un directionnel et un déictique, ex. (**nā 'ō** "par là, ainsi" en QV signifie "faire/parler ainsi") :

(2.114) nā 'ō noa atu ra 'ona ē...
PP là RES DIR DEI 3S que
"Alors il parla ainsi :..." ou "Alors il dit :..."

2.7. PRÉDICATS QUASI-NOMINAUX

Des QN peuvent fonctionner comme prédicats : ils sont ordinairement, comme les prédicats nominaux, précédés de l'identificateur **'o**. Dans les exemples suivants, ils sont formés d'un article suivi d'un groupe prépositionnel comportant les prépositions possessives **a** et **o**.

(2.115)   **'o   tā   Petero   te   'urī**
          ID POS NP   ART chien
          "C'est Pierre qui a un chien"

(2.116)   **'o   tā   Teri'i   te   moni   maita'i**
          ID POS NP   ART argent bon
          "C'est Terii qui a un bon salaire"

(2.117)   **'o   tō   Tahiti   terā**
          ID POS LOC   PRON
          "Ce sont ceux de Tahiti"

Ce type de prédication n'exprime pas une identification stricte, mais établit une relation de possession ou de localisation avec emphase sur le possesseur ou le lieu. Comparer, par exemple, (2.115) **'o tā Petero te 'urī** "c'est Pierre qui a un chien" avec (2.62) **e 'urī tā Petero** "Pierre a un chien" et **nā Petero te 'urī** (*cf.* 2.94) "le chien est à Pierre".

2.8. PRÉDICATS PRÉSENTATIFS

Des prédicats présentatifs sont introduits par les morphèmes de sens déictique, **eie** "voici" (près du locuteur), **enā** "voilà " (près de l'allocutaire), **erā** "voilà" (plus loin). Exemples :

(2.118)   **eie   Heimata**
          PRES NP
          "Voici Heimata" (près de moi)

(2.119)   **erā   te   māti**
          PRES ART allumette
          "Voilà les allumettes" (là-bas)

(2.120)   **eie   rātou   i   roto   i   te   piha**
          PRES 3P   PP LOC PP ART chambre
          "Les voici dans la chambre"

On emploie aussi, dans le même sens ou un sens voisin, les pronoms démonstratifs **teie, tenā, terā** en position prédicative. Exemples :

(2.121) teie te mohina
PRON ART bouteille
"C'est celle-ci, la bouteille" ou "Voici la bouteille"

(2.122) terā te matahiapo i te paraura'a atu iā
PRON ART aîné PP ART parler DIR PP

Tapuhute ē... (HF 418)
NP que
"Voilà que l'aîné dit à Tapuhute que..."

3. PRINCIPES DE LA SUBORDINATION

Il convient de donner dès à présent des indications sur les principes de la subordination, car bien des énoncés qui en français ont la forme d'une phrase simple ont pour équivalents en tahitien des phrases constituées d'une succession de prédications, c'est-à-dire des phrases complexes. C'est le cas, en particulier, de la plupart des énoncés négatifs (cf. ci-dessous, § 3.4) et de la "construction actancielle possessive" (cf. § 4.5).

3.1. SUBORDINATION LÂCHE ET SUBORDINATION STRICTE

Il importe de distinguer entre la subordination "lâche" et la subordination "stricte". En subordination lâche, les propositions subordonnées sont construites comme les propositions indépendantes. Exemples :

(3.1) tē fa'aara-hia atu nei 'outou ē 'ua ho'i mai
ASP avertir-PASS DIR DEI 2P que ASP revenir DIR

te peretiteni
ART président
"Vous êtes informés que le président est revenu"

(3.2) 'ua rave 'o Teri'i i tā-'u pua'ahorofenua nō-te-mea
ASP prendre ID NP PP POS-1S cheval parce que

'ua pēpē tā-na
ASP être blessé POS-3S
"Terii a pris mon cheval parce que le sien est blessé"

Dans (3.1), la proposition **'ua ho'i mai te peretiteni**, qui suit la conjonction ē, ne se distingue en rien d'une proposition indépendante. Il en va de même, dans (3.2) de la proposition **'ua pēpē tāna,** qui suit la locution **nō te mea** "parce que", *litt.* "pour la chose (que)".

Les subordonnées strictes, au contraire, sont caractérisées par des propriétés particulières :

a) Les aspectuels **'ua** et **tē** en sont exclus : ils sont remplacés respectivement par les aspectuels **i** et **e** :

(3.3a)   **'ua reva te pahī**
            ASP partir ART bateau
            "Le bateau est parti"

(3.3b)   **e toru pahī i reva**
            NUM trois bateau ASP partir
            "Trois bateaux sont partis" (*litt.* (il y a) trois bateaux (qui) sont partis)

(3.4a)   **tē hina'aro ra terā ta'ata iā 'oe**
            ASP vouloir DEI DEM homme PP 2S
            "Cet homme-là veut te voir" (*litt.* cet homme-là te veut)

(3.4b)   **e ta'ata terā e hina'aro ra iā 'oe**
            I homme DEM ASP vouloir DEI PP 2S
            "Il y a là quelqu'un qui veut te voir" (*litt.* il y a là un homme (qui) te veut)

(3.3a) et (3.4a) sont des propositions indépendantes. Dans (3.3b) et (3.4b), **i reva** et **e hina'aro ia 'oe** sont subordonnées (strictement) à la proposition principale qui les précède.

b) Dans certaines conditions apparait l'anaphorique oblique **ai,** qui occupe dans le syntagme le même créneau que les déictiques :

(3.5)   **i te fare 'oe e taoto ai**
           PP ART maison 2S ASP dormir ANA
           "Tu dormiras à la maison" (*litt.* (c'est) à la maison (que) tu dormiras)

(3.6)   **i te reira taime 'outou e reva ai**
           PP ART ANA temps 2S ASP partir ANA
           "C'est à ce moment-là que vous devrez partir"

(3.7)   **nō te mata'i i fati ai te 'ama'a vī**
           PP ART vent ASP casser ANA ART branche mangue
           "C'est à cause du vent que la branche du manguier s'est cassée"

(3.8)   **ei pahī e tae ai 'oe i Mo'orea**
           I bateau ASP arriver ANA 2S PP LOC
           "Il faut un bateau pour que tu parviennes à Moorea"

L'anaphorique **ai** renvoie à un terme oblique présent dans la préposition principale. Dans les trois exemples (3.5-7) ce terme oblique (prépositionnel) est en fonction prédicative. Dans (3.5) il indique une localisation : la phrase signifie en traduction-calque "[c'est] à la maison [que] tu y dormiras", où "y" traduit **ai**. Dans (3.6), **ai** renvoie à l'indication temporelle, traduction-calque : "[c'est] à ce moment [que] vous partirez alors", où "alors" traduit **ai**. Dans (3.7) **ai** renvoie à l'expression de la cause, traduction-calque : "[c'est] à cause du vent [que] pour cela la branche s'est cassée", où "pour cela" traduit **ai**. Dans (3.8) **ai** renvoie à l'idée de bateau comme moyen de transport, traduction-calque : "[il faut] qu'il y ait bateau [de sorte que] par ce moyen tu parviennes à Moorea", où "par ce moyen" traduit **ai**.

La particule **ai** ne se trouve qu'en proposition subordonnée[5]. Elle est caractéristique de la subordination stricte. Mais elle ne caractérise pas toutes les subordonnées strictes, car elle ne s'emploie qu'en corrélation avec un terme oblique qui constitue le "pivot" de la relation entre la principale et la subordonnée. C'est pourquoi elle ne se trouve pas dans des phrases comme (3.3) et (3.4), où le "pivot" est sujet du verbe subordonné.

c) Dans certaines conditions, le sujet passe devant le verbe, ex. (3.5), où le sujet **'oe** précède le verbe **e taoto**, et ex. (3.6), où le sujet **'outou** précède le verbe **e reva**, *cf.* aussi ex. (3.10) ci-dessous.

3.2. SUBORDINATION DIRECTE ET SUBORDINATION CONJONCTIVE

Une autre distinction, moins importante et qui ne coïncide pas avec la précédente, peut être faite entre les subordonnées dont la relation avec la principale est explicitée par un morphème spécifique et les cas où une prédication secondaire suit immédiatement la prédication principale sans aucun morphème de liaison. On peut dénommer les premières "subordonnées conjonctives" et les subordonnées du second type "subordonnées directes". Dans (3.9), **e ti'i i te faraoa** est une subordonnée directe ; il en va de même des subordonnées des exemples (3.3-8).

(3.9) **'ua haere 'o Tihoni e ti'i i te faraoa**
ASP aller ID NP ASP chercher PP ART pain
"Tihoni est allé chercher le pain"

Dans (3.10) la subordonnée est introduite par la conjonction **'ahiri** ; les subordonnées des exemples (3.1) et (3.2) sont également des subordonnées conjonctives.

---

5. Sur des emplois idiomatiques de **ai**, *cf.* § 11.2.3.

(3.10) e haere au 'ahiri 'o Merehau i tae mai
     ASP aller 1S si ID NP ASP arriver DIR
     "J'[y] serais allée si Merehau était arrivée"

Sur le statut des conjonctions, cf. § 9.1.

4. LA NÉGATION

4.1. GÉNÉRALITÉS

4.1.1. La négation assertive

La négation (assertive) est exprimée au moyen de formes verbales spécifiques :

- d'une part **'aita** (< aspectuel **'a** + **'ita**, lexème aujourd'hui inusité qui semble avoir signifié "hausser les épaules en signe de dénégation") et **e'ita** (< aspectuel **e** + **'ita**), ou **'aore** (< aspectuel **'a** + **'ore** "disparaitre, ne pas exister") et **e'ore** (aspectuel **e** + **'ore**),

- d'autre part **e'ere** (< aspectuel **e** + **'ere** "n'être pas" ou "être privé").

Les formes **'aita, e'ita** et **'aore, e'ore** entrainent la formation d'une phrase complexe : elles y prennent place comme prédicat principal, situé, comme il convient, en tête. Le reste de la phrase (équivalent de la phrase non négative correspondante) vient ensuite, sous la forme d'une proposition subordonnée stricte (directe) : conformément aux règles de la subordination stricte, les aspectuels **'ua** et **tē** y sont exclus et remplacés respectivement par **i** (ou **e**) et **e**, et le sujet, passant devant le verbe, vient se placer immédiatement après le mot négatif. Exemples :

(4.1a)   **'ua haere 'oia i Pape'ete**
       ASP aller 3S PP LOC
       "Il est allé à Papeete"

(4.1b)   **'aita 'oia i haere i Pape'ete**
       "Il n'est pas allé à Papeete"

La phrase (4.1b) est la négation de (4.1a), avec remplacement de **'ua** par **i** et avancement du sujet **'oia**. Elle signifie littéralement : "il n'est pas (vrai) qu'il est allé à Papeete".

e'ere fonctionne différemment. La construction est celle d'une phrase simple, dont **e'ere** est le noyau verbal. Exemples :

(4.2a) e **fa'ehau terā ta'ata**
   I soldat DEM homme
   "Cet homme est soldat"

(4.2b) **e'ere terā ta'ata i te fa'ehau**
   NEG DEM homme PP ART soldat
   "Cet homme n'est pas soldat"

La négation de (4.2a), phrase inclusive, est (4.2b), phrase verbale simple comprenant un verbe (**e'ere**), un sujet (**terā taata**) et un complément (**i te faehau**).

e'ere peut, être remplacé par **e'ita**. Cette dernière forme a donc un double statut, d'une part comme appartenant au même paradigme que **'aita**, d'autre part comme variante de **e'ere**.

Sémantiquement, la différence entre **'aita, e'ita ('aore, e'ore)** d'une part et **e'ere (e'ita)** d'autre part réside dans la portée de la négation. Avec **'aita, e'ita ('aore, e'ore)**, la négation porte sur la phrase entière ; avec **e'ere (e'ita)**, elle porte seulement sur la partie prédicative, le sujet y échappe : comparer **'aita 'o Tama** "Tama n'est pas là" et **e'ere 'o Tama** "ce n'est pas Tama", **'aita vau** "je n'y suis pas" et **e'ere au** "ce n'est pas moi", et *cf.* ci-dessous, § 4.4.1 et 4.6.1. On peut dire qu'il y a négation totale avec **'aita, e'ita ('aore, e'ore)**, négation partielle avec **e'ere**.

> Le lexème **'ore** fonctionne par ailleurs comme verbe de plein exercice, exemples : **'ua 'ore te vī** "Il n'y a plus de mangues" (ce n'est plus la saison), **e 'ore te pape i teie mau mahana** "L'eau va tarir ces jours-ci". Il s'emploie d'autre part en fonction qualifiante (d'un lexème) pour former des expressions de sens négatif, exemples : **faufa'a** "utile, utilité", **faufa'a 'ore** "inutile" (*cf.* §§ 20.7, 21.6.2). Employé comme qualificatif d'un lexème prédicat, **'ore** exprime une négation atténuée, exemples : **'ua ta'oto 'ore rātou** "ils ne dorment guère", **'ua pape 'ore i 'ū nei** "il n'y a guère d'eau ici" (négation de **'ua pape i 'ū nei** "il y a beaucoup d'eau ici"), **e moni 'ore tā Māmā** "Maman n'a guère d'argent".

4.1.2. Expression de la prohibition

La prohibition s'exprime au moyen de **'eiaha**, qui forme, comme **'aita, e'ita** une phrase complexe :

(4.3) **'eiaha 'oe a haere i rāpae**
   NEG 2S ASP aller PP LOC
   "Ne sors pas" (*litt.* ne va pas dehors)

4.2. PRÉDICATS VERBAUX

4.2.1. Prédicats verbaux assertifs

Les prédicats verbaux assertifs sont niés par **'aita, e'ita**, ou, moins souvent, par **'aore, e'ore**. Le choix entre **'aita ('aore)** et **e'ita (e'ore)** dépend de l'aspect.

Lorsque la phrase positive est en **'ua**, la négation est **'aita** avec l'aspectuel **i** ; la construction est la même, que la nuance de sens convoyée soit l'accompli, ex. (4.4), ou l'état présent, ex. (4.5).

(4.4a) **'ua reva 'o Tama**
ASP partir ID NP
"Tama est parti"

(4.4b) **'aita 'o Tama i reva**
"Tama n'est pas parti"

(4.5a) **'ua po'ia 'oe**
ASP affamé 2S
"Tu as faim"

(4.5b) **'aita 'oe i po'ia**
"Tu n'as pas faim"

En contexte futur, la négation est **e'ita** avec l'aspectuel **e**. Exemples :

(4.6a) **ānānahi, 'ua 'aramoina-hia ia teie 'ati iā 'oe**
demain ASP oublier-PASS ANA DEM malheur PP 2S
"Demain tu auras oublié ce malheur" (*litt.* ce malheur sera oublié à toi)

(4.6b) **ānānahi, e'ita ia teie 'ati e 'aramoina-hia iā 'oe**
"Demain tu n'auras pas oublié ce malheur"

Quand la phrase positive a l'aspectuel **i**, la négation est **'aita** avec **i**.

Lorsqu'elle a l'aspectuel **tē** (aspect progressif), la négation est **'aita** avec l'aspectuel **e**, quelle que soit la référence temporelle. Exemples :

(4.7a) **tē ua nei iō mātou**
ASP pleuvoir DEI PP 1Pexcl
"Il pleut chez nous"

(4.7b) **'aita e ua nei iō mātou**
"Il ne pleut pas chez nous"

(4.8a) **i tō-na taera'a mai, tē tāmā'a ra vau**
PP POS-3S arrivée DIR ASP dîner DEI 1S
"À son arrivée, j'étais en train de dîner"

(4.8b)   i   tō-na   ta'era'a   mai,   'aita   vau   e   tāmā'a   ra
"À son arrivée, je n'étais pas en train de dîner"

Lorsque la phrase positive a l'aspectuel **e**, la négation est **e'ita** avec ce même aspectuel, quelle que soit la référence temporelle. Exemples :

(4.9a)   **e**   **tāmā'a mai 'o Merehau**
      ASP   dîner   DIR   ID   NP
"Merehau viendra dîner"

(4.9b)   **e'ita 'o Merehau e tāmā'a mai**
"Merehau ne viendra pas dîner"

Lorsque le prédicat est un QV, on emploie les mêmes constructions qu'avec une FN. Exemples :

(4.10a) **'ua   nā   raro   rātou   i   te   haere**
       ASP   PP   LOC   3P   PP   ART   aller
"Ils sont allés à pied" (*litt.* ils (ont été) par le bas à l'aller)

(4.10b) **'aita rātou i nā raro i te haere**
"Ils ne sont pas allés à pied"

4.2.2. Cas des verbes défectifs

Dans le cas des "verbes défectifs", formés de l'aspectuel **'ua** (*cf.* § 2.1.10), **'ua** est au négatif remplacé par **e**. Exemples :

(4.11a) **'ua ta'ata**
       ASP   homme
"Il y a du monde"

(4.11b) **'aita e ta'ata**
"Il n'y a personne"

(4.12a) **'ua   rō   te   pāni**
       ASP   fourmi   ART   marmite
"La marmite est pleine de fourmis"

(4.12b) **'aita e rō te pāni**
"La marmite n'est pas pleine de fourmis"

On peut s'interroger sur la nature de la particule **e** qui ici suit **'aita** : aspectuel ou particule inclusive ? Il semble préférable d'y reconnaitre l'aspectuel, car, si (4.11b) peut être analysé comme (4.26), (4.12b) ne se conforme à aucun des types de prédicat inclusif négatif.

4.2.3. Prohibition

La forme prohibitive **'eiaha** s'emploie avec l'aspectuel **e** et l'aspectuel **'ia** : L'aspectuel **'a** de l'impératif est exclu et remplacé au prohibitif par **e**. **'Eiaha** avec **e** a un sens injonctif, ex. (4.13-14), avec **'ia** plutôt un sens désidératif, ex. (4.15).

(4.13a) **'a   haere   mai   i   te   fare**
ASP   aller   DIR   PP   ART   maison
"Viens à la maison"

(4.13b) **'eiaha e   haere   mai   i   te   fare**
"Ne viens pas à la maison"

(4.14a) **e   inu   i   tā   'oe   rā'au**
ASP   boire   PP   POS   2S   médicament
"Bois/Tu boiras ton médicament"

(4.14b) **'eiaha   e   inu   i   tā 'oe   rā'au**
"Ne bois pas ton médicament"

(4.15a) **'ia   manuia   tō   'outou   tere**
ASP   réussir   POS   2P   voyage
"Que votre voyage réussisse !" ou "Puisse votre voyage réussir !"

(4.15b) **'eiaha   'ia   manuia   tō   'outou   tere**
"Que votre voyage ne réussisse pas !" ou "Puisse votre voyage ne pas réussir !"

4.3. PRÉDICATS NOMINAUX

4.3.1. Assertion

Les prédicats nominaux sont niés au moyen de **e'ere** (ou **e'ita**). Exemples :

(4.16) **e'ere   'o   Rui   ('o)   tō   mātou   matahiapo**
NEG   ID   NP   (ID)   POS   1Pexcl   aîné
"Notre aîné n'est pas Louis" ou "Louis n'est pas notre aîné"

(4.17) **e'ere   terā   ta'ata   ('o)   tō-'u   metua   tāne**
NEG   DEM   homme   (ID)   POS-1S   parent   mâle
"Cet homme n'est pas mon père"

La construction est la même avec un QN pour sujet, ex. (4.18), ou pour nominal prédicatif, ex. (4.19) et (4.20).

(4.18) **e'ere 'o te 'orometua te-i reva**
NEG ID ART maître ART-ASP partir
"Ce n'est pas le maître qui est parti"

(4.19) **e'ere 'o tā Petero te 'urī**
NEG ID POS NP ART chien
"Ce n'est pas Pierre qui a un chien" (*litt.* le/un chien n'est pas chose de Pierre) ; *cf.* (2.115)

(4.20) **e'ere 'o tō Tahiti terā**
NEG. ID POS LOC PRON
"Ce n'est pas là ceux de Tahiti" ; *cf.* (2.117)

4.3.2. Prohibition

Pour former le prohibitif il suffit de placer **'eiaha** devant le prédicat nominal :

(4.21) **'eiaha 'o Tama tē himene**
NEG ID NP ART+ASP chanter
"Que ce ne soit pas Tama qui chante !" ou "Ce n'est pas Tama qui chantera" (injonction)

(4.22) **'eiaha ('o) te tamari'i tē ti'a**
NEG (ID) ART enfant ART+ASP se lever
"Il ne faut pas que ce soient les enfants qui se lèvent"

4.4. PRÉDICATS INCLUSIFS

4.4.1. Assertion

Avec les prédicats inclusifs, la négation (assertive) est, selon le cas, **e'ere (e'ita)** ou **'aita ('aore)**. On a **e'ere (e'ita)** lorsque le sujet, FN ou QN, explicite ou implicite, est de sens défini : le prédicat de la phrase non négative correspondante exprime alors l'inclusion du référent de ce sujet dans une classe. Au négatif, la phrase prend la forme d'une prédication verbale avec un complément introduit par la préposition **i**. Exemples :

(4.23) **e'ere** (ou **e'ita**) **terā ta'ata i te faehau**   (= ex. 4.2b)
NEG DEM homme PP ART soldat
"Cet homme n'est pas soldat"

(4.24) **e'ere 'o Revi i te tāmuta**
NEG ID NP PP ART charpentier
"Revi n'est pas charpentier"

Cependant, lorsque le sujet est un QN comprenant une forme verbale (*cf.* § 2.3.1), la phrase négative est composée de **e'ere** suivi de la particule inclusive **e**. Exemple :

(4.25) **e'ere e taote te-i reva**
NEG   I   docteur ART-ASP partir
"Ce n'est pas un docteur qui est parti"

On emploie **'aita** (ou **'aore**) lorsqu'il n'y a pas de sujet (explicite ou implicite) de sens défini : la phrase a alors un sens existentiel ou locatif ou possessif. Le prédicat inclusif de la phrase non négative peut se traduire par "il y a X". On forme le négatif en ajoutant **'aita** (ou **'aore**) devant la phrase positive et en faisant éventuellement passer le sujet devant le prédicat inclusif. Exemples :

(4.26) **'aita e manu i ni'a i te tumu-rā'au**
NEG   I oiseau PP LOC PP ART arbre
"Il n'y a pas d'oiseau sur l'arbre"

(4.27) **'aita tō (ou tei) terā vāhi e pape** (ou **'aita e pape tō** (ou
NEG POS (ART+PP) DEM lieu I eau

tei) terā vāhi)
"Il n'y a pas d'eau à cet endroit" ou "Cet endroit n'a pas d'eau"

(4.28) **'aita tā Teri'i e moni** (ou **'aita e moni tā Teri'i**)
NEG POS NP I argent
"Terii n'a pas d'argent" (*litt.* il n'y a pas d'argent à T.)

Dans (4.26) il n'y a pas de sujet. Dans (4.27) et (4.28) le sujet peut être avancé pour figurer immédiatement après le mot négatif. Il est constitué par un QN formé de l'article et d'un complément locatif ou possessif. (4.27) signifie littéralement "il n'est pas (vrai que) chose de (**tō**) ou chose à (**tei**) cet endroit est eau". De même (4.28) peut se gloser "il n'est pas (vrai que) chose de (**tā**) Terii est argent".

L'exemple (4.29) illustre la différence entre les deux constructions :

(4.29a) **e moni tā Teri'i i roto i tō-na rima**
I argent POS NP PP LOC PP POS-3S main
"Terii a de l'argent dans sa main" ou "Ce que Terii a dans sa main est de l'argent"

(4.29b) **'aita tā Teri'i e moni i roto i tōna rima**
"Terii n'a pas d'argent dans sa main"

(4.29c) **e'ere tā Teri'i i te moni i roto i tōna rima**
"Ce que Terii a dans sa main n'est pas de l'argent"

(4.18a) admet deux interprétations, qui au négatif s'expriment différemment. Dans la première, le sujet **tā Teri'i** est pris dans un sens indéfini : "chose de Terii / quelque chose de Terii" ; dans la seconde, il est pris dans un sens défini : "la chose de Terii / ce qu'a Terii". Comparer **'aita e 'orometua** "il n'y a pas de pasteur", **e'ere i te 'orometua** "ce n'est pas un pasteur", **e'ere 'o te 'orometua** "ce n'est pas le pasteur".

4.4.2. Prohibition

On forme une phrase inclusive prohibitive à l'aide de **'eiaha** suivi de la particule inclusive dynamique **ei**. Exemple :

(4.30)   **'eiaha   ei   taote   tē   rave   i   tera   tamari'i**
NEG   I   docteur   ART+ASP   faire   PP   DEM   enfant
"Il ne faut pas que ce soit un docteur qui s'occupe de cet enfant"

4.5. PRÉDICATS NUMÉRAUX

4.5.1. Assertion

Les prédicats numéraux sont niés au moyen de **e'ere (e'ita)**, qui est suivi de la particule numérale appropriée. Exemples :

(4.31)   **e   maha   tā   'oe   'uri ? e'ita, e'ere   tā-'u   e**
NUM   quatre   POS   2S   chien   non   NEG   POS-1S   NUM

maha   'uri,   e   toru   rā
quatre   chien   NUM   trois   mais
As-tu quatre chiens ? — Non, je n'ai pas quatre chiens, mais trois"

(4.32)   **e'ita   e   pae   fare   i   parari   i   te   mata'i   e**
NEG   NUM   cinq   maison   ASP   être cassé   PP   ART   vent   NUM

piti   rā
deux   mais
"Ce n'est pas cinq maisons qui ont été démolies par le vent, mais deux"

(4.33)   **e'ere   'a   piti   a'e   nei   ta'ata   i   tomo   i   roto   i**
NEG   NUM   deux   DIR   DEI   homme   ASP   entrer   PP   LOC   PP

te   fare
ART   maison
"Cela ne fait pas deux personnes qui sont entrées dans la maison"

(4.34) **e'ere ta'i piti mā'a i mau i te 'āma'a hō'ē**
NEG NUM deux fruit ASP fixer PP ART branche un
"Il n'y a pas deux fruits par branche"

4.5.2. Prohibition

Au prohibitif, **'eiaha** ne peut être suivi que de **e** ou **hō'ē** :

(4.35) **'eiaha e piti tamari'i i te 'āma'a hō'ē**
NEG NUM deux enfant PP ART branche un
"Il ne faut pas qu'il y ait deux enfants par branche"

(4.36) **'eiaha hō'ē a'e ta'ata i roto i te fare**
NEG un DIR homme PP LOC PP ART maison
"Qu'il n'y ait pas une seule personne à la maison !"

4.6. PRÉDICATS PRÉPOSITIONNELS

4.6.1. Assertion

Avec les prédicats prépositionnels on emploie normalement **e'ere (e'ita)** :

(4.37) **e'ere au mai te fare mai**
NEG 1S PP ART maison DIR
"Je ne viens pas de la maison" ; *cf.* (2.98)

(4.38) **e'ere iō Teri'i mātou i te fa'aeara'a**
NEG PP NP 1Pexcl PP ART demeure
"Nous n'habitons pas chez Terii" ou "Ce n'est pas chez Terii que nous habitons"

(4.39) **e'ita i te fare tātou e ta'oto ai**
NEG PP ART maison 1Pincl ASP dormir ANA
"Nous ne dormirons pas à la maison" ou "Ce n'est pas à la maison que nous dormirons" ; *cf.* (3.5)

(4.40) **e'ere i te 'orometua e manuia ai te 'ohipa**
NEG PP ART pasteur ASP réussir ANA ART travail
"Ce n'est pas grâce au pasteur que le travail réussira"

(4.41) **e'ere nō Vahine terā 'ahu**
NEG PP NP DEM robe
"Cette robe n'est pas à/pour Vahine"

(4.42) **e'ere nā-'u terā mīmī**
NEG   PP-1S DEM chat
"Ce chat n'est pas à moi"

Il en va de même dans le cas de la construction actancielle possessive (*cf.* ci-dessous, § 5.3). Exemples :

(4.43) **e'ere nā-na i rave i tō-na pereo'o**
NEG   PP-3S ASP prendre PP POS-3S voiture
"Ce n'est pas lui qui a pris sa voiture"

(4.44) **e'ere nā 'oe terā 'ohipa e rave**
NEG   PP 2S DEM travail ASP faire
"Ce n'est pas toi qui feras ce travail"

Cependant on trouve parfois, avec un prédicat prépositionnel, dans un contexte narratif, la négation **'aita**, ex.(4.29) :

(4.45) **'aita te here a Māui nā te matara**   (LT 22)
NEG ART filet PP NP PP ART être relâché
"Le filet de Maui ne se relâcha pas" (*litt.* ne (fut) pas en relâchement)

On présume que le choix entre **e'ere** et **'aita** est déterminé par la portée que le locuteur veut donner à la négation (*cf.* § 4.1). (4.45) n'énonce pas une propriété (négative) du filet, mais un événement (négatif). La signification est proprement : "il ne se fit pas que le filet (soit) en relâchement". Le prédicat prépositionnel équivaut à un prédicat verbal. Il suffirait d'y ajouter l'aspectuel **i** pour en faire un QV. Autre exemple :

(4.46) **'aita 'ona nā te parau**
NEG 3S PP ART parole
"Il ne parle pas" (il ne se décide pas à parler, il n'y a rien à faire)

4.6.2. Prohibition

'eiaha devant un prédicat prépositionnel forme une phrase prohibitive. Exemples :

(4.47) **'eiaha iō Tama tātou e ta'oto ai**
NEG PP NP 1Pincl ASP dormir ANA
"Ne dormons pas chez Tama"

(4.48) **'eiaha nō Tamara te 'ahu**
NEG PP NP ART robe
"Il ne faut pas que la robe soit pour Tamara"

On a de même, avec la "construction actancielle possessive" (§ 5.3) :

(4.49)   'eiaha   nā-na   e   'amu   i   te   vī
            NEG   PP-3S   ASP manger PP ART mangue
            "Que ce ne soit pas lui qui mange la mangue !"

4.7. DOUBLE NÉGATION

La combinaison de **'aita** ou **e'ita** avec une forme de **'ore** d'aspect approprié constitue une double négation, employée pour souligner la certitude de l'événement mentionné. Exemples :

(4.50)   'aita   'oia   i   'ore   i   te   fa'aoti   i   terā   'ohipa
            NEG   3S   ASP NEG PP ART terminer PP DEM travail
            "Il n'a pas manqué de terminer cette besogne"

(4.51)   e'ita   e'ore   rāua   i   te   haere   mai
            NEG   NEG   3D   PP ART venir DIR
            "Ils (deux) ne manqueront pas de venir" ou "Ils (deux) viendront sûrement"

On renforce de même une injonction en combinant **'eiaha** avec **'ore** :

(4.52)   'eiaha   'oe   'ia   'ore   i   te   ti'i   i   te   faraoa
            NEG   2S   ASP NEG PP ART chercher PP ART pain
            "Ne manque pas d'aller chercher le pain"

5. THÉMATISATION ET RHÉMATISATION.
LA CONSTRUCTION ACTANCIELLE POSSESSIVE

5.1. THÉMATISATION

En discours normal, non marqué, la phrase commence par le prédicat. Cependant il est possible de placer en tête de phrase, avant le prédicat, un des termes de la proposition, qui est alors marqué comme thématique ; il est représenté ou non dans le corps de la phrase par un anaphorique. Les conditions syntaxiques changent légèrement selon la nature du terme ainsi thématisé :

1. Thématisation du sujet ; il est facultativement repris par un pronom ou par l'anaphorique général **ia** :

(5.1a)   'ua   hāmani   te   tāmuta   i   tō   mātou   fare
            ASP   bâtir   ART charpentier PP POS 1Pexcl maison
            "Le charpentier a bâti notre maison"

(5.1b) te tāmuta, 'ua hāmani (ia ou 'oia) i tō mātou
        ART charpentier ASP bâtir (ANA ou 3S) PP POS 1Pexcl

        fare
        maison
        "Le charpentier, il a bâti notre maison"

(5.2a) tē 'amu nei te mīmī i te i'a
        ASP manger DEI ART chat PP ART poisson
        "Le chat mange le poisson"

(5.2b) te mīmī, tē 'amu nei (ia) i te i'a
        "Le chat, il mange le poisson"

2. Thématisation de l'objet ; il est placé en tête de phrase sans la préposition **i** qui l'introduit dans la phrase non marquée ; il est repris facultativement par l'anaphorique **ia**. Exemples :

(5.3) tō mātou fare, ua hāmani (ia) te tāmuta
       "Notre maison, le charpentier l'a bâtie"

(5.4) te i'a, tē 'amu nei (ia) te mīmī
       "Le poisson, le chat le mange"

Cette construction est relativement rare, car on lui préfère généralement l'emploi du "pseudo-passif" (*cf.* ci-dessous, § 6), ce qui ramène au cas précédent, puisque le terme rhématisé est alors sujet :

(5.5) tō mātou fare, ua hāmani-hia (ia) e te tāmuta
       POS 1Pexcl maison ASP bâtir-PASS (AN) PP ART charpentier
       "Notre maison, elle a été bâtie par le charpentier"

(5.6) te i'a, tē 'amu-hia nei e te mīmī
       "Le poisson, il est mangé par le chat"

3. Thématisation d'un terme oblique ; il est placé en tête avec la préposition qui l'introduit et facultativement repris par **ia** :

(5.7) i roto i te hō'ē fare tapo'i rauoro, tē ora ra 'o
       PP LOC PP ART un maison couvrir pandanus ASP vivre DEI ID

       Heimata 'ē tō-na ra tuahine iti (TM 3)
       NP   et POS-3S DEI sœur   petit
       "Dans une maison couverte de feuilles de pandanus vivaient Heimata et sa petite sœur"

5.2. RHÉMATISATION

La rhématisation d'un terme, c'est-à-dire l'opération par laquelle on fait en sorte que ce terme devienne le centre de l'information communiquée, est une opération plus compliquée. Elle consiste à construire la phrase de manière que le terme en question devienne prédicat. La construction dépend de la nature du terme rhématisé.

1. Pour rhématiser le sujet on peut en faire un prédicat nominal et le reste de la phrase prend la forme d'une proposition relative (*cf.* ci-dessous, § 8) ; la construction est semblable à celle des phrases françaises en "c'est... qui" ("phrase clivée") :

(5.8)   'o   te   tāmuta   te-i   hāmani   i   tō   mātou   fare
         ID ART charpentier ART-ASP charpentier PP POS 1Pexcl maison
       "C'est le charpentier qui a bâti notre maison"

(5.9)   'o   te   mīmī   tē   'amu   nei   i   te   i'a
         ID ART chat ART+ASP manger DEI PP ART poisson
       "C'est le chat qui mange le poisson"

Dans (5.8) et (5.9), respectivement, les aspectuels **i** et **e** (**tē** = te + e) remplacent les aspectuels **'ua** et **tē** des phrases non marquées (5.1a) et (5.2a), conformément à la règle de la subordination.

Cependant la rhématisation du sujet est plus couramment effectuée au moyen du tour idiomatique dit "construction actancielle possessive", *cf.* ci-dessous, § 5.3.

2. Pour rhématiser l'objet on en fait un prédicat nominal, au moyen d'une construction semblable à celle des phrases françaises en "c'est... que" (sur la construction en tahitien des relatives en "que", voir ci-dessous, § 8.3.2) :

(5.10)   'o   tō   mātou   fare   tā   te   tāmuta   i   hāmani
          ID POS 1Pexcl maison POS ART charpentier ASP bâtir
        "C'est notre maison que le charpentier a bâtie"

(5.11)   'o   te   i'a   tā   te   mīmī   e   'amu   nei
        "C'est le poisson que le chat mange"

On peut aussi recourir au pseudo-passif :

(5.12)   'o   tō   mātou   fare   te-i   hāmani-hia   e   te   tāmuta
        "C'est notre maison qui a été bâtie par le charpentier"

(5.13)   'o   te   i'a   tē   'amu-hia   e   te   mīmī
        "C'est le poisson qui a été mangé par le chat"

3. Pour rhématiser un terme oblique on le met en tête avec sa préposition, de sorte qu'il devient prédicat prépositionnel ; le reste de la phrase y est subordonné et l'anaphorique **ai** renvoie au terme oblique rhématisé (*cf.* § 5.3.1) :

(5.14a) e   ta'oto 'oe i   te   fare
         ASP dormir 2S PP ART maison
         "Tu dormiras à la maison"

(5.14b) i   te   fare 'oe e   ta'oto ai   (= ex. 3.5)
         "C'est à la maison que tu dormiras"

(5.15a) e   manuia   te   'ohipa i   te   'orometua
         ASP réussir ART travail PP ART pasteur
         "Le travail réussira grâce au pasteur"

(5.15b) i   te   'orometua e   manuia ai te   'ohipa
         "C'est grâce au pasteur que le travail réussira"

5.3. LA CONSTRUCTION ACTANCIELLE POSSESSIVE

5.3.1. Principe

Nous appelons "construction actancielle possessive" la construction suivante, qui est très fréquente avec les verbes d'action et qui a pour effet de rhématiser le sujet représentant l'agent : le prédicat est un groupe prépositionnel de sens possessif, formée de la préposition **nā** et d'une FN qui représente l'agent ; le reste de la phrase est subordonné (directement) à ce prédicat. Exemples :

(5.16)   nā te   tāmuta i   hāmani   i   tō   mātou fare
         "C'est le charpentier qui a bâti notre maison"

(5.17)   nā te   mīmī   e   'amu nei i   te   i'a
         "C'est le chat qui mange le poisson"

Dans cette construction l'agent est présenté comme le possesseur de l'action. Ces deux phrases signifient littéralement "c'est le fait du charpentier d'avoir bâti notre maison" (traduction-calque : "[est] au charpentier avoir bâti notre maison"), "c'est le fait du chat de manger le poisson" (traduction-calque : "[est] au chat manger le poisson").

À côté de la construction illustrée par (5.16-17), il en existe une autre variante, souvent préférée, dans laquelle l'objet passe avant le verbe en perdant sa préposition. Exemples :

(5.18)   nā te   tāmuta tō   mātou fare i   hāmani
         "C'est le charpentier qui a bâti notre maison"

(5.19)   **nā te mīmī te i'a e 'amu nei**
"C'est le chat qui mange le poisson"

Comment faut-il interpréter cette construction ? Il semble que le terme qui est l'objet dans la phrase non marquée doive ici être analysé comme le sujet du prédicat prépositionnel. Ces phrases signifieraient alors littéralement, en traduction-calque : "[est] au charpentier notre maison [qu'il] a faite", "[est] au chat le poisson [qu'il] mange". Mais le sens est bien le même que dans la variante précédente.

La "construction actancielle possessive" n'est pas limitée aux phrases à deux actants. Elle est possible aussi avec des phrases uniactancielles :

(5.20a)   **e parau te ra'atira**
        ASP   parler   ART   chef
        "Le chef va parler"

(5.20b)   **nā te ra'atira e parau**
        "C'est le chef qui va parler"

(5.21a)   **'ua fiu 'oe**
        ASP   las   2S
        "Tu en as assez"

(5.21b)   **nā 'oe i fiu**
        "C'est toi qui en as assez"

Dans ce cas, il n'y a naturellement pas de variante.

5.3.2. Variations

La construction actancielle possessive est un important critère d'une part pour la classification des verbes, d'autre part pour la définition de la fonction d'objet.

Elle n'est pas possible avec tous les verbes, mais seulement avec certains d'entre eux. Par exemple, les phrases suivantes ne l'admettent pas :

(5.22)   **'ua marō te 'ahu i te mahana**
        ASP   sécher   ART   linge   PP   ART   soleil
        "Le linge a séché au soleil"

(5.23)   **'ua roa'a tā rātou i'a ināpō ra**
        ASP   être pris   POS   3P   poisson   hier soir   DEI
        "Ils ont pris du/beaucoup de poisson hier soir" (*litt.* leur poisson/du poisson à eux a été obtenu)

(5.24) **'ua ve'ave'a vau**
ASP chaud 1S
"J'ai chaud"

Les verbes qui l'admettent peuvent être en gros caractérisés comme des verbes d'action : autrement dit, seul un agent peut être grammaticalement représenté comme un possesseur du procès désigné par le verbe[6].

Pour la définition de l'objet, il convient de distinguer les deux variantes : appelons variante A la construction de (5.18) et (5.19), variante B celle de (5.16) et (5.17). La variante B est possible avec tous les verbes d'action. Par exemple, on construit (5.25b) à partir de (5.25a), (5.26b) à partir de (5.26a) :

(5.25a) **'ua haere 'o Petero i te fare**
ASP aller ID NP PP ART maison
"Pierre est allé à la maison"

(5.25b) **nā Petero i haere i te fare**
"C'est Pierre qui est allé à la maison"

(5.26a) **'ua tāmā'a vau i rāpae**
ASP manger 1S PP dehors
"J'ai mangé dehors"

(5.26b) **nā'u i tāma'a i rāpae**
"C'est moi qui ai mangé dehors"

Mais la variante A n'est pas possible ici : les compléments **i te fare, i rāpae** ne peuvent passer devant le verbe. Ceci nous montre que, quoique ce complément soit introduit par la même préposition **i** que les compléments **i tō mātou fare** dans (5.1) et **i te i'a** dans (5.2), il n'est pas de même nature qu'eux. Il y a donc deux sortes de compléments introduits par **i**, ceux qui se prêtent à la construction actancielle possessive dans sa variante A et ceux qui ne s'y prêtent pas. Nous disons que, **par définition**, tout complément qui admet la variante A de la construction actancielle possessive est un "complément d'objet" ou, plus simplement, un "objet".

Au total, on peut donc distinguer trois classes de verbes au moyen du critère de la construction actancielle possessive :

1. classe A ou classe des verbes "transitifs", exemple : **'ua hāmani** "fabriquer". Ce sont ceux qui admettent la construction actancielle possessive, sous ses deux variantes A et B, et qui peuvent donc avoir un objet ;

---

6. Cette caractérisation sémantique est approximative. On a vu, ex.(5.21), que **fiu** "être las, en avoir assez" se range parmi les verbes qui admettent la construction.

2. classe B ou classe des verbes d'action intransitifs ou verbes (intransitifs) "agentifs", exemple : **'ua haere** "aller". Ce sont ceux qui n'admettent que la variante B ;

3. classe C ou classe des verbes (intransitifs) "patientifs", exemple : **'ua roa'a** "être obtenu". Ce sont ceux qui n'admettent aucune des deux variantes.

Une quatrième classe ou **classe D**, celle des verbes "défectifs", exemple : **'ua ta'ata** "il y a du monde", a été définie plus haut (§ 2.1.10).

5.4. THÉMATISATION ET RHÉMATISATION

Il est possible de combiner thématisation d'un terme et rhématisation d'un autre :

(5.27a) **tō mātou fare, 'o te tāmuta (ia) tei hāmani**
"Notre maison, c'est le charpentier qui l'a bâtie"

(5.27b) **tō mātou fare, nā te tāmuta (ia) i hāmani**
"*Id.*"

(5.28a) **te tāmuta, 'o tō mātou fare (ia) tāna i hāmani**
"Le charpentier, c'est notre maison qu'il a bâtie"

(5.28b) **te tāmuta, 'o tō mātou fare tei hāmani-hia e**
ART charpentier ID POSS 1Pexcl maison PP+ASP bâtir-PASS PP

ana
3S
"*Id.*"

Dans (5.27), l'objet est thématisé et le sujet rhématisé. Dans (5.28a) le sujet est thématisé et l'objet rhématisé ; dans (5.28b), l'objet est devenu sujet, puisque le verbe est mis au pseudo-passif, l'ancien sujet thématisé est repris par un complément d'agent.

6. LE PSEUDO-PASSIF

6.1. FORME

La construction dite "passive", que nous préférons nommer "pseudo-passive"[7] en raison de sa valeur sémantique (*cf.* ci-dessous, § 6.2), implique la modification du verbe par un morphème suffixé et un changement des relations du verbe et des actants. Le morphème verbal suffixé est soit **-a**, qui s'affixe directement au lexème verbal, soit **-hia**, qui peut être séparé du lexème par plusieurs éléments (sur la morphologie *cf.* plus bas, § 12.5 et § 21.5.1). Le morphème **-a** peut être considéré comme un suffixe de dérivation ; **-hia**, qui aujourd'hui s'emploie plus fréquemment, a davantage le caractère d'un instrument syntaxique.

Avec les verbes transitifs (classe A), l'objet de l'actif devient sujet et le sujet de l'actif est facultativement présent sous la forme d'un complément d'agent introduit par la préposition spécifique **e**, qui peut se placer avant (6.1b) ou après le sujet (6.1a). Exemples :

(6.1a) **'ua hāmani-hia tō mātou fare e te tamuta**

(6.1b) **ua hāmani-hia e te tamuta tō mātou fare**
"Notre maison a été bâtie par le charpentier" ou "Le charpentier a bâti notre maison"

Le complément d'agent peut manquer :

(6.2) **e tai'o-hia teie parau i roto i te mau fare**
ASP lire-PASS DEM parole PP LOC PP ART PL maison

ha'api'ira'a ato'a (GA 212)
école tout
"On lira ce document dans toutes les écoles"

(6.3) **'ua tāpū-'āfaro-roa-hia te 'ahu**
ASP couper-droit-INT-PASS ART tissu
"Le tissu a été coupé bien droit"

La préposition **e** est caractéristique du complément d'agent : elle n'a pas d'autre emploi. Ce complément désigne toujours l'agent d'une action ; il se distingue nettement d'autres compléments, par exemple des compléments désignant des instruments. Comparer (6.4a) et (6.4b) :

---

7. L'expression a été employée par Lemaître (s.v. *hia*), mais dans un sens plus restreint, pour désigner seulement une partie des emplois.

(6.4a) **'ua tāpū-hia te faraoa e terā vahine**
ASP couper-PASS ART pain PP DEM femme
"Le pain a été coupé par cette femme" ou "Cette femme a coupé le pain"

(6.4b) **'ua tāpū-hia te faraoa i te tipi**
"Le pain a été coupé" ou "On a coupé le pain avec un couteau"

Le pseudo-passif tahitien est sensiblement différent du passif français, par sa forme comme par ses emplois. D'une part, le complément d'agent est nettement caractérisé comme tel par une préposition spécifique, alors que, en français et dans les autres langues occidentales, il est introduit par des prépositions indiquant un moyen ("par") ou une origine ("de"). D'autre part, il est possible avec des verbes intransitifs, ce qui, sauf rares exceptions, est exclu en français, *cf.* § 6.2. Enfin, il a des effets sémantiques très différents de ceux du passif français, *cf.* § 6.2 : il se traduit généralement mieux en français par un actif que par un passif.

6.2. FONCTION

En principe tous les verbes transitifs (classe A) se prêtent à la construction pseudo-passive, ex. (6.1). La phrase au pseudo-passif a le même sens que l'actif, mais elle indique en outre une insistance sur la réalité de l'action et sur le fait qu'elle est accomplie volontairement par l'agent et qu'elle affecte effectivement le patient.

Le passif est possible avec des verbes (intransitifs) agentifs (classe B) ; il a pour sujet un terme qui à l'actif est un complément oblique, c'est-à-dire autre qu'un complément d'objet. Il a les mêmes effets sémantiques qu'avec les verbes transitifs : il souligne la réalité et le caractère volontaire et efficace de l'action. Exemples :

(6.5) **e parau-hia te ra'atira e au**
ASP parler-PASS ART chef PP 1S
"Je vais parler au chef" (*litt.* le chef va être parlé par moi)

(6.6) **terā te 'ē'a i haere-hia e rātou**
PRON ART chemin ASP aller-PASS PP 3P
"Voilà le chemin qu'ils ont pris (*litt.* qui a été allé par eux)

Il peut aussi n'avoir pas de sujet :

(6.7) **'ua haere-hia e au i ni'a i te marae**
ASP aller-PASS PP 1S PP LOC PP ART marae
"Je suis allé sur le marae" (*litt.* il a été allé par moi sur le marae)

L'emploi du pseudo-passif indique que cette action a été exécutée délibérément : "j'ai pris sur moi la décision d'aller..."

Le pseudo-passif n'est pas exclu non plus avec des verbes patientifs (classe C). Il leur confère un sens dynamique, c'est-à-dire transforme l'expression d'un état en celle d'un processus :

(6.8a) **'ua poria 'o Vahine**
       ASP   gros   ID NP
      "Vahine est grosse"

(6.8b) **'ua poria-hia 'o Vahine**
      "Vahine a grossi"

(6.9a) **'ua nehenehe te fenua**
       ASP   joli   ART pays
      "Le pays est joli"

(6.9b) **'ua nehenehe-hia te fenua**
      "Le pays est devenu joli"

Dans les exemples précédents, le sujet du pseudo-passif est le même que celui de l'actif ; mais le pseudo-passif peut aussi avoir pour sujet un terme qui est à l'actif un complément oblique. Exemples :

(6.10a) **'ua mani'i iā-'u te taofe** (= **'ua mani'i te taofe iā'u**)
        ASP se renverser PP-1S ART café
       "J'ai renversé du café"

(6.10b) **'ua mani'i-hia vau i te taofe**
       "Du café s'est renversé sur moi"

Dans ce dernier exemple, le passif souligne le fait que le personnage représenté par le sujet a subi l'effet de l'action : l'actif signifie, sans plus, qu'il lui est arrivé de renverser du café (par mégarde), le pseudo-passif indique qu'il en a été arrosé.

La construction pseudo-passive donne de même un sens dynamique aux phrases formées de verbes défectifs (classe D), qui ont à l'actif un sens statif (*cf.* § 2.1.10). Ils peuvent être accompagnés d'un sujet :

(6.11a) **'ua rō te pāni**
        ASP fourmi ART marmite
       "La marmite est pleine de fourmis"

(6.11b) **'ua rō-hia te pani**
       "La marmite s'est remplie de fourmis"

ou ne pas l'être :

(6.12a) **'ua ta'ata i teie pō**
ASP homme PP DEM nuit
"Il y a du monde ce soir"

(6.12b) **'ua ta'ata-hia i teie pō**
"Il est venu du monde ce soir"

(6.12c) **e ta'ata-hia i teie pō**
"Il viendra du monde ce soir"

(6.13a) **'ua miti i tua**
ASP houle PP LOC
"La mer est grosse au large"

(6.13b) **'ua miti-hia i tua**
"La mer est devenue grosse au large"

Le pseudo-passif des verbes défectifs n'est pas défectif lui-même, car il admet tous les aspectuels ; *cf.* exemple (6.12c).

Si l'on définit comme action prototypique une action exercée volontairement par un agent et affectant réellement un patient, les différents effets sémantiques de l'emploi du pseudo-passif en tahitien peuvent être décrits de manière unitaire par référence à cette notion. En effet, avec les verbes d'action impliquant deux actants (verbes transitifs), il met en valeur le caractère prototypique de cette action : exercice de la volonté chez l'agent, affectation réelle chez le patient. Avec les verbes d'action intransitifs, qui à l'actif n'impliquent pas de patient, il marque le caractère volontaire de l'action et introduit un patient en prenant pour sujet un des compléments de l'actif. Avec les verbes d'état, il transforme l'état en processus, c'est-à-dire en un procès qui, sans être véritablement une action, est dynamique comme une action. Au total, le pseudo-passif, dans tous les cas, forme un énoncé plus proche de l'expression d'une action prototypique.

7. ENCHAÎNEMENTS DE PRÉDICATS

La phrase tahitienne est souvent faite d'un enchaînement de prédicats, c'est-à-dire d'un prédicat principal suivi d'un ou plusieurs prédicats qui lui sont subordonnés. Cet enchaînement se fait sans morphème de liaison, ce que nous avons appelé subordination directe. Il s'agit aussi de subordination stricte (*cf.* ci-dessus, § 3). On a déjà vu, dans ce qui précède, des exemples d'enchaînement de prédicats, notamment à propos de la négation et de la rhématisation,

§ 4 et § 5. Dans ce qui suit, on décrit sommairement différents types d'enchaînements, en les classant selon que le premier prédicat est verbal, nominal, inclusif, numéral ou prépositionnel.

On ne retient ici que les types de phrases où l'un des prédicats, généralement le second, est subordonné à l'autre. Les cas où il semble que la relation est plutôt de parataxe que de subordination sont traités plus bas, § 10.

7.1. PRÉDICAT VERBAL SUIVI D'UN AUTRE PRÉDICAT

Ce premier prédicat peut être assertif, c'est-à-dire formé en général de l'aspectuel **'ua, i, tē** ou **e** ; il peut aussi être formé de l'aspectuel **'ia** ou de l'aspectuel **'a**. Dans chaque cas, on distingue les constructions selon l'aspectuel du verbe subordonné.

7.1.1. Prédicat assertif suivi d'un prédicat verbal en e

Cette construction indique que les deux procès s'enchaînent immédiatement :

(7.1)   **'ua haere 'o Tihoni e ti'i i te faraoa**
        ASP aller ID NP ASP chercher PP ART pain
        "Tihoni est allé chercher le pain"

(7.2)   **tē horo nei 'o 'Aiū e haru i te pōpō**
        ASP courir DEI ID Bébé ASP attraper PP ART ballon
        "Bébé court attraper le ballon"

(7.3)   **'ua pi'i-hia rātou e haere mai e tāmā'a**
        ASP appeler-PASS 3P ASP aller DIR ASP manger
        "On les a appelés pour venir manger"

Dans ces exemples, le sujet (implicite) du prédicat subordonné est identique à celui du prédicat principal, c'est-à-dire que les deux sujets ont le même référent. Dans (7.3), le verbe principal est au pseudo-passif ; il y a un double enchaînement et les deux verbes subordonnés ont le même sujet que ce verbe principal.

Le sujet subordonné peut aussi avoir le même référent que l'objet du prédicat principal, ex. (7.4-5) ; dans (7.5), cet objet est implicite, indiqué indirectement par le directionnel **mai**.

(7.4)   **'ua tape'a mai ra rātou iā-na e pārahi iō rātou**
        ASP retenir DIR DEI 3P PP-3S ASP rester PP 3P
        "Ils l'ont retenu pour qu'il reste chez eux"

(7.5)   'ua   pi'i   mai   'o   Māmā   e   haere mai   i   te   fare
        ASP appeler DIR ID Maman ASP aller   DIR PP ART maison
        "Maman nous a appelés pour que nous venions à la maison"

Le sujet subordonné, quand il est coréférentiel du sujet ou de l'objet principal, est généralement implicite, mais il peut aussi être exprimé. Exemples :

(7.6)   'ua   poro'i   au   iā   Tehare   e   haere   ('oia)   i   ni'a   i
        ASP avertir 1S PP NP   ASP aller   (3S)   PP LOC PP

       te   pahī
       ART bateau
       "J'ai dit à Tehare de monter sur le bateau"

Les deux prédicats peuvent aussi avoir des sujets et objets différents :

(7.7)   'ua   pāpa'i   mai   'o   Hina   i   te   rata   e   tārahu   mātou
        ASP écrire DIR ID NP   PP ART lettre ASP louer   1Pexcl

       i   te   fare   nō-na
       PP ART maison PP-3S
       "Hina nous a écrit pour nous demander de louer (*litt.* a écrit une lettre vers nous (**mai**) que nous louions) une maison pour elle"

Comme on voit, il n'y a pas de contrainte grammaticale de coréférence entre les actants des deux prédicats, ni non plus, semble-t-il, d'obligation d'ellipse en cas de coréférence. Cette règle parait valable pour l'ensemble des enchaînements de prédicats.

7.1.2. Prédicat assertif suivi d'un prédicat en 'ia

Cette construction s'emploie dans plusieurs sens.
Elle a souvent valeur finale : elle s'emploie avec un verbe principal signifiant "vouloir, désirer, ordonner, défendre, etc.", et aussi avec toutes sortes de verbes pour indiquer un but. Exemple :

(7.8)   tē   hina'aro nei   te   mau   tamari'i   'ia   hīmene   'o   Tapu
        ASP vouloir DEI ART PL   enfant   ASP chanter ID NP
        "Les enfants veulent que Tapu chante"

hina'aro "vouloir" peut aussi se construire avec **e**. Il semble d'ailleurs que, non seulement avec ce verbe, mais dans bien des cas, on puisse librement choisir d'employer soit **e** soit **'ia.**

(7.9) tē 'ōpani-hia nei te ta'ata 'ia tomo i roto i
ASP interdire-PASS DEI ART gens ASP entrer PP LOC PP

te fare
ART maison
"Il est interdit (aux gens) d'entrer dans la maison"

(7.10) 'ua rave au i teie 'ohipa 'ia tauturu iā 'oe
ASP faire 1S PP DEM travail ASP aider PP 2S
"J'ai fait ce travail afin de t'aider"

(7.11) 'ua tuō-hia mai 'ia ho'i i te fare
ASP appeler-PASS DIR ASP rentrer PP ART maison
"On nous a appelés afin que nous rentrions à la maison"

Dans certains contextes, cette construction peut exprimer la manière de faire : c'est le cas après le verbe **'ite** "savoir" :

(7.12) 'ua 'ite au 'ia rave i tenā 'ohipa
ASP savoir 1S ASP faire PP DEM travail
"Je sais faire/comment faire ce travail"

On voit comment ce sens dérive du précédent : "je sais [ce qu'il faut] pour faire/je suis qualifié pour faire ..."
Sur l'emploi des prédicats en **'ia** avec valeur temporelle, *cf.* § 10.3.3.

7.1.3. Prédicat assertif suivi ou précédé d'un prédicat en 'a accompagné de l'anaphorique ai

Le prédicat principal est en **tē... ra**, le prédicat subordonné est accompagné de l'anaphorique **ai** : cette construction indique la concomitance :

(7.13) tē tai'o ra 'oia i te ve'a 'a fa'aro'o ai i te
ASP lire DEI 3S PP ART journal ASP écouter ANA PP ART

parau 'āpi
parole nouvelle
"Il lisait son journal lorsqu'il entendit la nouvelle"

(7.14) tē tāmā'a ra mātou 'a tae mai ai 'o Māmā
ASP manger DEI 1Pexcl ASP arriver DIR ANA ID maman
"Nous étions en train de manger lorsque maman est arrivée"

LA PHRASE

(7.15) tē poromu ra 'ona i te fare 'a ta'i mai ai
ASP balayer DEI 3S PP ART maison ASP sonner DIR ANA

te niuniu
ART téléphone

"Elle était en train de balayer la maison quand le téléphone a sonné"

Le prédicat en **'a ... ai** peut précéder :

(7.16) 'a tīa'i noa atu ai i te taime tāpaera'a,
ASP attendre RES DIR ANA PP ART temps arrivée

tē ta'oto ra ia te mau horopātete (GA 286)
ASP dormir DEI ANA ART PL passager

"En attendant l'arrivée, les passagers dorment"

(7.17) 'a haruru ai te patiri tē taoto ra ia mātou
ASP gronder ANA ART tonnerre ASP dormir DEI ANA 1Pexcl

"Lorsque le tonnerre a grondé, nous étions en train de dormir"

La même construction peut exprimer une hypothèse :

(7.18) 'a 'ore ai te pape,...
ASP NEG ANA ART eau

"Si l'eau venait à manquer,..."

Que le prédicat en **'a** suive ou précède, la présence de **ai** indique, dans les deux cas, qu'il est subordonné à l'autre. Sur une autre construction avec les mêmes types de prédicats, mais sans **ai,** *cf.* § 10.3.4.

7.1.4. Prédicat assertif suivi d'un prédicat en i accompagné de l'anaphorique ai

Cette construction a un sens consécutif, avec référence au passé. La particule **ai** signifie ici "ainsi, donc, de la sorte, dans ces conditions" :

(7.19) 'ua pēpē tā-na pua'ahorofenua i rave ai 'oia i
ASP blessé POS-3S cheval ASP prendre ANA 3S PP

tā-u (GA 308)
POS-1S

"Son cheval est blessé, c'est pourquoi il a pris le mien"

7.1.5. Prédicat assertif suivi d'un prédicat sans aspectuel

La construction suivante, avec l'anaphorique **ai**, exprime une nuance concessive :

(7.20) **'ua rave tāmau 'oia i tā-na 'ohipa, māuiui noa**
       ASP faire constamment 3S PP POS-3S travail souffrir RES

ai 'oia
ANA 3S

"Il a continué son travail, bien qu'il fût souffrant"

La présence de **ai** indique une relation de subordination.

7.1.6. Prédicat en 'a suivi d'un prédicat en e ou 'ia

Le premier prédicat est un impératif ; le second a la même valeur qu'après un prédicat assertif (ci-dessus, §§ 7.1.1-2) :

(7.21) **'a haere na e ti'i i te faraoa**
       ASP aller DEI ASP chercher PP ART pain
"Va chercher le pain"

(7.22) **'a haere mai 'oe 'ia tauturu 'oe iā-'u**
       ASP aller DIR 2S ASP aider 2S PP-1S
"Viens m'aider"

Sur des emplois plus ou moins idiomatiques de prédications en **'a**, *cf.* § 10.3.4.

7.1.7. Prédicat verbal suivi d'un prédicat inclusif en ei

Le second prédicat a pour sujet (implicite) le sujet ou l'objet du premier verbe ou l'ensemble de cette prédication :

(7.23) **'ua riro terā pahī ei fare tāmā'ara'a**
       ASP devenir DEM bateau I maison manger
"Ce bateau a été transformé en restaurant"

(7.24) **'ua ho'o mai 'o Tama i terā fare ei fare**
       ASP acheter DIR ID NP PP DEM maison I maison

nohora'a nō-na
résidence PP-3S

"Tama a acheté cette maison pour en faire sa résidence" (*litt.* comme résidence pour lui)

(7.25) **'ua rave au i terā 'ohipa ei tauturu iā 'oe**
       ASP faire 1S PP DEM travail I aide PP 2S
"J'ai fait ce travail pour t'aider" (*litt.* comme aide à toi)

7.2. PRÉDICAT NOMINAL SUIVI D'UN PRÉDICAT VERBAL

Exemples :

(7.26) 'o Teri'i i pohe a'e nei
 ID NP ASP mourir DIR DEI
 "C'est Terii qui est mort il y a quelque temps" (phrase réponse)

(7.27) 'o vai 'oe e parau mai ra
 ID qui 2S ASP parler DIR DEI
 "Qui es-tu [toi] qui me parles ?

Dans cette construction la proposition subordonnée peut être interprétée comme une proposition relative (*cf.* § 8) ; il en va de même dans les constructions étudiées ci-dessous, §§ 7.3-5.

7.3. PRÉDICAT INCLUSIF SUIVI D'UN PRÉDICAT VERBAL

La particule est **e** :

(7.28) e ta'ata terā e hina'aro ra iā 'oe
 I homme DEM ASP vouloir DEI PP 2S
 "Il y a là (c'est là) quelqu'un qui veut te parler" (*litt.* qui te veut)

(7.29) e tamaiti ia nā te Atua i hōro'a mai
 I enfant ANA PP ART Dieu ART donner DIR
 "C'est un fils qui m'a été donné par Dieu

Dans (7.29) la proposition subordonnée est formée selon la construction actancielle possessive (§ 5.3), *litt.* "(que) c'est Dieu (qui) m'a donné". La phrase contient donc en fait trois prédicats enchaînés.

Avec la particule inclusive dynamique **ei** on a la même construction qu'avec **e** :

(7.30) ei pahī e tae ai 'oe i Mo'orea
 I bateau ASP arriver ANA 2S PP NP
 "Il te faut un bateau pour gagner Moorea" (*litt.* qu'il y ait un bateau que tu arrives à M.)

L'anaphorique **ai** dans la subordonnée réfère ici à "bateau" et signifie "par ce moyen".

Pour une construction où **ei** exprime une hypothèse, *cf.* § 10.3.2.

7.4. PRÉDICAT NUMÉRAL SUIVI D'UN PRÉDICAT VERBAL

Toutes les formes de prédicat numéral peuvent être suivies d'un prédicat verbal subordonné :

(7.31) e   piti   tamari'i   i   tāmā'a
NUM   deux   enfant   ASP   manger
"Ce sont deux enfants qui ont mangé"

(7.32) 'a   piti   atu   ra   taure'are'a   i   reva
NUM   deux   DIR   DEI   jeune homme   ASP   partir
"Cela fait deux jeunes gens qui sont partis"

(7.33) to'o   pae   vahine   e   'ori   ānānahi
NUM   cinq   femme   ASP   danser   demain
"Ce sont cinq femmes qui danseront demain"

(7.34) ta'i   piti   'ia   haere   i   ni'a   i   te   va'a
NUM   deux   ASP   aller   PP   LOC   PP   ART   pirogue
"C'est par deux qu'il faut aller sur la pirogue"

Dans les exemples ci-dessus, le sujet (implicite) du prédicat subordonné a le même référent que l'expression numérale. Mais lorsque celui-ci a dans la proposition subordonnée une fonction oblique, celle-ci est signalée par la particule **ai**. C'est ce qui se produit avec l'expression idiomatique **'a tahi**, *litt.* "cela fait un", suivie d'un prédicat en **'a**, qui indique qu'une action vient seulement d'avoir lieu. Exemples :

(7.35) 'a   tahi   nei   'oia   a   ara   ai
NUM   un   DEI   3S   ASP   s'éveiller   ANA
"Il vient seulement de se réveiller"

(7.36) 'a   tahi   nei   'oia   'a   'ite   ai   i   te   taote
NUM   un   DEI   3S   ASP   voir   ANA   PP   ART   docteur
"C'est la première fois qu'il voit le docteur"

(7.37) 'a   tahi   ra   te   manureva   'a   reva   ai
NUM   un   DEI   ART   avion   ASP   partir   ANA
"L'avion vient seulement de partir"

7.5. PRÉDICAT PRÉPOSITIONNEL SUIVI D'UN PRÉDICAT VERBAL

Le prédicat subordonné est toujours accompagné de la particule **ai** : en effet il est en relation oblique avec le terme central du groupe prépositionnel qui constitue le prédicat principal. Cette relation peut être de lieu, de temps, de cause, de manière, etc. Exemples :

(7.38) i te fare 'oe e ta'oto ai
PP ART maison 2S ASP dormir ANA
"C'est à la maison que tu dormiras"

(7.39) i te reira taime 'outou e reva ai
PP ART ANA temps 2P ASP partir ANA
"C'est à ce moment-là que vous partirez"

(7.40) nō te mata'i i fati ai te 'āma'a vī
PP ART vent ASP casser ANA ART branche mangue
"C'est à cause du vent que la branche de manguier s'est cassée"

La construction actancielle possessive (§ 5.3) est aussi faite d'un prédicat prépositionnel suivi d'un prédicat verbal, mais sans l'anaphorique **ai**, car les relations sont différentes.

8. LES PROPOSITIONS RELATIVES

8.1. GÉNÉRALITÉS

Les propositions relatives admettent deux constructions :

1. La relative est une subordonnée stricte directe, qui suit immédiatement son antécédent ; celui-ci est ou non représenté dans la relative par un anaphorique. Exemples :

(8.1) te fare i pa'apa'a
ART maison ASP brûler
"La maison qui a brûlé"

(8.2) te ta'ata nō-na terā fare
ART personne PP-3S DEM maison
"L'homme à qui appartient cette maison"

Dans (8.1) la relative consiste seulement en un prédicat (**i pa'apa'a**), dont le sujet implicite a pour référent "la maison". Dans (8.2) la relative a un prédicat prépositionnel et serait en traduction-calque : "l'homme (que) à lui (est) cette maison" : l'antécédent est représenté dans la relative par le pronom **-na**.

2. La relative est un QN formé de l'article **te** suivi d'un prédicat verbal et souvent précédé de l'identificateur **'o** :

(8.3) **teie te hōho'a o Teri'i, ('o) tē haere mai**
PRON ART image PP NP (ID) ART+ASP aller DIR

'araua'e
tout à l'heure

"Voici la photo de Terii, qui viendra tout à l'heure"

Le QN (**'o**) **tē haere mai 'araua'e** est apposé à l'antécédent **Teri'i**. Les relatives sans antécédent ("celui qui, ce que, etc") sont toujours de ce type :

(8.4) **te-i haere mai**
ART-ASP aller DIR

"Celui qui est venu"

Dans ce qui suit, nous considérerons successivement ces deux types, que nous appelons respectivement "relatives directes" et "relatives en **te**" D'autre part nous distinguerons les relatives selon la fonction que le représentant de l'antécédent (le "pivot") y remplit : sujet (relatives en "qui"), objet (relatives en "que"), terme oblique animé (relatives en "à qui, par qui, pour qui, etc.") ou inanimé (relatives en "à quoi, par quoi, pour quoi, etc."), complément de nom (relatives en "dont").

8.2. RELATIVES DIRECTES

8.2.1. Le pivot est sujet

Il est normalement implicite : le prédicat subordonné suit immédiatement l'antécédent :

(8.5) **nō Teri'i te fare i pa'apa'a**
PP NP ART maison ASP brûler

"La maison qui a brûlé est à Terii"

(8.6) **te ta'ata e fa'ahapa i teie nei ture, e**
ART homme ASP violer PP DEM DEI loi ASP

ha'avā-hia ia (GA 288)
juger-PASS ANA

"L'homme qui violera cette loi sera jugé"

La phrase (8.6) comporte une thématisation : l'antécédent et la relative qui le détermine sont en position thématique.

On a naturellement la même construction avec un verbe pseudo-passif dans la relative :

(8.7) …i   te   hōpe'a o   te   'ohipa 'ino   i   rave-hia
       PP   ART   fin   PP   ART   action mauvais   ASP   faire-PASS

       e   Ka'e   (HF 486)
       PP   NP

"[Elle attendit] la fin de la mauvaise action qu'avait faite Kae"

Lorsque le pivot est rhématisé au moyen de la construction actancielle possessive, il est présent dans la relative sous la forme d'un pronom, comme dans les constructions à pivot oblique (*cf.* § 8.2.3). Exemple :

(8.8) 'ia   pohe   ra   taua   tāne   nā-na   i   hāmani   'ino
       ASP   mourir DEI   DEM   mari   PP-3S   ASP   faire   mal

       ra…   (GA 300)
       DEI

"Si ce mari qui a fait du mal meurt [elle pourra se remarier]" (*litt.* que meure ce mari (que) c'est lui qui a fait du mal…)

8.2.2. Le pivot est objet

Il est implicite :

(8.9) e   fare   teie,   e'ere   nā-na   i   hāmani
       I   maison PRON   NEG   PP-3S   ASP   faire

"C'est une maison qu'il n'a pas construite" (*litt.* ceci est maison (que) ce n'est pas lui qui (l')a construite)

Dans (8.9), la relative est de construction actancielle possessive et ne comporte pas d'anaphorique objet (*cf.* ex. 7.29).

(8.10) e   tamari'i teie,   e'ere   nā-na   i   ha'apa'o
       I   enfant   PRON   NEG   PP-3S   ASP   faire attention

"C'est un enfant dont il ne s'est pas occupé" (*litt.* enfant (que) ce n'est pas lui (qui) a fait attention)

8.2.3. Le pivot est un terme oblique et a un référent animé

Il apparaît ordinairement dans la relative sous la forme d'un pronom :

(8.11) 'a   pōpō   i   te   'aito   i   hōro'a-hia   te   rē
       ASP applaudir PP ART champion   ASP   donner-PASS ART   prix

       iā-na   (CP 268)
       PP-3S

"Applaudissez le champion à qui le prix a été donné" (*litt.* (que) le prix a été donné à lui)

(8.12) **e'ita terā moni e 'aufau-hia i te feiā 'aita terā**
NEG DEM argent ASP payer-PASS PP ART gens NEG DEM

parau iā rātou ra (GA 303)
papier PP 3P DEI

"On ne paiera pas les gens qui n'auront pas cette pièce" (*litt.* cet argent ne sera pas payé aux gens (que) ce papier ne (sera) pas à eux)

Les relatives dont la prédication a la forme de la construction actancielle possessive relèvent de ce type, *cf.* ci-dessus, § 8.2.1.

8.2.4. Le pivot est un terme oblique et a un référent inanimé

La relative comporte l'anaphorique **ai** (*cf.* § 3.1) :

(8.13) **'a fa'a'ite mai i te 'oire e tāpae ai tātou**
ASP faire savoir DIR PP ART ville ASP s'arrêter ANA 1Pincl
"Dis-moi la ville où nous nous arrêterons"

(8.14) **e aha te hora rātou e reva ai ?**
I quoi ART heure 3P ASP partir ANA
"À quelle heure partiront-ils ?" (*litt.* quelle est l'heure à laquelle ils partiront ?)

(8.15) **mai te taime iho 'a tupu mai ai taua ma'i**
PP ART temps DEI ASP tomber DIR ANA DEM maladie

ra... (HF 170)
DEI

"Depuis le moment même où survint cette maladie..."

(8.16) **'aita vau i 'ite i te tumu 'oia i riri ai**
NEG 1S ASP savoir PP ART raison 3S ART se fâcher ANA
"Je ne sais pas pourquoi il s'est fâché" (*litt.* je n'ai pas vu la raison pour laquelle il s'est fâché)

(8.17) **e i'a teie e ta'ero pinepine ai te**
I poisson DEM ASP s'empoisonner souvent ANA ART

ta'ata (GA 301)
homme

"C'est un poisson avec lequel les gens s'empoisonnent souvent"

Dans les exemples précédents, la prédication de la relative est verbale. Une autre construction utilise le locatif anaphorique **reira** "là", qui forme un prédicat prépositionnel (sans **ai**). Elle s'emploie dans le cas d'indication de lieu ou de temps. Exemples :

(8.18)   'ua   'amaha   iho   ra   te   vāhi   te-i   reira   te
         ASP   se fendre DIR DEI ART lieu   ART-PP LOC ART

        pū'ohu...   (HF 180)
        paquet
        "L'endroit où était le paquet se fendit..."

(8.19)   e'ita   roa   atu   vau   e   ho'i   fa'ahou   i   te   fenua
        NEG   INT   DIR   1S   ASP   revenir de nouveau PP   ART   pays

        nō   reira   mai   au   (GA 304)
        PP   LOC   DIR   1S
        "Je ne retournerai jamais plus au pays d'où je suis originaire" (*litt.* de là je suis)

(8.20)   'aita   i   fa'a'ite-hia   te   'oire   mai   reira   mai   terā
        NEG   ASP   faire savoir-PASS ART   ville   PP   LOC   DIR   DEM

        pahī
        bateau
        "On n'a pas dit la ville d'où vient ce bateau" (*litt.* (que) de là (vient) ce bateau)

8.2.5. Le pivot est complément possessif

Il apparaît généralement sous la forme d'un pronom inclus dans un syntagme possessif :

(8.21)   te   ta'ata   'aita   tā-na   moni   tute   i   pe'e...,   e
        ART   homme   NEG   POS-3S argent taxe   ASP   être payé   ASP

        ha'avā-hia   ia   (GA 294)
        juger-PASS   ANA
        "L'homme qui n'aura pas acquitté la taxe... sera jugé" (*litt.* l'homme (que) sa taxe n'a pas été payée...)

Mais l'anaphorique peut manquer :

(8.22)   te   mau   tamari'i   i   tāpa'o-hia   te   i'oa...   (GA 303)
        ART   PL   enfant   ASP noter-PASS   ART nom
        "Les enfants qui ont été inscrits" (*litt.* les enfants (que) le nom a été noté)

On a de même avec une prédication inclusive (négative) dans la relative :

(8.23) nā te tuahine o te mao 'aita e i'oa i
      PP ART sœur   PP ART requin NEG I nom ASP

'opua... (HF 381)
décider

"C'est la sœur du requin sans nom (*litt.* (qu')il n'y a pas de nom) qui décida..."

Une autre possibilité est de faire de l'expression possessive le prédicat de la proposition relative :

(8.24) e tauturu tātou i te ta'ata nō-na te fare
      ASP aider 1Pincl PP ART homme PP-3S ART maison

I pa'apa'a (GA 302)
ASP brûler

"Nous aiderons l'homme dont la maison a brûlé" (*litt.* (que est) à lui la maison (qui) a brûlé)

Toutefois les deux contructions ne sont pas toujours équivalentes, comparer (8.25) et (8.26) et *cf.* § 2.3 et § 2.5 :

(8.25) te mau metua e tamari'i tā rātou (i roto) i
      ART PL parent I enfant ART+PP 3P (PP LOC) PP

te ha'api'ira'a tuatahi... (GA 302)
ART école primaire

"Les parents qui ont des enfants à l'école primaire..."

(8.26) te mau metua nā rātou te tamari'i i tāpa'o-hia
      ART PL parent PP 3P ART enfant ASP noter-PASS

te i'oa... (GA 303)
ART nom

"Les parents dont les enfants ont été inscrits"

L'objet possédé (ici les enfants) est indéfini dans (8.25), défini dans (8.26).

8.3. RELATIVES EN te

8.3.1. Le pivot est sujet

Lorsque le pivot est sujet, selon la *Grammaire* de l'Académie, la relative en **te** ne s'emploie correctement que si elle est explicative et non déterminative, c'est-à-dire si elle n'est qu'une indication complémentaire au sujet du référent de l'antécédent, non un élément indispensable à sa détermination. Exemples :

LA PHRASE

(8.27) **teie te hōho'a o Teri'i 'o tē haere mai**
PRON ART image PP NP ID ART+ASP aller DIR

'araua'e
tout à l'heure

"Voici la photo de Terii, qui viendra tout à l'heure"

(8.28) **'ua fa'autu'a te ha'avāra'a iā Teato 'o te-i**
ASP condamner ART tribunal PP NP ID ART-ASP

pari-hia i te 'eiā i e piti
accuser-PASS PP ART vol PP NUM deux

pua'atorofenua (GA 290)
cheval

"Le tribunal a condamné Teato, qui était accusé du vol de deux chevaux"

Il faut mettre à part du cas précédent les phrases introduites par une particule inclusive comme :

e 'āfata te-i 'itea iā mātou
I caisse ART-ASP être trouvé PP 1Pexcl

"Nous avons trouvé une caisse" (*litt.* il y a une caisse qui a été trouvée par nous)

On peut en effet analyser cette phrase en considérant que le QN introduit par **te** n'a pas pour antécédent le lexème qui précède, mais est le sujet du prédicat inclusif, en traduction-calque : "ce qui/chose qui a été trouvé(e) par nous est caisse", *cf.* § 2.3.1 et *cf.* § 8.4.

8.3.2. Le pivot est objet

À la différence des relatives à pivot sujet, les relatives en **te** à pivot objet sont courantes et employées sans restriction. Elles sont toujours modelées selon la construction actancielle possessive (§ 5.3) : le pivot y apparaît grammaticalement comme possédé par le sujet de la relative. Exemples :

(8.29) **teie te fare tā te tāmuta i hāmani**
DEM ART maison POS ART charpentier ASP faire

"Voici la maison que le charpentier a bâtie"

Cette phrase serait en traduction-calque : "voici la maison celle du charpentier (qu'il) a faite". Autres exemples :

(8.30) 'ua 'ārue atu te reira motu iā Hiro nō te mau
ASP louer DIR ART ANA île PP NP PP ART PL

'ohipa rarahi 'e nō te mau 'ohipa ato'a ho'i
travail grand(PL) et PP ART PL travail aussi aussi

'o tā-na i rave (LT 50)
ID POS-3S ASP faire

"Cette île a célébré Hiro pour les exploits et aussi pour les miracles qu'il a accomplis"

(8.31) 'eiaha roa te ta'ata e ha'ape'ape'a noa (i roto)
PROH INT ART homme ASP troubler RES (PP LOC)

i te 'āpo'ora'a tā te ari'i e fa'atupu (GA 296)
PP ART réunion POS ART roi ASP créer

"Les gens ne doivent pas causer de troubles dans les assemblées que le roi organise"

8.3.3. Le pivot est un terme oblique

Il apparaît sous la forme d'un pronom ou d'un locatif anaphorique régi, comme il convient, par une préposition :

(8.32) te ta'ata tei iāna te mohina i teie
ART homme ART PP+3S ART bouteille PP DEM

mahana... (HF 427)
jour

"L'homme qui a la bouteille aujourd'hui..."

Dans (8.32) **tei iāna** est écrit pour **te-iā-na** (article + préposition + pronom). La phrase en traduction-calque signifie : "l'homme que à lui (est) la bouteille".

> Cette analyse est préférable à celle qui y verrait la préposition **tei** (cf. § 17.11), car celle-ci n'apparaît que dans un prédicat indépendant et est remplacée par **i** en proposition subordonnée.

(8.33) tē ha'uti noa ra Maui i tā-na ha'uti, tē 'imi
ASP jouer RES DEI NP PP POS-3S jeu ASP chercher

noa ra tō-na mana'o i te vāhi te-i reira tō-na
RES DEI POS-3S esprit PP ART lieu ART-PP LOC POS-3S

metua vahine (Ma 15)
parent femme

"Tout en jouant à son jeu, Maui cherchait en pensée (*litt.* son esprit cherchait) le lieu où était sa mère"

8.4. RELATIVES SANS ANTÉCÉDENT

Aux relatives sans antécédent du français ("celui/celle/ce qui, celui/celle/ce que", etc.) correspondent en tahitien des QN.

8.4.1. Le pivot est sujet

Le QN est formé de l'article suivi d'un prédicat verbal :

(8.34) ('o) tē fa'ahapa i teie nei ture, e ha'avā-hia
(ID) ART+ASP enfreindre PP DEM DEI loi ASP juger-PASS

ia (GA 289)
ANA

"Celui qui enfreindra cette loi sera jugé"

Le QN est ici thématisé.

(8.35) 'eiaha roa te 'auvaha ture e fāri'i i te horo
PROH INT ART orateur loi ASP recevoir PP ART plainte

o te-i parau atu... (GA 290)
PP ART-ASP dire DIR

"Le procureur ne doit pas recevoir la plainte de celui qui a déclaré..."

(8.36) te mau ta'ata i tae mai 'e te-i 'ore i
ART PL homme ASP arriver DIR et ART-ASP NEG ASP

tae mai
arriver DIR

"Les gens qui sont venus et ceux qui ne sont pas venus"

Cette dernière phrase comprend une relative directe et un QN.

(8.37) 'o te taote te-i haere mai
ID ART docteur ART-ASP aller DIR

"C'est le docteur qui est venu" (*litt.* celui qui est venu est le docteur)

(8.38) e vahine te-i 'ū'umi-hia (CP 29)
I femme ART-ASP serrer-PASS

"C'est une femme qui a été étranglée" (*litt.* celui/celle qui a été étranglé(e) est femme)

8.4.2. Le pivot est objet

La prédication incluse dans le QN prend la forme de la construction actancielle possessive : la construction est la même que dans les relatives en **te** à pivot objet, *cf.* § 8.3.2. Exemples :

(8.39)   ('o)   tā   'outou   i   ani,   nā-'u   ia   e   rave
        (ID)   POS   2P   ASP demander PP-1S ANA ASP faire
        "Ce que vous avez demandé, c'est moi qui le ferai"

(8.40)   **'ua**   **fa'aru'e**   **'outou**   **i**   **tā-'u**   **i**   **a'o**   **atu**
        ASP rejeter   2P   PP POS-1S ASP conseiller DIR
        "Vous avez rejeté ce que je vous avais conseillé"

Ce sont des QN de ce genre qui entrent dans l'expression, extrêmement courante, de la notion d'"avoir", *cf.* § 2.3.

9. SUBORDONNÉES CONJONCTIVES

9.1. GÉNÉRALITÉS

Le statut des conjonctions est litigieux en tahitien. Si celui de **'e** "et" (§ 10.1.1), instrument de coordination, ne semble pas douteux, il n'en va pas de même des mots ou expressions que nous traitons ici comme des conjonctions de subordination.

Considérons en effet les morphèmes qui font l'objet des sections suivantes (§ 9.2-4). On peut songer à les analyser comme des prédicats construits en parataxe avec la prédication principale. **hou** ou **nā mua**, traduit "avant que", signifierait proprement "c'est avant" ; ce qui suit immédiatement serait un prédicat subordonné enchaîné au prédicat **hou** ou **nā mua** dans une relation oblique, d'où l'emploi de **ai** ; et le tout serait en parataxe avec ce qui vient ensuite comme dans l'exemple (9.4), ou précède comme dans (9.1), (9.2) et (9.3). Par exemple, (9.4) s'analyserait comme signifiant proprement "c'est/ce fut avant le moment où il est parti, il est venu nous saluer". De même **'ahiri**, traduit "si", pourrait signifier quelque chose comme "imagine, imaginons"[8]. **'a'u(a)nei**, traduit "de peur que", s'emploie encore au sens de "tout à l'heure" ; on saisit très bien le glissement de sens, par exemple dans (9.12) de "ramasse ton linge, tout à l'heure il va recevoir (il ne va pas tarder à recevoir) la pluie" à "de crainte qu'il ne reçoive la pluie". **nō (te) reira** signifie littéralement "à cause de cela", et, par exemple (9.16) se traduit littéralement "j'en ai eu assez de lui, c'est à cause de cela que j'ai filé". Il est un peu plus délicat de saisir le sens propre de **'aua'e/'aua'a** et **maori/maoti**, mais on peut raisonnablement supposer que leur emploi résulte d'un processus semblable.

---

8. **'ahani**, variante de **'ahiri**, fonctionne comme interjection signifiant "fais voir, montre, raconte" (Lemaître).

Quant à **ē**, traduit "que" et analysé comme une marque de subordination lâche, c'est essentiellement une marque suspensive, qui sert à faire attendre une suite. Après les verbes de dire ou de penser, il introduit le contenu des paroles ou de la pensée ; employé facultativement après les expressions comme **nō te mea**, **mai te peu**, etc., mentionnées ci-dessous, § 9.3, il introduit l'énoncé qui les explicite.

Si cette analyse est juste, il n'y a, en toute rigueur, d'autre subordination en tahitien que celle qu'on constate dans les enchaînements de prédicats (§ 7) et les relations grammaticales à plus longue portée relèvent toutes de la parataxe. Cela dit à titre de précaution et dans la perspective d'analyses plus approfondies, il est de fait que les mots et expressions en question ont pour fonction de manifester des relations logiques établies entre des prédicats, et il est commode, pour la clarté de l'exposé, de les présenter comme des conjonctions[9].

Nous considérons successivement les cas de subordination stricte (§ 9.2), de subordination lâche (§ 9.3) et de double subordination (§ 9.4).

9.2. SUBORDONNÉES STRICTES

Les seules subordonnées strictes conjonctives, semble-t-il, sont celles qui sont introduites par **hou** ou **nā mua (a'e)** "avant que", par **'ahiri** ou ses variantes "si" et par **nō te reira** "c'est pourquoi".

9.2.1. hou, nā mua (a'e)

Le morphème **hou** et la locution **nā mua (a'e)** sont employés dans les mêmes conditions, **hou** plutôt dans la langue littéraire, **nā mua (a'e)** (préposition **nā** "par" + locatif **mua** "devant, avant"± déictique **a'e**) dans le langage courant. Ces conjonctions sont toujours suivies de l'aspectuel **'a** et la subordonnée comprend l'anaphorique **ai**. Exemples :

(9.1)   'a   fa'aoti i tā 'oe 'ohipa hou 'oe 'a reva ai
       ASP finir   PP POS 2S travail CONJ 2S ASP partir ANA
       "Termine ton travail avant de partir" (*litt*. que tu partes)

---

9. Il est possible que cette incertitude sur le statut des morphèmes en question soit le reflet de l'état actuel de la langue et que celle-ci soit en voie d'évolution vers la constitution de véritables conjonctions.

(9.2) e haere te mau tamari'ie hopu i te miti
ASP aller ART PL enfant ASP se baigner PP ART mer

hou 'a ho'i atu ai i te fare
CONJ ASP revenir DIR ANA PP ART maison

"Les enfants iront se baigner à la mer avant de rentrer à la maison"

Comme on voit dans (9.2), lorsque le sujet du verbe subordonné a le même référent que celui de la principale, il peut être omis.

(9.3) 'ua pu'a 'o Māmā i tā-na 'ahu hou 'oia 'a
ASP laver ID NP PP POS-3S linge CONJ 3S ASP

haere ai e tāi'a
aller ANA ASP pêcher

"Maman a lavé son linge avant d'aller pêcher"

La proposition subordonnée peut précéder la principale :

(9.4) hou (ou nā mua) 'oia 'a reva ai, 'ua haere mai
CONJ 3S ASP partir ANA ASP aller DIR

'oia e aroha iā mātou
3S ASP saluer PP 1Pexcl

"Avant de partir (*litt.* qu'il parte) il est venu nous saluer"

(9.5) hou 'outou 'a vaere ai 'a fa'aoi nā mua I
CONJ 2P ASP débrousser ANA ASP aiguiser PP LOC PP

tā 'outou tipi
POS 2P couteau

"Avant de débrousser (*litt.* que vous débroussiez), aiguisez d'abord vos couteaux"

9.2.2. 'ahiri

La conjonction **'ahiri**, variantes **'ahini, 'ahari, 'ahani,** introduit l'expression d'une hypothèse irréelle, référant soit au passé soit au présent. Elle peut être suivie d'un prédicat verbal ou autre ; en cas de prédicat verbal, l'aspectuel est **e** ou **i** selon la nuance à exprimer (sans la particule **ai**). Exemples :

(9.6) 'ahiri 'oe i haere mai, e hōro'a ia vau I
CONJ 2S ASP aller DIR ASP donner ANA 1S PP

te monamona nā 'oe
ART bonbon PP 2S

"Si tu étais venu, je t'aurais donné des bonbons"

LA PHRASE

(9.7)   'ahiri e moni tā-'u e   ho'o ia vau i   terā fare
        CONJ I argent POS-1S ASP acheter ANA 1S PP DEM maison
        "Si j'avais eu/si j'avais de l'argent, j'aurais acheté/j'achèterais cette maison"

(9.8)   'ahiri te pahī e   reva ānānahi, e   reva ato'a ia
        CONJ ART bateau ASP partir demain, ASP partir aussi ANA

        vau
        1S
        "Si le bateau partait demain, je partirais aussi"

Dans cette dernière phrase l'hypothèse réfère à l'avenir, mais ce n'en est pas moins un irréel, car elle implique qu'il est exclu que le bateau parte le lendemain.

(9.9)   'ahiri 'aita tō-na e fare, tei rāpae 'oia i   teie taime
        CONJ NEG POS-3S I maison PP LOC 3S PP DEM temps
        "S'il n'avait pas de maison, il serait dehors à présent"

La proposition subordonnée peut venir après la principale :

(9.10)   e   taparahi au iā 'oe 'ahiri 'oe i   tuparari
         ASP battre 1S PP 2S CONJ 2S ASP casser

         i   te   hi'o
         PP ART glace
         "Je t'aurais battu si tu avais cassé la glace"

(9.11)   e   haere au 'ahiri 'o Merehau i   tae   mai
         ASP aller 1S CONJ ID NP ART arriver DIR
         "J'[y] serais allé si Merehau était arrivée"

Au lieu de **'ahiri,** on peut aussi employer **'ahiri ē,** mais, dans ce cas, la subordination est lâche, *cf.* ci-dessous, § 9.3.5.

L'hypothèse réalisable (potentiel) est exprimée par d'autres moyens, des locutions comme **mai te peu (ē),** *cf.* § 9.2.3, l'aspectuel **'ia,** *cf.* § 10.3.3, ou la particule inclusive dynamique **ei,** *cf.* § 10.3.2.

9.2.3. 'a'unei/'a'uanei

On peut analyser comme une conjonction de subordination l'expression **'a'unei** ou **'a'uanei** "de crainte que, sinon il est à craindre que", suivi d'une subordonnée comportant la particule **ai**. Exemples :

(9.12)   'a 'ohi i   tā   'oe 'ahu 'a'unei e   ua-hia   ai
         ASP ramasser PP POS 2S linge CONJ ASP pleuvoir-PASS ANA
         "Ramasse ton linge de crainte qu'il ne reçoive la pluie"

(9.13)   **'a   vai   iho   i   te   tupa   i   raro   'a'unei   tō**
ASP   laisser   DIR   PP   ART   crabe   PP   LOC   CONJ   POS

'oe   rima   e   hohoni-hia   ai
2S   main   ASP   mordre-PASS   ANA
"Laisse le crabe par terre, sinon il va te pincer la main"

'a'unei/'a'uanei s'emploie aussi au sens de "tout à l'heure" comme prédicat dans une proposition indépendante, "c'est tout à l'heure que", avec verbe référant au futur. Exemple :

(9.14)   **'ā'uanei   au   e   haere   atu   ai   iō   'oe**
CONJ   1S   ASP   aller   DIR   ANA   PP   2S
"J'irai chez toi tout à l'heure"

9.2.4. nō (te) reira

La locution **nō (te) reira**, *litt.* "pour cela", suivie d'une subordonnée comportant la particule **ai**, peut aussi être analysée comme une conjonction de subordination. Exemples :

(9.15)   **'ua   pēpē   tā-na   pua'ahorofenua,   nō reira   'oia   i**
ASP   être blessé   POS-3S   cheval   CONJ   3S   ASP

rave   ai   i   tā-'u
prendre   ANA   PP   POS-1S
"Son cheval est blessé, c'est pourquoi il a pris le mien"

(9.16)   **'ua   fiu   roa   vau   iā-na,   nō te reira   vau   i   horo   ai**
ASP   être las   INT   1S   PP-3S   CONJ   1S   ASP   courir   ANA
"J'en ai eu assez de lui, aussi j'ai filé"

9.3. SUBORDONNÉES LÂCHES

9.3.1. Généralités

Comme les propositions subordonnées lâches, par définition, ne comportent dans leur syntaxe aucun indice de subordination, elles se laissent malaisément distinguer des propositions indépendantes en relation logique avec ce qui précède, surtout lorsque celles-ci comportent des éléments qui expriment cette relation logique, comme, par exemple, **noa atu** "pourtant", d'où "même si", **'are'a** "cependant", d'où tandis que", etc., **peneia'e** "peut-être", d'où "dans l'espoir que", *cf.* §§ 10.1.4, 10.1.5, 10.2.3. On peut être tenté de considérer ces éléments comme des conjonctions de subordination lâche, ou, inversement, de considérer que les "subordonnées lâches" ne sont pas de vraies subordonnées. Cependant, comme il semble approprié d'analyser le morphème **ē** comme un instrument de subordination (sous réserve de ce qui est dit ci-dessus, § 9.1), nous avons choisi de traiter comme des subordonnées les propositions introduites par ce morphème et par les locutions qui le comportent ou peuvent le comporter ; les propositions caractérisées par d'autres instruments de liaison sont analysées comme coordonnées ou paratactiques, *cf.* § 10.

Nous examinons donc ci-dessous les propositions introduites par la conjonction ē "que" et des locutions complétées ou non par ē, comme **nō te mea (ē)** "parce que", **mai te peu (ē)** "si", **'ahiri ē** "si".

9.3.2. ē

La conjonction ē introduit des propositions complétives exprimant le contenu d'une parole, d'une pensée, etc. Étant des subordonnées lâches, elles sont construites comme des propositions indépendantes et elles admettent des prédications de toutes sortes. Exemples :

(9.17) tē fa'aara-hia atu nei 'outou ē 'ua ho'i mai te
ASP informer-PASS DIR DEI 2P que ASP revenir DIR ART

peretiteni
président
"Vous êtes informés que le président est revenu"

(9.18) 'ua fa'aara-hia mai mātou ē 'aita e pahī tō teie
ASP informer-PASS DIR 1Pexcl que NEG I bateau POS DEM

hepetoma
semaine
"Nous avons été informés qu'il n'y aurait pas de bateau cette semaine"

(9.19) 'ua parau vau iā Vetea ē e piti tō Hiriata
ASP dire 1S PP NP que FNUM deux POS NP

pereo'o
voiture
"J'ai dit à Vetea que Hiriata avait deux voitures"

(9.20) 'ua fa'a'ite mai 'o Tara ē nō Rai'atea rātou
ASP faire savoir DIR ID NP que PP LOC 3P
"Tara nous a dit qu'ils étaient de Raiatea"

(9.21) 'ua 'ite au ē tei te fare pauroa rātou
ASP savoir 1S que PP ART maison tout 3P
"Je sais qu'ils sont tous à la maison"

Le prédicat subordonné est verbal dans (9.17), inclusif dans (9.18), numéral dans (9.19), prépositionnel dans (9.20) et (9.21).

9.3.3. nō te mea (ē), i te mea (ē)

La locution **nō te mea**, formée de la préposition **nō** "pour" + l'article **te** + **mea** "chose", littéralement "pour la chose (que)", signifie "parce que, du fait que". Exemples :

(9.22) tē   mutamuta noa ra   'oia   nō te mea   'ua   riri   'oia
        ASP   grommeler   RES DEI 3S   parce que   ASP   se fâcher   3S
        "Il ronchonne parce qu'il est fâché"

(9.23) 'ua   riri   te   'orometua iā   mātou   nō te mea   e   mea
        ASP se fâcher ART   pasteur   PP 1Pexcl parce que   I   chose

        ma'ua   roa   mātou
        ignorant INT 1Pexcl
        "Le pasteur s'est fâché contre nous parce que nous sommes très ignorants"

(9.24) e   reva   vau i   Numea nō te mea   'aita e   'ohipa i   'ū nei
        ASP partir 1S   PP LOC   parce que   NEG   I   travail PP ici DEI
        "Je vais partir pour Nouméa parce qu'il n'y a pas de travail ici"

On emploie aussi dans le même sens la locution **i te mea** :

(9.25) 'ua   riri   au   iā   'oe i te mea   'aita 'oe i   piha'i iho   iā-'u
        ASP se fâcher 1S   PP 2S   parce que   NEG 2S   PP LOC   DIR   PP-1S
        "Je suis fâché contre toi parce que tu n'es pas auprès de moi"

La proposition subordonnée se trouve parfois devant la principale :

(9.26) nō te mea   'ua   māuruuru 'oia, 'ua   hōro'a 'o   Tihoni i   tō-na
        parce que   ASP être content 3S   ASP donner ID   NP   PP   POS-3S

        va'a   iā   Teri'i ra
        pirogue PP   NP   DEI
        "Comme il était content, Tihoni a prêté sa pirogue à Terii"

Les locutions **nō te mea** et **i te mea** peuvent être complétées par la conjonction **ē**, surtout en position initiale. Exemple :

(9.27) nō te mea ē, 'aita vau i   fa'aro'o i   te   ratio, 'aita vau i
        parce que   NEG 1S   ASP écouter   PP ART radio NEG   1S   ASP

        'ite   i   tenā parau
        savoir PP   DEM nouvelle
        "Comme je n'ai pas écouté la radio, je n'ai pas su cette nouvelle"

9.3.4. mai te peu (ē), mai te mea (ē)

Les locutions **mai te peu (ē)**, formée de la préposition **mai** "venant de" ou "comme" + l'article **te** + **peu** "coutume, manière" ± **ē**, ou **mai te mea (ē)**, signifie "si" et introduit l'expression d'une hypothèse réalisable ou d'un rapport logique entre le contenu de la subordonnée et celui de la principale. Exemples :

(9.28) mai te peu e   tae   mai 'oe i   te   po'ipo'i roa e
       si   ASP arriver DIR 2S PP ART matin   INT ASP

       haere ia   tāua   i ni'a i te   a'au
       aller ANA 1Dincl PP LOC PP ART récif
       "Si tu arrives de grand matin, nous irons sur le récif"

(9.29) mai te peu e   maniania   noa 'outou e'ita ia vau e
       si   ASP faire du bruit RES 2P   NEG ANA 1S ASP

       parau   fa'ahou
       parler de nouveau
       "Si vous continuez à faire du bruit, je ne parlerai plus"

La proposition subordonnée peut suivre la principale :

(9.30) e   haere au mai te peu e   haere mai 'o Merehau
       ASP aller 1S si   ASP aller DIR ID NP
       "J'irai si Merehau vient"

(9.31) e   ho'i   au i tō-'u   fare   mai te mea e   ta'oto 'oe
       ASP revenir 1S PP POS-1S maison si   ASP dormir 2S
       "Je vais rentrer à la maison si tu dors"

(9.32) mai te mea ē, e pereo'o tō   'oe, haere mai e   fārerei iā
       si   I voiture POS 2S   aller DIR ASP rencontrer PP

       māua
       1Dexcl
       "Si tu as une voiture, viens nous rendre visite"

9.3.5. mai te huru (ē)

Cette locution, formée de **huru** "manière d'être, genre, espèce", s'emploie dans le sens de "comme si" :

(9.33) 'a fa'ari'i i terā ta'ata mai te huru ē, e tāvana 'oia
       ASP recevoir PP DEM homme comme si   I chef   3S
       "Recevez cette personne comme si c'était un chef"

9.3.6. 'ahiri ē

'ahiri ē "si" a la même valeur que **'ahiri**, *cf.* ci-dessus § 9.2.2. Les deux formes introduisent l'expression d'une hypothèse irréelle, mais, alors que **'ahiri** est un instrument de subordination stricte, la proposition qui suit **ahiri ē** est une subordonnée lâche ; elle admet donc, notamment, les aspectuels **'ua** et **tē**. Exemples :

(9.34) **'āhiri ē, 'ua   tae   mai   te   pahī, e'ita ia   tāua   e**
      si   ASP   arriver DIR   ART bateau NEG ANA 1Dincl ASP

      pārahi   noa   i   ni'a   i   te   uāhu
      être assis   RES   PP   LOC   PP   ART quai
      "Si le bateau était arrivé, nous ne serions pas assis sur le quai"

(9.35) **āhiri ē,   tē   rave   ra   'oia   i   te   'ohipa, 'ua   māuruuru**
      si   ASP   faire DEI   3S   PP   ART   travail   ASP   être content

      ia   vau   iā-na
      ANA   1S   PP-3S
      "S'il était en train de travailler, je serais content de lui"

9.3.7. noa atu (ē)

Cette locution, qui signifie "quand bien même, même si, quoique", est formé du morphème **noa** "seulement, sans autre, sans cesse" (*cf.* § 12.3.3) et du directionnel **atu** (pour un autre emploi de **noa atu**, *cf.* § 10.2.3-4) ; la locution est parfois renforcée par **iho ā** "assurément, quand même" dans la proposition principale. Exemples :

(9.36) **'ua ho'i   'oi'oi mai mātou noa atu 'aita te   'ohipa i   oti**
      ASP revenir vite   DIR   1Pexcl même si NEG ART travail ASP finir
      "Nous sommes rentrés vite quoique le travail ne fût pas terminé"

(9.37) **e   reva iho   ā   rātou noa atu 'ua   fa'aara-hia mai   e**
      ASP   partir DIR encore   3P   même si ASP   avertir-PASS DIR   I

      mata'i pūai   tō   araua'e
      vent   fort   POS   tout à l'heure
      "Ils partiront bel et bien, quoiqu'ils aient été avertis qu'il y aura tout à l'heure un vent violent"

(9.38) **e   ho'o   mai au   i   terā fare   noa atu e   moni   rahi**
      ASP acheter DIR 1S   PP   DEM   maison même si I   argent grand
      "J'achèterai cette maison même si le prix est élevé"

(9.39) e'ita iho ā vau e ti'aturi noa atu ē e parau mau
NEG DIR encore 1S ASP croire même si I parole vrai
"Je ne [le] croirai pas, même si c'est la vérité"

On emploie aussi dans le même sens **noa atu ā**, **noa atu ho'i**, **noa atu rā** :

(9.40) e parau iho-ā vau noa atu ā e riri mai te
ASP parler DIR-encore 1S même si ASP se fâcher DIR ART

peretiteni
président
"Je [le] dirai même si le président doit se fâcher"

(9.41) noa atu rā e 'urī tō 'ō e haere iho-ā vau
même si I chien POS LOC ASP aller DIR-encore 1S
"Quand bien même il y aurait un chien là-bas, j'irai"

9.4. DOUBLE SUBORDINATION

Il faut classer à part une construction particulière où entrent **'aua'e** ou **'aua'a** : et **maori** ou **maoti** avec le sens de "grâce à".

9.4.1. 'aua'e/'aua'a

Ce morphème est un élément de statut prédicatif suivi de deux propositions subordonnées, l'ensemble signifiant :"c'est grâce au fait que... que...". De ces deux subordonnées la seconde est toujours stricte et comporte la particule **ai** ; la première est stricte (sans **ai**) dans des phrases comme les suivantes :

(9.42) 'aua'e 'o Māmā i haere mai I nā
heureusement que ID NP ASP aller DIR ASP cesser de pleurer

ai 'o 'Aiū
ANA ID Bébé
"Heureusement que Maman est venue (*litt.* c'est grâce à la venue de Maman que) : Bébé a cessé de pleurer"

(9.43) 'aua'e teie ta'ata i tae mai i matara mai
heureusement que DEM homme ASP arriver DIR ASP être ouvert DIR

ai te 'opani
ANA ART porte
"Heureusement que cette personne est arrivée : la porte s'est ouverte"

(9.44) 'aua'e i ua-hia i haumārū ai te fenua
heureusement que ASP pleuvoir-PASS ASP fraîchir ANA ART terre
"Comme (heureusement) il a plu, la terre s'est rafraîchie"

Mais la première proposition peut aussi être de subordination lâche, comme l'indique la présence de l'aspectuel **'ua** dans la phrase suivante :

(9.45) **'aua'a   'ua   reva   'o Timi i   haere mai ai   'o**
heureusement que ASP partir ID NP ASP aller DIR ANA ID

Hina
NP

"C'est parce que (heureusement) Timi est parti que Hina est venue"

Cette première proposition peut avoir un prédicat inclusif :

(9.46) **'aua'a   e moni tā-'u   i   roa'a   mai ai   te**
heureusement que I argent POS-1S ASP être obtenu DIR ANA ART

mōrī   pereo'o
essence voiture

"Comme (heureusement) j'avais de l'argent, j'ai pu avoir de l'essence"

ou un prédicat nominal :

(9.47) **'aua'a   'o te   tāvana   i   oti   ai   te**
heureusement que ID ART chef ASP finir ANA ART

parau-fa'aau i   te   tārima-hia
contrat   PP ART signer-PASS

"C'est grâce au chef que le contrat a pu être signé"

Dans cette dernière phrase le prédicat nominal est sans sujet, *litt.* "c'est grâce au fait qu'(il y avait) le chef..."

> On pourrait, dans (9.43), analyser ce morphème comme une préposition et la FN qui le suit comme son régime, lui-même suivi, le cas échéant, d'une relative : "grâce à cette personne (qui) est arrivée...". Mais cette interprétation est impossible dans (9.44), (9.45) et (9.46). Elle n'est pas possible non plus dans (9.42) et (9.47), car une préposition n'est pas suivie de l'identificateur **'o**.

9.4.2. maori/maoti

Ce morphème, outre d'autres emplois (*cf.* § 10.1.8), peut entrer dans la même construction que **'aua'e/'aua'a** et convoyer le même sens :

(9.48) **maori   'oe i   haere mai i   parau ai   au iā   'oe**
heureusement que 2S ASP aller DIR ASP parler ANA 1S PP 2S

"Grâce à ta venue, je t'ai parlé" (j'ai pu te parler)

10. COORDINATION ET PARATAXE

Dans cette section nous examinons successivement les propositions liées logiquement par un morphème ou une locution figurant en tête de la seconde (§ 10.1), celles qui le sont au moyen de particules ou qualificatifs placés après l'un ou l'autre (ou l'un et l'autre) des deux prédicats (§ 10.2) et enfin celles qui sont simplement juxtaposées sans explicite instrument de liaison (§ 10.3).

10.1. LIAISON PAR ÉLÉMENTS INITIAUX

Le lien logique entre deux propositions qui se suivent est indiqué plus ou moins explicitement par des morphèmes ou des locutions placés au début de la seconde proposition.

10.1.1. 'e

'e "et" est l'instrument de coordination entre des propositions. Exemples :

(10.1) **'ua fa'arumaruma te ra'i 'e 'ua ha'amata i te ua**
ASP s'assombrir ART ciel et ASP commencer PP ART pluie

i rāpae
PP LOC

"Le ciel s'assombrit et il commence à pleuvoir (dehors)"

(10.2) **e tahu 'oe i te ahimā'a 'e e 'unahi ato'a 'oe i**
ASP allumer 2S PP ART four et ASP écailler aussi 2S PP

te i'a
ART poisson

"Tu vas allumer le four et tu vas également écailler le poisson"

Le même morphème peut aussi lier des syntagmes :

(10.3) **te pua'a 'e te 'ūrī 'e te māmoe**
ART cochon et ART chien et ART mouton
"Le cochon et le chien et le mouton"

(10.4) **e 'ūrī 'e e pi'ifare ato'a tā Teri'i**
I chien et I chat aussi POS NP
"Terii a des chiens et aussi des chats"

(10.5) **te ta'ata i pō'ara 'e i moto iā Tamato'a**
ART homme ASP gifler et ASP boxer PP NP
"L'homme qui a giflé et boxé Tamatoa"

En revanche, les qualificatifs ne se coordonnent pas : si un qualificatif doit être suivi d'autres qualificatifs situés sur le même plan, on fait de ceux-ci des syntagmes nominaux coordonnés au premier syntagme. Exemple :

(10.6) e mau tamari'i ha'apao maita'i 'e te auraro 'e te itoito
I PL enfant attention bon et ART obéir et ART courage
"Ce sont des enfants bien attentifs, obéissants et courageux"

Selon la *Grammaire* de l'Académie, il vaut mieux éviter la coordination de syntagmes et, par exemple, au lieu de (10.4) et (10.5), dire **e 'ūrī tā Teri'i 'e e pi'ifare** "Terii a des chiens et a des chats", **te ta'ata i pō'ara iā Tamato'a 'e i moto iā-na** "l'homme qui a giflé Tamatoa et l'a boxé".

10.1.2. rā

rā "mais" se place après le premier syntagme de la proposition. Exemples :

(10.7) 'a rave i tenā puta, 'ia fa'aho'i mai rā
ASP prendre PP DEM livre ASP rapporter DIR mais
"Prends ce livre, mais rapporte-le moi"

(10.8) e ta'ata maita'i 'o Tāu, e riri 'oi'oi rā 'oia
I homme bon ID NP ASP se fâcher vite mais 3S
"Tâu est un brave homme, mais il se fâche vite"

(10.9) e reva vau, 'o Te'are rā e fa'aea mai ia
ASP partir 1S ID NP mais ASP rester DIR ANA
"Je vais partir ; quant à Teare, elle va rester"

On emploie aussi **teie rā**, *litt.* "mais ceci", **terā rā**, *litt.* "mais cela", qui se placent en tête de la proposition. Exemples :

(10.10) e reva mātou ānānahi, teie rā e pu'a vau i
ASP partir 1Pexcl demain mais cela ASP laver 1S PP

tā-'u 'ahu nā mua
POS-1S linge PP LOC
"Nous partirons demain, mais avant je laverai mon linge"

(10.11) e purotu mau teie tamahine terā rā e hupehupe ato'a
I beauté vrai DEM fille mais cela I paresseux aussi
"Cette jeune fille est une vraie beauté, mais c'est aussi une paresseuse"

10.1.3. ('e) 'aore/'aita ra

La locution **('e) 'aore ra** ou **'aita ra**, formée de la négation **'aore/'aita** (*cf.* § 5.1) + le deictique **ra**, signifie " sinon, ou". Exemples :

(10.12) e haere 'oe 'aore ra e fa'aea 'oe ?
ASP aller 2S ou ASP rester 2S
"Tu [y] vas ou tu restes ?"

(10.13) 'a parau 'aita ra 'a māmū noa !
ASP parler ou ASP se taire RES
"Parle ou tais-toi !"

(10.14) e tunu 'oe i te taro 'ē 'aore ra i te 'ūmara ei
ASP cuire 2S PP ART taro ou PP ART patate I

mā'a nā tātou
repas PP 1Pincl
"Tu cuiras des taros ou des patates douces pour notre repas"

10.1.4. 'oia ho'i

Cette locution, formée du pronom **'oia** + la particule **ho'i** "aussi, même" (*cf.* § 11.3), signifie "c'est-à-dire". Exemples :

(10.15) 'o Tama terā 'oia ho'i te 'orometua 'āpī
ID NP PRON c'est-à-dire ART pasteur nouveau
"Celui-là, c'est Tama, c'est-à-dire le nouveau pasteur"

(10.16) 'ua huna vau i tā-na puta 'oia ho'i 'ua tu'u vau i
ASP cacher 1S PP POS-3S livre c'est-à-dire ASP mettre 1S PP

raro a'e i te ro'i
LOC DIR PP ART lit
"J'ai caché son livre, c'est-à-dire que je l'ai mis sous le lit"

10.1.5. 'are'a (rā)

'are'a ou **'are'a rā** signifie "cependant, tandis que, alors que" et indique soit la concomitance soit l'opposition. Exemples :

(10.17) tē paraparau noa ra mātou 'are'a te niuniu tē
ASP bavarder RES DEI 1Pexcl tandis que ART téléphone ASP

ta'i noa ra ia
sonner RES DEI ANA
"Nous bavardions tandis que le téléphone sonnait"

(10.18) tē hīmene noa ra 'o Vahine 'are'a rā 'o Tamara tē
ASP chanter RES DEI ID NP tandis que ID NP ASP

ta'oto noa ra ia
dormir RES DEI ANA

"Vahine est en train de chanter tandis que Tamara continue à dormir"

(10.19) e fa'aterehau nui 'o Tino 'are'a rā 'o Taneri'i e
I ministre grand ID NP tandis que ID NP I

pāpa'i-parau noa ia
secrétaire RES ANA

"Tino est premier ministre alors que Tanerii n'est que secrétaire"

Dans ces phrases la concomitance prolongée est soulignée par l'emploi de **noa** dans les deux propositions ou dans l'une des deux (*cf.* § 10.2.1).

10.1.6. peneia'e

peneia'e signifie "peut-être" (*cf.* § 11.1.1.2). Exemples :

(10.20) 'a haere peneia'e e fārerei 'oe iā-na
ASP aller peut-être ASP rencontrer 2S PP-3S

"Va, peut-être que tu le rencontreras"

(10.21) 'a fa'aea mai i te fare peneia'e e ti'i mai rātou
ASP rester DIR PP ART maison peut-être ASP chercher DIR 3P

iā 'oe
PP 2S

"Reste à la maison dans l'espoir qu'ils viendront te chercher"

10.1.7. nō fea ho'i, nō fea rā

La locution **nō fea ho'i** ou **nō fea rā** formée de la préposition **nō** + l'interrogatif **fea** (*cf.* § 11.1.2.3) + la particule **ho'i** (ce qui signifie proprement "d'où donc ?") ou la particule **rā** (ce qui signifie "mais d'où ?"), introduit l'expression d'une réalité malheureuse contraire à l'attente. Exemples :

(10.22) mana'o atu ra vau ē 'ua reva 'ona nō fea ho'i
penser DIR DEI 1S que ASP partir 3S malheureusement que

erā atu e pārahi noa mai ra
voilà DIR ASP être assis RES DIR DEI

"Je pensais qu'il était parti et voilà malheureusement qu'il est assis là-bas"

(10.23) **'ua mana'o vau ē 'o Teri'i terā nō fea rā**
ASP penser 1S CONJ ID NP PRON malheureusement que

'o Tihoti
ID NP

"Je pensais que c'était Terii, mais malheureusement c'est Tihoti"

10.1.8. īnaha/īna'a

īnaha ou **īna'a** signifie "car, puisque" :

(10.24) **e haere au īnaha 'ua tae mai te 'orometua**
ASP aller 1S puisque ASP arriver DIR ART pasteur
"Je m'en vais puisque le pasteur est arrivé"

(10.25) **e'ita vau e 'aufau i tō 'oe taime īnaha 'aita**
NEG 1S ASP payer PP POS 2S salaire puisque NEG

'oe e rave nei i te 'ohipa
2S ASP faire DEI PP ART travail

"Je ne te paierai pas ton salaire, car tu ne travailles pas"

10.1.9. maori/maoti (rā)

maori/maoti ou **maori/maoti rā** peut figurer devant un prédicat nominal avec des nuances diverses, selon le contexte :

"à savoir" :

(10.26) **hō'ē noa ra mea i hōro'a-hia atu nā-na maoti rā**
un RES DEI chose ASP donner-PASS DIR PP-3S à savoir

'o te moni 'āva'e ia
ID ART argent mois ANA

"On ne lui a donné qu'une chose, c'est l'argent du mois"

"excepté" :

(10.27) **'ua haere pauroa te ta'ata i rāpae maori rā 'o Tetua**
ASP aller tout ART homme PP LOC excepté ID NP
"Tout le monde est sorti sauf Tetua"

"malgré" :

(10.28) **'ua haere mai 'o Tama maoti 'o tā-'u 'ōpanira'a**
ASP aller DIR ID NP malgré ID ART+PP-1S interdiction
"Tama est venu malgré mon interdiction"

maori/maoti fonctionne aussi comme conjonction (*cf.* § 9.4.2).

10.2. LIAISON PAR ÉLÉMENTS SUIVANT LE PRÉDICAT

La liaison logique entre deux propositions peut aussi être exprimée ou suggérée par des expressions placées en position de qualificatifs de l'un ou de l'autre des prédicats, parfois de l'un et de l'autre.

10.2.1. noa ra

noa ra dans les deux propositions indique la concomitance. Exemples :

(10.29) tē ta'i noa ra te niuniu, tē paraparau noa ra
ASP sonner pendant ART téléphone ASP bavarder en même temps

mātou
1Pexcl

"Pendant que le téléphone sonnait, nous restions à bavarder"

(10.30) tē ha'uti noa ra Maui i tā-na ha'uti, tē
ASP jouer en même temps NP PP POS-3S jeu ASP

'imi noa ra tō-na mana'o i te vāhi te-i reira
chercher en même temps POS-3S esprit PP ART lieu ART-PPLOC

tō-na metua vahine (Ma 15)
POS-3S parent femme

"Tout en jouant à son jeu, Maui cherchait en pensée (*litt.* son esprit cherchait) le lieu où était sa mère"

10.2.2. noa a'e

noa a'e, avec l'aspectuel **'a**, indique l'hypothèse irréelle ; l'expression figure dans la protase. Exemple :

(10.31) 'a ma'a moni iti noa a'e tā-'u, e ho'o mai ia
NUM quelque argent petit si POS-1S ASP acheter DIR ANA

vau i terā fare
1S PP DEM maison

"Si j'avais un peu d'argent, j'achèterais cette maison"

10.2.3. noa atu

noa atu, avec l'aspectuel **'a** ou un prédicat non verbal, indique une hypothèse réalisable, "si jamais, si par hasard". Exemples :

(10.32) 'a   taui   noa atu tō   'oe mana'o 'a   fa'a'ite mai
       ASP changer si   POS 2S esprit ASP avertir DIR
       "Si jamais tu changes d'avis, avertis-moi"

(10.33) nō   Tahiti noa atu 'ona, 'a   tuō   atu   e   haere mai
       PP   Tahiti si   3S   ASP appeler DIR ASP aller DIR
       "Si par hasard il était de Tahiti, dis-lui de venir"

10.2.4. noa atu ā

noa atu ā, avec l'aspectuel **'a** et en corrélation avec **iho ā** "assurément, quand même" dans l'autre proposition indique une relation concessive :

(10.34) 'a   moni rahi   noa atu ā, e   ho'o   iho-ā   vau i
       ASP argent grand quoique   ASP acheter quand même 1S   PP

       terā fare
       DEM   maison
       "Quoique ce soit très cher, j'achèterai cette maison"

La même expression, en corrélation avec **noa atu ra** dans la seconde proposition, indique une proportion, "plus... plus" :

(10.35) pūai noa atu ā   te   mata'i, pūai noa atu ra tō-na   nounou
       fort plus   ART vent   fort plus   POS-3S   désir

       i   te   reva
       PP   ART partir
       "Plus le vent était fort, plus il désirait partir"

10.2.5. ana'e

ana'e indique une relation temporelle (ou conditionnelle, *cf.* § 10.3.3) :

(10.36) 'ua pō   ana'e, 'ua oti   te   'ohipa
       ASP nuit quand ASP finir ART travail
       "Quand il fera nuit, le travail sera terminé"

10.2.6. ā

ā "encore" dans une proposition et **iho ā** "effectivement, bel et bien" dans l'autre indiquent une relation concessive dans des phrases comme :

(10.37) te   mata'i ā   te   mata'i, e   reva   iho ā   mātou
       ART vent   encore ART vent   ASP partir effectivement 1Pexcl
       "Il a beau y avoir du vent, nous partirons"

(10.38) te tama'i ā te tama'i, e'ita iho ā 'ona e
ART gronder encore ART gronder NEG effectivement 3S ASP

fa'aro'o
obéir

"On a beau le gronder, il n'obéit pas"

10.2.7. a'e

Le déictique **a'e**, éventuellement renforcé par **iho ā** dans l'autre proposition, indique une hypothèse irréelle :

(10.39) e pererau a'e tō-'u, e rere ia vau
I aile DEI POS-1S ASP voler ANA 1S

"Si j'avais des ailes, je volerais"

(10.40) 'o vau a'e terā, e pahono iho ā vau
ID 1S DEI PRON ASP répondre effectivement 1S

"Si c'était moi, j'aurais répondu"

10.3. LIAISON PAR JUXTAPOSITION

10.3.1. Cas général

Des propositions peuvent se suivre sans qu'aucun instrument explicite le rapport sémantique qui les lie : celui-ci n'est indiqué que par la juxtaposition des propositions en présence. Dans ce qui suit, on donne d'abord des exemples de divers cas non spécifiques, puis on examine ceux où la relation entre les propositions est indiquée par des prédicats spécifiques.

Dans les phrases comme les suivantes, qui n'appellent pas de commentaire, la relation entre les propositions ressort simplement de leur contenu sémantique.

(10.41) tē 'anapa ra te uira, tē haruru ra te patiri
ASP briller DEI ART éclair ASP gronder DEI ART tonnerre

Les éclairs brillent [et] le tonnerre gronde"

(10.42) e ta'ata, e 'animara terā ?
I homme I animal PRON

"C'est une personne [ou] c'est un animal ?

(10.43) 'a fa'aea noa, e mea topa 'ore
ASP rester RES I chose tomber NEG

"Reste tranquille, [ainsi] tu ne tomberas pas" (*litt.* c'est non-tomber)

(10.44) **'aita vau i hopu i te pape, 'ua to'eto'e**
NEG 1S ASP se baigner PP ART eau ASP froid
"Je ne me suis pas baigné, [parce qu']il fait froid"

(10.45) **'ua 'amu-hia te i'a, nā te mīmī**
ASP manger-PASS ART poisson PP ART chat
"Le poisson a été mangé, c'est le chat (qui l'a mangé)"

(10.46) **'ua mana'o vau, 'ua tae atu rātou**
ASP penser 1S ASP arriver DIR 3P
"Je pensais (qu')ils étaient arrivés chez vous"

(10.47) **'a parau mai, nā hea 'oe i te ho'i**
ASP dire DIR PP où 2S PP ART retour
"Dis-moi, comment vas-tu rentrer ?" ou "Dis-moi comment tu vas rentrer" (*litt.* comment tu (vas faire) au retour)

10.3.2. Prédicat en ei

Un prédicat inclusif dynamique en **ei** peut servir à introduire une hypothèse :

(10.48) **ei pua'a pīnia te-i 'eiā-hia ra...** (GA 290)
I cochon jeune ART-ASP voler-PASS DEI
"Si c'est un petit cochon qui a été volé, ..."

10.3.3. Prédicat en 'ia

Un prédicat en **'ia** indique une relation temporelle : "quand, lorsque, dès que" :

(10.49) **'ia po'ipo'i,e 'ohi'ohi 'oe i te pehu**
ASP matin ASP ramasser 2S PP ART ordures
"Quand il fera jour, tu ramasseras les ordures"

(10.50) **'ia tae a'e ra 'oia i Mo'orea, fārerei atu ra 'oia**
ASP arriver DIR DEI 3S PP LOC rencontrer DIR DEI 3S

  i tō-na mau fēti'i
  PP POS-3S PL parent
"Quand il arriva à Moorea, il rencontra ses parents"

Cette construction peut prendre un sens conditionnel :

(10.51) **'ia ua ānanahi, e reru tā mātou pape**
ASP pleuvoir demain ASP trouble POS 1Pexcl eau
"S'il pleut demain, notre eau sera trouble"

(10.52) **'ia haere pinepine 'oe i tō-na fare, e fārerei 'oe i**
ASP aller souvent 2S PP POS-3S maison ASP rencontrer 2S PP

tō-na hoa
POS-3S ami

"Si tu vas souvent chez lui, tu rencontreras son ami"

Dans les phrases ci-dessus, la prédication en **'ia** est antéposée à l'autre ; elle peut aussi lui être postposée :

(10.53) **e fa'aara vau iā 'oe 'ia tae atu vau**
ASP éveiller 1S PP 2S ASP arriver DIR 1S

"Je t'éveillerai quand j'arriverai"

(10.54) **e fa'aea 'oe i te fare 'ia oti tā 'oe 'ohipa**
ASP rester 2S PP ART maison ASP finir POS 2S travail

"Tu resteras à la maison quand ton travail sera fini"

(10.55) **e fārerei tātou iā-na 'ia haere pinepine tātou i te**
ASP rencontrer 1Pincl PP-3S ASP aller souvent 1Pincl PP ART

faretoa
magasin

"Nous le rencontrerons si nous allons souvent au magasin"

Le prédicat en **'ia** est souvent accompagné du mot **ana'e** "seulement" (*cf.* ci-dessus, § 10.2.5) :

(10.56) **e reru te pape 'ia ua (ana'e)**
ASP trouble ART eau ASP pleuvoir (seulement)

"L'eau sera trouble quand il pleuvra/s'il pleut"

(10.57) **e reva tātou 'ia mā (ana'e) te fare**
ASP partir 1Pincl ASP propre (seulement) ART maison

"Nous partirons quand la maison sera propre"

Comparer, en français, les phrases comme "qu'il vienne seulement, je saurai lui parler", où "qu'il vienne seulement" est voisin de "quand il viendra, s'il vient".

10.3.4. Prédicat en 'a

Un prédicat verbal en **'a** indique la concomitance ou la succession immédiate.

10.3.4.1. Après un prédicat en tē

Il peut être précédé d'un prédicat en **tē** ; le sens exprimé est le suivant : le second prédicat indique quelque chose qui va se produire si l'action exprimée par le premier n'est pas faite ou poursuivie (*cf.* ci-dessous, § 10.3.4.3.) :

(10.58) tē 'amu ra vau i tā-'u vī, 'a tama'i-hia
ASP manger DEI 1S PP POS-1S mangue ASP gronder-PASS

vau e Māmā
1S PP maman

"Je vais manger ma mangue, [sinon] je vais me faire gronder par Maman"

(10.59) tē tupohe ra vau i te auahi, 'a pa'apa'a te fare
ASP éteindre DEI 1S PP ART feu ASP brûler ART maison

"Je vais éteindre le feu, la maison va brûler"

(10.60) tē 'ohi ra vau i tā-'u 'ahu, 'a ua-hia mai
ASP ramasser DEI 1S PP POS-1S linge ASP pleuvoir-PASS DIR

"Je vais ramasser mon linge, il va pleuvoir" (*litt.* il va être plu)

10.3.4.2. Devant un autre prédicat

Un prédicat en **'a**, devant un autre prédicat, peut indiquer qu'une action a lieu immédiatement après une autre :

(10.61) 'a tae nā 'aito nei i Papeto'ai, tē 'ite nei
ASP arriver ART guerrier DEI PP LOC ASP voir DEI

rāua ē... (HF 468)
3D que

"Quand ces deux guerriers arrivent à Papetoai, ils voient que..." ou "En arrivant à Papetoai, ces deux guerriers voient que..."

10.3.4.3. Deux prédicats en 'a

Mais souvent les deux propositions ont un prédicat en **'a**. Ces prédicats expriment deux actions distinctes, qui ne s'enchaînent pas à proprement parler, mais qui sont simultanées ou se succèdent immédiatement. Cette construction a plusieurs emplois plus ou moins idiomatiques :

a) Les deux prédicats sont de sens injonctif et ils ont le même sujet :

(10.62) 'a ti'a 'a parau
ASP se lever ASP parler

"Lève-toi et parle"

(10.63) 'a   haere 'a   ti'i   i   te   faraoa
       ASP aller ASP chercher PP ART pain
       "Va chercher (*litt.* va et procure-toi) le pain"

Le verbe **rave** "prendre, faire" figure souvent dans le premier membre ; plus ou moins vidé de son sens, il donne un tour plus vif à l'injonction :

(10.64) 'a   rave roa   'a   parau
       ASP faire INT ASP parler
       "Vas-y, parle" ou "Parle donc"

(10.65) 'a   rave te   huira'atira'a   tunu   i   te   mā'a
       ASP faire ART population ASP cuire PP ART nourriture
       "Les gens n'ont qu'à cuire la nourriture !"

Le verbe **'ite** "savoir" figure aussi souvent au premier membre :

(10.66) 'a   'ite   'oe   'a   parau
       ASP savoir 2S   ASP parler
       "Si tu le sais, dis-le !"

(10.67) 'a   'ite   'o Tama 'a   hāmani i   tō-na fare
       ASP savoir ID   NP   ASP bâtir PP ART maison
       "Tama n'a qu'à bâtir sa maison !" (puisqu'il sait le faire)

b) Le premier prédicat est injonctif ; le second a un sujet différent et indique une action qui va suivre immédiatement :

(10.68) 'a   ta'oto 'a   haere mai te   taote
       ASP dormir ASP aller DIR ART docteur
       "Dors, le docteur va arriver"

c) Le premier prédicat est injonctif ; le second exprime quelque chose qui menace de se produire si la première action n'est pas accomplie (*cf.* ci-dessus, § 7.1.3.3) ; les deux verbes peuvent avoir même sujet ou non. Exemples :

(10.69) 'a   haere 'a   ro'ohia   'outou i   te   ua
       ASP aller ASP être atteint 2P   PP ART pluie
       "Partez, [sinon] vous allez être surpris par la pluie"

(10.70) ('a)   ha'apa'o   maita'i 'a   topa
       (ASP) faire attention bien   ASP tomber
       "Prends bien garde de ne pas tomber" (*litt.* fais bien attention, tu vas tomber)

(10.71) 'a   tupohe   i   te   mōri   'a   ara   'o 'Aiū
       ASP éteindre PP ART lampe ASP s'éveiller ID bébé
       "Éteins la lumière, [sinon] Bébé va se réveiller"

Dans (10.70) l'aspectuel peut être omis devant un lexème quadrisyllabique (§ 2.1.7).

d) Le premier prédicat est assertif ; il exprime une éventualité et se traduit "quand..., dès que..." ou "si..." (potentiel) ; la phrase exprime une concomitance ou une succession immédiate. Exemples :

(10.72) 'a pohe te mōrī 'a ta'i te mau tamari'i
ASP mourir ART lampe ASP pleurer ART PL enfant
"Dès que la lampe s'éteint, les enfants se mettent à pleurer"

Le premier prédicat peut être accompagné de **noa atu** ou du directionnel **a'e** ou du déictique **na** ; les deux verbes peuvent avoir ou non le même sujet. Exemples :

(10.73) 'a taui noa atu tō 'oe mana'o 'a fa'a'ite mai
ASP changer RES DIR POS 2S pensée ASP informer DIR
"Si jamais tu changes d'avis, préviens-nous"

(10.74) 'a ua a'e 'a roa'a mai tā tātou pape
ASP pleuvoir DIR ASP être obtenu DIR POS 1Pincl eau
"S'il se mettait à pleuvoir, nous aurions de l'eau"

(10.75) 'a puta na te 'ouma 'a ha'amahu
ASP percé DEI ART poitrine ASP arrêter
"S'il y a une blessure à la poitrine, il faut arrêter [le sang]"

e) Les deux prédicats sont formés du même lexème :

(10.76) 'a ta'i 'ona 'a ta'i
ASP pleurer 3S ASP pleurer
"Qu'il pleure s'il veut pleurer !"

(10.77) 'a tanu rātou i te tiare 'a tanu
ASP planter 3P PP ART fleur ASP planter
"S'ils veulent planter des fleurs, ils n'ont qu'à planter"

10.3.5. Prédicats nominalisés

Deux prédicats nominalisés en parallèle expriment la concomitance ou la succession immédiate :

(10.78) te 'oira'a te tipi te ravera'a i te 'ohipa (Ra 168)
ART aiguiser ART couteau ART prendre PP ART travail
"À peine le couteau aiguisé, il était au travail" (*litt.* aiguiser le couteau, (c'était) se mettre au travail)

(10.79) te tama'ira'a-hia atu te ta'i-ato'a-ra'a-hia e Timi
 ART gronder-PASS DIR ART pleurer-aussi-SUF-PASS PP NP
 "À peine l'avait-on grondé que Timi se mettait à pleurer" (*litt.* être grondé, (c'était) pleurer de la part de T.)

11. LES MODALITÉS DU DISCOURS

11.1. L'INTERROGATION

11.1.1. L'interrogation globale

Elle peut être indiquée soit par l'intonation seule soit par des morphèmes spécifiques, qui s'emploient avec des nuances différentes et se placent diversement.

11.1.1.1. L'intonation

L'intonation peut suffire à donner à la phrase la valeur interrogative :

(11.1) e reva te pahī ?
 ASP partir ART bateau
 "Le bateau part ?"

(11.2) 'ua pa'ia 'outou ?
 ASP être repu 2P
 "Vous avez fini de manger ?"

11.1.1.2. peneia'e

peneia'e "peut-être (que)" est un mot prédicatif, qui se place donc en tête de phrase et qui est souvent associé à l'interrogation. Exemples :

(11.3) peneia'e tē ua ra iō rātou ?
 peut-être que ASP pleuvoir DEI PP 3P
 "Pleuvrait-il chez eux ?"

(11.4) peneia'e 'o te 'orometua te-i reva ?
 peut-être que ID ART pasteur ART-ASP partir
 "Serait-ce le pasteur qui est parti ?"

(11.5) peneia'e i te fare tātou e ta'oto ai ?
 peut-être que PP ART maison 1PincI ASP dormir ANA
 "Serait-ce à la maison que nous dormirons ?"

11.1.1.3. ānei

ānei "est-ce que (vraiment) ?" et **paha** "est-ce que peut-être ? serait-ce que ?" se placent après le prédicat :

(11.6a) **'ua ta'oto ānei 'o 'Aiū ?**
ASP dormir est-ce que ID Bébé
"Bébé dort-il vraiment ?"

(11.6b) **'ua ta'oto paha 'o 'Aiū ?**
"Bébé dormirait-il ?"

(11.7a) **e reva ānei te pahī ?**
ASP partir est-ce que ART bateau
"Le bateau va-t-il (vraiment) partir ?"

(11.7b) **e reva paha te pahī ?**
"Serait-ce que le bateau va partir ?"

(11.8) **e manu ānei terā ?**
I oiseau est-ce que PRON
"Est-ce vraiment un oiseau ?"

11.1.1.4. 'ene ou 'ere

'ene ou **'ere** "n'est-ce pas ?" se place en fin de phrase :

(11.9) **'ua ta'oto 'o 'Aiū, 'ene ?**
ASP dormir ID Bébé n'est-ce pas
"Bébé dort, n'est-ce pas ?"

(11.10) **eie te 'orometua 'āpī, 'ene ?**
PRES ART pasteur nouveau n'est-ce pas
"Voici le nouveau pasteur, n'est-ce pas ?"

On emploie aussi **e'ere ānei** :

(11.11) **e tāmā'a 'oe i te 'oire, e'ere ānei ?**
ASP déjeuner 2S PP ART ville n'est-ce pas
"Tu déjeuneras en ville, n'est-ce pas ?"

(11.12) **'o Teri'i tō 'oe metua tāne, e'ere ānei ?**
ID NP POS 2S parent mâle n'est-ce pas
"Ton père est Terii, n'est-ce pas ?"

11.1.2. L'interrogation partielle

Elle a pour instruments des morphèmes qui ont le même statut, les mêmes fonctions et la même place que les unités qui leur correspondent dans la phrase assertive.

11.1.2.1. vai

vai "qui ?" se comporte comme un nom propre. Exemples :

(11.13) **'ua ta'oto 'o vai ?**
ASP dormir ID qui
"Qui dort ?"

(11.14) **'o vai tō 'oe i'oa ?**
ID qui POS 2S nom
"Quel est ton nom ?" (*litt.* ton nom est qui ?)

(11.15) **e 'orometua 'o vai ?**
I pasteur ID qui
"Qui est pasteur ?"

(11.16) **nā vai i 'amu i te vī ?**
PP qui ASP manger PP ART mangue
"Qui est-ce qui a mangé la mangue ?"

(11.17) **'ua 'amu-hia te i'a e vai ?**
ASP manger-PASS ART poisson PP qui
"Par qui le poisson a-t-il été mangé ?" ou "Qui a mangé le poisson ?"

vai peut être suivi de **mā** ; ce morphème, qui indique un entourage (*cf.* § 14.8), lui donne un sens pluriel. Exemple :

(11.18) **nō vai mā terā mau tamari'i ?**
PP qui DEM PL enfant
"À quelles personnes sont ces enfants ?"

11.1.2.2. aha

aha "quoi ?" peut, comme la plupart des lexèmes, entrer dans diverses USB, à savoir :

- une FN :

(11.19) **nā Tama te aha ?**
PP NP ART quoi
"Qu'est-ce qui est à Tama ?"

(11.20) **'ua 'ite 'oe i te aha ?**
ASP voir 2S PP ART quoi
"Qu'as-tu vu ?"

(11.21) **nō te aha te pēni ?**
PP ART quoi ART peinture
"C'est pour quoi faire, la peinture ?" (*litt.* la peinture est pour quoi ?)

- une FI :

(11.22) **e aha terā ?**
I quoi PRON
"Qu'est cela ?" ou "Qu'est celui-là ?"

(11.23) **'ua riro te pape ei aha ?**
ASP devenir ART eau I quoi
"En quoi l'eau s'est-elle transformée ?"

e aha "'c'est quoi ?" s'emploie aussi au sens de "pourquoi ?" :

(11.24) **e aha 'oia i pāpa'i ai i terā rata ?**   (GA 135)
I quoi 3S ASP écrire ANA PP DEM lettre
"Pourquoi a-t-il écrit cette lettre-là ?"

Cette phrase signifie littéralement "c'est quoi (la raison pour laquelle) vous n'avez pas fait...", ce qui explique la présence de l'anaphorique **ai**.

- et même une FV ; la séquence aspectuel + **aha** signifie "faire quoi ?" :

(11.25) **'ua aha 'o 'Aiū ?**
ASP quoi ID Bébé
"Qu'a fait Bébé ?"

(11.26) **e aha te pahī ?**
ASP quoi ART bateau
"Que va faire le bateau ?"

(11.27) **tē aha ra te rū'au vahine ? tē taoto ra**
ASP quoi DEI ART vieux femme ASP dormir DEI
"Que fait la vieille femme ? — Elle dort"

aha peut aussi entrer dans un syntagme numéral :

(11.28) **'a piti aha tā rāua ?**
NUM deux quoi POS 3D
"Ils ont deux quoi ?"

11.1.2.3. hea ou fea

Les questions relatives au lieu sont exprimées au moyen de **hea** ou **fea** précédé d'une préposition :

(11.29)   **e   haere 'oe i   hea ?**
         ASP   aller   2S   PP   où
         "Où vas-tu ?"

(11.30)   **i   hea 'oe e   fa'aea ai ?**
         PP   où   2S   ASP   rester   ANA
         "Où habites-tu ?" (*litt.* où est-ce que tu habites ?)

Dans cette dernière phrase **i hea** a la fonction de prédicat principal et le reste de la phrase lui est subordonné, d'où l'emploi de **ai**.

(11.31)   **tei hea tō   'oe fa'aeara'a ?**
         PP   où   POS   2S   demeure
         "Où est ton logement ?"

(11.32)   **nō   fea mai 'outou ?**
         PP   où   DIR   2P
         "D'où [êtes-]vous ?

(11.33)   **mai hea mai 'outou ?**
         PP   où   DIR   2P
         "D'où [venez-]vous ?"

(11.34)   **nā fea 'outou i   te   haere ?**
         PP   où   2P   PP   ART   aller
         "Par où irez-vous ?" (*litt.* vous (serez) par où à l'aller ?)

nā fea "par où ?" s'emploie aussi au sens de "comment ?" :

(11.35)   **nā fea 'oe i   te   parau ?**
         PP   où   2S   PP   ART   dire
         "Comment vas-tu [le] dire ?" (*litt.* tu (seras) comment au dire ?)

(11.36)   **e   mea nā fea 'oe i   te   hāmani ?**
         I   chose   PP   où   2S   PP   ART   faire
         "Comment vas-tu [le] faire ?" (*litt.* tu (seras) chose comment au faire ?)

Avec les aspectuels **nā fea** forme des QV signifiant "faire comment ?" :

(11.37)   **'ua nā fea 'oe i   te   pahonora'a ?**
         ASP   PP   où   2S   PP   ART   réponse
         "Comment as-tu répondu ?" (*litt.* comment as-tu fait en réponse ?)

(11.38) tē   nā fea ra 'oia i   te rave i terā 'ohipa ?
       ASP PP où DEI 3S   PP ART faire PP DEM travail
       "Comment fait-il ce travail ?" (*litt.* comment fait-il au faire ce travail ?)

11.1.2.4. ināfea, anāfea et āfea

Les questions relatives au temps se forment à l'aide des expressions **i-nā-fea** "quand" (passé), **ā-nā-fea** et **ā-fea** "quand" (futur), **nō nā-fea** "depuis quand", *cf.* **inānahi** "hier", **ānānahi** "demain" (*cf.* § 17.10) :

(11.39) **ināfea   mai   'outou ?**
        quand   DIR   2P
        "Quand êtes-vous arrivés ?"

(11.40) **ānāfea   mai   te   mau tamari'i ?**
        quand   DIR   ART PL   enfant
        "Quand les enfants arriveront-ils ?"

(11.41) **āfea   mai   'o   Teri'i ?**
        quand DIR   ID   NP
        "Quand Terii viendra-t-il ?"

(11.42) **nō   nāfea   mai   'o   Vahine ?**
        PP   quand   DIR   ID   NP
        "Depuis quand Vahine est-elle arrivée ?"

11.1.2.5. hia

hia forme avec les particules numérales des locutions, qui sont des FNUM (formes numérales, *cf.* § 1.2.1), signifiant "combien ?" :

(11.43) **e   hia   tā   'oe pi'ifare ?**
        NUM combien POS   2S   chat
        "Combien as-tu de chats ?"

(11.44) **'a   hia   tō   'oe tamari'i i   teie   nei ?**
        NUM combien POS   2S   enfant   PP PRON   DEI
        "Ça te fait combien d'enfants maintenant ?"

(11.45) **to'o   hia   ta'ata   i   tae   mai nei ?**
        NUM   combien homme   ASP arriver DIR DEI
        Combien de personnes sont arrivées ?"

Au lieu de **hia**, on emploie aussi **fea** (**e fea, to'o fea**, etc.), mais cet usage est incorrect selon la *Grammaire* de l'Académie.

11.1.2.6. te hea

te hea signifie "lequel ?" :

(11.46) **te hea te matahiapo ?**
      lequel ART aîné
      "Lequel est l'aîné ?"

11.2. L'EXCLAMATION

11.2.1. Particules exclamatives

Il y a diverses particules exclamatives, dont la principale est **'auē** "ah ! oh !", qui est susceptible d'exprimer diverses émotions et qui peut être suivie d'une FN introduite ou non par la préposition i ou l'identificateur **'o**. Exemples :

(11.47) **'auē (i) te nehenehe !** ou **'auē 'ō te nehenehe !**
      ah (PP) ART beau   ah ID ART beau
      "Ah, que c'est beau !"

(11.48) **'auē te 'oa'oa !**
      ah ART joie
      "Quelle joie !"

D'autre part certains tours grammaticaux, avec l'intonation appropriée, ont une valeur exclamative.

11.2.2. Verbes défectifs

Les expressions que nous avons dénommées "verbes défectifs", c'est-à-dire qui sont composées de l'aspectuel **'ua** et d'un lexème n'admettant pas tous les autres aspectuels (*cf.* § 2.1.10), comportent une nuance exclamative :

(11.49) **'ua pereo'o i 'ō nei !**
      ASP voiture PP LOC DEI
      "Que de voitures ici !"

(11.50) **'ua ta'ata !**
      ASP homme
      "Que de monde !" ou "Il y a bien du monde !"

(11.51) **'ua nehenehe terā tiare !**
      ASP beau DEM fleur
      "Comme cette fleur est belle !" ou "Elle est bien belle, cette fleur !"

11.2.3. Emploi de la négation

Des phrases négatives prennent par antiphrase le sens d'une exclamation intensive :

(11.52) e'ere   i   te   ta'ata nei !
NEG   PP   ART   homme DEI
"On peut dire qu'il y a du monde !" (*litt.* (si) ce n'est pas du monde !)

(11.53) e'ere   i   te   noa'ara'a i'a   nei !
NEG   PP   ART   obtention poisson   DEI
"Pour une pêche, c'est une pêche !" ou "Si ce n'est pas une pêche... !"

11.2.4. Emploi de ai

L'emploi de la particule **ai** avec l'aspectuel **'a** en proposition indépendante donne à la phrase un sens exclamatif :

(11.54) 'a   ua   ai   i   teie   mahana !
ASP pleuvoir ANA   PP   DEM   jour
"Comme il pleut aujourd'hui !"

(11.55) 'a   ta'ata ai   i   te   purera'a i   teie tapati !
ASP homme ANA PP   ART   messe   PP   DEM   dimanche
"Que de monde à la messe ce dimanche !"

(11.56) 'a   paraparau ai   terā   ta'ata !
ASP   bavarder   ANA   DEM   homme
"Qu'elle est bavarde, cette personne !"

> Comme la particule **ai** ne s'emploie par ailleurs qu'en proposition subordonnée, où c'est un anaphorique renvoyant, en relation oblique, à un élément de la proposition principale, on est tenté d'interpréter les phrases ci-dessus comme subordonnées à une principale sous-entendue signifiant quelque chose comme "c'est de belle manière que...".

11.3. PARTICULES DIVERSES

Le discours est ponctué par des particules portant des nuances diverses. Voici quelques-unes des plus fréquentes :

- **pa'i** "en fait, en effet" souligne une assertion ;

- **ho'i** "aussi, même" et "vraiment" établit un lien entre un élément de l'énoncé et un élément antérieur ou simplement souligne l'assertion ;

- **ā** "même, encore" indique une continuité ;

- **iho ā** "bien, bel et bien", formé du directionnel **iho** et de la particule **ā**, indique la conformité à une attente ;

- **ia**, qui fonctionne aussi comme pronom (*cf.* § 20.2), est un anaphorique général qui renvoie d'une manière assez vague à ce qui précède, thème antéposé ou, plus généralement, contexte antérieur.

Ces particules peuvent se cumuler. Elles sont souvent placées après un prédicat :

(11.57) **'ua pa'ari ia 'o Hiro i teie-nei...** (LT 52)
ASP adulte ANA ID NP PP maintenant
(Après le récit de l'éducation de Hiro) "Hiro était (donc) maintenant adulte..."

(11.58) **teie pa'i tā rātou paraura'a** (LT 48)
PRON en effet POS 3P parole
(Après une allusion à une légende) "Voici en effet ce qu'ils racontent"

(11.59) **'aita ho'i ia tā rātou ferurira'a i hope atu ra, teie ia**
NEG vraiment POS 3P réflexion ASP finir DIR DEI PRON

tō rātou pahī 'ua 'āfaro roa i ni'a i te a'au (LT 48)
POS 3P bateau ASP droit INT PP LOC PP ART récif
"Ils n'avaient pas même pris leur décision (*litt.* leur réflexion n'était pas achevée) que voilà leur bateau juste sur le récif"

(11.60) **tē parau noa nei ā 'ona**
ASP parler RES DEI encore 3S
"Il est encore en train de parler" ou "Il continue à parler"

(11.61) **'ua 'āmui pauroa mai iho-ā ia te mau tamari'i... i**
ASP s'assembler tous DIR bel et bien ART PL enfant PP

tahatai nei nō teie pa'i 'ohipa (LT 56)
bord de mer DEI PP DEM en effet affaire
(Une course de pirogues est décidée) "Tous les jeunes gens se rassemblèrent [donc, bel et bien] sur la plage pour cette manifestation"

Mais elles peuvent aussi s'insérer dans le syntagme nominal, après l'article :

(11.62) **...nō teie pa'i 'ohipa**
"...pour cette manifestation" ; *cf.* ci-dessus (11.61)

LA PHRASE 119

(11.63) **mai te reira mai iho-ā ho'i ia tau tō Huahine**
PP ART ANA DIR bel et bien temps POS NP

mutura'a nā rōpū
coupure PP LOC

"C'est donc bien depuis ce temps que [l'île de] Huahine est séparée en deux" (*litt.* de ce temps… (est) la coupure de H. par le milieu)

11.4. EMPLOIS IDIOMATIQUES DE -ra'a[10]

Le morphème **-ra'a**, qui sert par ailleurs à nominaliser des syntagmes verbaux (§ 12.4) et à dériver des lexèmes (§ 21.5.4), fonctionne aussi comme une sorte de particule de discours, dans plusieurs tours :

a) Accompagné du déictique **ra**, il souligne la valeur rhématique et exclusive de l'élément auquel il s'affixe :

(11.64) **'o vau-ra'a ra tē fa'aea i te fare**
ID 1S-SUF DEI ART+ASP rester PP ART maison
"Il n'y a que moi qui resterai à la maison"

(11.65) **e piti-ra'a ra ta'ata teie**
NUM deux-SUF DEI homme PRON
"Il n'y a que deux personnes ici"

(11.66) **i te fare-ra'a ra te feruri-ra'a**
PP ART maison-SUF DEI ART réfléchir-SUF
"C'est à la maison qu'il fallait réfléchir" (*litt.* le moment de réfléchir (était quand on était) à la maison)

(11.67) **tō Apita-ra'a ra hoa te-i ho'i**
POS NP-SUF DEI ami ART-ASP revenir
"Seul l'ami d'Apita est rentré"

(11.68) **tō-na-ra'a ra pahī tē reva**
POS-3S-SUF DEI bateau ART+ASP partir
"Il n'y a que son bateau qui va partir"

Comme on voit dans (11.67) et (11.68), la particule s'affixe au possessif. Dans le cas des lexèmes précédés d'un article démonstratif, elle s'affixe soit au démonstratif soit au lexème :

---

10. Ce développement est inspiré de Raapoto (1979: 172-180). Les exemples donnés sont tirés de cet ouvrage.

(11.69) i teie-ra'a ra po'ipo'i au i te pu'a-ra'a
PP DEM-SUF DEI matin 1S PP ART laver-SUF

ou **i teie po'ipo'i-ra'a ra vau i te pu'a-ra'a**
"C'est ce matin même que j'ai lavé" (*litt.* j'(ai été) à laver)

    b) Avec **'ahiri** "si" (*cf.* § 9.2.2) et l'aspectuel **e,** le morphème **-ra'a** suivi du déictique **na** exprime le souhait :

(11.70) 'ahiri 'oe e ta'oto-ra'a na !
si 2S ASP dormir-SUF DEI
"Si tu pouvais dormir !"

(11.71) 'ahiri e mata'i-ra'a na !
si ASP vent-SUF DEI
"S'il pouvait faire du vent !"

    c) Avec **e,** le morphème **-ra'a** suivi de **mau** "vraiment" a valeur intensive ; la particule **e** est ici plus probablement la particule inclusive que l'aspectuel :

(11.72) e ta'ata-ra'a mau i teie pō
I homme-SUF vraiment PP DEM soir
"Il y a vraiment du monde ce soir"

(11.73) e pua'a-ra'a mau nā terā ta'ata
I cochon-SUF vraiment PP DEM homme
"Cet homme a vraiment beaucoup de cochons"

(11.74) e nehenehe-ra'a mau nō terā tamahine
I beau-SUF vraiment PP DEM fille
"Cette fille est vraiment belle"

(11.75) 'ua oti ? e itoito-ra'a mau nō 'oe
ASP finir I courage-SUF vraiment PP 2S
"C'est terminé ? — Cela ne tient qu'à ton courage"

DEUXIÈME PARTIE

Les syntagmes

12. LE SYNTAGME VERBAL

12.1. GÉNÉRALITÉS

Le syntagme verbal a pour noyau une forme verbale (FV, *cf.* § 1.2.1), constituée d'un lexème précédé d'un aspectuel. Cette FV est le seul composant obligatoire du syntagme ; elle figure toujours en tête ; elle peut être suivie de divers qualificatifs et particules, qui avec elle forment le syntagme. Exemples (les syntagmes verbaux sont ici mis entre accolades) :

(12.1) {e ta'e mai} 'oia ānānahi
 ASP arriver DIR 3S demain
 "Il arrivera demain"

(12.2) {'ua topa turi mai ra} 'ona
 ASP tomber genou DIR DEI 3S
 "Il est tombé à genoux"

(12.3) {'ua hau'a no'ano'a ri'i} 'oe (Aue 9)
 ASP sentir bon petit 2S
 "Tu sens rudement bon"

(12.4) {'ua tunu-pauroa-hia} te i'a
 ASP cuire-tout-PASS ART poisson
 "Tous les poissons ont été cuits"

(12.5) ...terā a'e mea {e 'ohu haere noa a'e} i ni'a i
 DEM DIR chose ASP tourner aller seul DIR PP LOC PP

 te fenua
 ART terre
 "...Cette chose qui ne cesse de tourner sur la terre"

(12.6) {'ia haere ana'e mai} 'oia, {e reva} tātou
 ASP aller seulement DIR 3S ASP partir 1Pexcl
 "Lorsqu'il arrivera, nous partirons"

Outre la FV, le syntagme verbal comprend dans (12.1.) un directionnel, dans (12.2) un qualificatif, un directionnel et un déictique, dans (12.3) deux qualificatifs, dans (12.4) un qualificatif et une marque de pseudo-passif, dans (12.5) deux qualificatifs (dont la particule **noa**) et un directionnel ; dans (12.6), le premier syntagme verbal comprend un qualificatif (instrument de liaison avec la proposition suivante, *cf.* § 10.2.5) et un directionnel.

La *Grammaire* de l'Académie distingue dans le syntagme verbal, FV comprise, seize "créneaux" successifs, chacun étant affecté à une série de morphèmes définis. En fait, quelques-uns de ces morphèmes relèvent de la dérivation plus que de la constitution du syntagme. D'autre part, ceux qui figurent vers la fin ("créneaux 13-16", qui suivent le "créneau" des déictiques) sont des particules de discours qui peuvent apparaître aussi bien après d'autres prédicats que les prédicats verbaux : ils concernent la phrase et non la formation du syntagme verbal. Nous retiendrons donc dans celui-ci les positions suivantes : 1. aspectuels, 2. lexème noyau, 3. qualificatifs (lexèmes ou particules, qui se placent dans un ordre déterminé : cette zone des qualificatifs se subdivise ainsi en une série de positions particulières), 4. **-ra'a**, suffixe de nominalisation, 5. **-hia**, suffixe de pseudo-passif, 6. directionnels, 7. déictiques.

12.2. ASPECTUELS

Les morphèmes aspectuels sont : **e, i, tē, 'ua, 'a, 'ia, nō, mai, 'oi**. La référence temporelle ou aspectuelle de chacun est souvent nuancée et précisée par leur combinaison avec un directionnel et/ou un déictique. L'aspectuel est parfois omis lorsque la proposition comprend un directionnel et un déictique et, dans un syntagme impératif, si le lexème noyau a plus de deux syllabes (*cf.* ci-dessous, § 12.2.9).

12.2.1. e

La particule **e** indique l'aspect inaccompli. Elle est également fréquente en proposition indépendante et en proposition subordonnée.

12.2.1.1. En proposition indépendante

En proposition indépendante, l'aspect inaccompli se spécifie, selon les contextes, en diverses nuances :

- futur :

(12.7) e   tae   mai   'oia   ānānahi   (= ex. 2.1)
ASP arriver DIR 3S demain
"Il arrivera demain"

(12.8) e   ua-hia   'araua'e
ASP pleuvoir-PASS tout à l'heure
"Il va pleuvoir tout à l'heure"

(12.9) e Noera noa māua i Le Mans nei
ASP Noël RES 1Dincl PP LOC DEI
"Nous passerons Noël ici au Mans"

- injonction atténuée ou polie :

(12.10) e pīpī 'oe i te tiare
ASP arroser 2S PP ART fleur
"Tu arroseras les fleurs"

(12.11) e inu 'oe i terā rā'au, e maita'i roa tō 'oe
ASP boire 2S PP DEM médicament ASP guérir INT POS 2S

ma'i
mal
"Prends ce médicament, et ton mal sera complètement guéri"

(12.12) e rave te rima
ASP prendre ART main
"Prends !" (*litt.* que la main prenne)

- obligation :

(12.13) e fa'aro'o i te metua
ASP obéir PP ART parent
"Il faut obéir aux parents" ou "On obéit aux parents !"

(12.14) e hi'o te mata
ASP regarder ART œil
"Il faut regarder" (*litt.* que l'œil regarde)

- présent général :

(12.15) e 'amu te ta'ata Tahiti i te i'a ota
ASP manger ART homme NP PP ART poisson cru
"Les Tahitiens mangent du poisson cru"

(12.16) e ha'uti te tupapa'u i te pō
ASP jouer ART fantôme PP ART nuit
"Les esprits tourmentent" (*litt.* jouent) la nuit

(12.17) e pinepine tā-na va'a i te 'ite-hia nā te pae a'au
ASP souvent POS-3S pirogue PP ART voir-PASS PP ART côté récif
"On voit souvent sa pirogue (*litt.* sa pirogue (est) souvent à l'être vue) du côté du récif"

- habituel passé :

(12.18) i muta'a iho ra, e haere mātou i Vaihi
PP passé DIR DEI ASP aller 1Pexcl PP NP
"Autrefois, nous allions à Hawaii"

(12.19) i te mātāmua e pure te Mā'ohi i ni'a i te
PP ART commencement ASP prier ART NP PP LOC PP ART

marae
marae
"Jadis, les Tahitiens priaient sur des marae"

12.2.1.2. En proposition subordonnée

e a des emplois analogues en proposition subordonnée, notamment après négation (**e'ita**). Exemples :

(12.20) e'ita mātou e haere i Huahine
NEG 1Pexcl ASP aller PP NP
"Nous n'irons pas à Huahine"

(12.21) i te mātāmua e'ita te Mā'ohi e pure i roto
PP ART commencement NEG ART NP ASP prier PP LOC

i te fare purera'a
PP ART maison prière
"Jadis les Tahitiens ne priaient pas dans des églises"

ou après un autre prédicat :

(12.22) i te pō te tupapa'u e ha'uti ai
PP ART nuit ART fantôme ASP jouer ANA
"C'est la nuit que les esprits tourmentent"

(12.23) nā te ra'atira e parau
PP ART chef ASP parler
"C'est le chef qui va parler"

Il est fréquent notamment dans les enchaînements de prédicats pour exprimer un procès qui doit en suivre un autre immédiatement (*cf.* § 7.1.1) :

(12.24) 'ua haere 'o Tihoni e ti'i i te faraoa
ASP aller ID NP ASP chercher PP ART pain
"Tihoni est allé chercher le pain"

(12.25) 'ua ha'amata atu ra rātou e tātā'i i te 'ē'aturu
ASP commencer DIR DEI 3P ASP réparer PP ART pont
"Ils ont commencé à réparer le pont"

(12.26) **'ua ti'i au iā 'Oehau e haere mai e tauturu**
ASP chercher 1S PP NP ASP aller DIR ASP aider

iā-'u
PP-1S

"Je suis allée chercher Oehau pour qu'elle vienne m'aider"

(cette phrase comprend deux prédicats subordonnés en **e**),

(12.27) **'ua parau atu 'o Tama i te mau tamari'ie haere I**
ASP dire DIR ID NP PP ART PL enfant ASP aller PP

rāpae
LOC

"Tama a dit aux enfants de sortir"

(12.28) **'ua pāpa'i mai 'o Hina i te rata e tārahu mātou**
ASP écrire DIR ID NP PP ART lettre ASP louer 1Pexcl

i te fare nō-na
PP ART maison PP-3S

"Hina nous a demandé par lettre de louer (*litt.* a écrit une lettre que nous louions) une maison pour elle"

Il se trouve aussi dans les relatives :

(12.29) **te ta'ata e fa'ahapa i teie ture…**
ART homme ASP violer PP DEM loi

"L'homme qui violera cette loi…"

(12.30) **'o te 'orometua tē reva anānahi**
ID ART pasteur ART+ASP partir demain

"C'est le pasteur qui partira demain"

(12.31) **'o Marama tē hīmene**
ID NP ART+ASP chanter

"C'est Marama qui va chanter"

Dans ces deux dernières phrases, l'aspectuel **e** est contracté avec l'article **te** introducteur de la relative (**te + e → tē**).

12.2.1.3. Autres emplois en proposition subordonnée

Dans les propositions subordonnées, **e** a en outre des fonctions qu'il n'a pas en proposition indépendante, car il se substitue aux aspectuels **tē**, **'ua** et **'a** usités en indépendante, mais exclus en subordonnée.

Substitué à **tē**, l'aspectuel **e** exprime le progressif, c'est-à-dire le procès en cours au moment de l'énonciation ou à un moment de référence quelconque. C'est le cas notamment avec la négation, qui est alors **'aita** :

(12.32a) tē   haruru nei te   mātini
         ART+ASP gronder DEI ART moteur
"Le moteur est en marche"

(12.32b) 'aita te mātini e haruru nei
"Le moteur n'est pas en marche"

(12.33a) i   tō-na   taera'a mai, tē   tāmā'a ra 'oe
        PP POS-3S arrivée DIR ART+ASP dîner   REI 2S
"Lorsqu'il est arrivé, tu étais en train de dîner"

(12.33b) i tōna taera'a mai, 'aita 'oe e   tāmā'a ra
"Lorsqu'il est arrivé, tu n'étais pas en train de dîner"

Exemple d'autre type de subordination :

(12.34a) tē   parau atu nei au
         ART+ASP dire   DIR DEI 1S
"Je te [le] dis" ou "Je vous parle"

(12.34b) 'o vau e   parau atu nei, 'a fa'aro'o mai !
        ID 1S   ASP dire   DIR DEI ASP écouter DIR
"Moi qui vous parle, écoutez-moi"

(12.34c) nā-'u e parau atu nei
"C'est moi qui te le dis"

e est substitué à **'ua** dans le cas de la négation des "verbes défectifs" ; la négation est **'aita**, *cf.* § 4.2.2.

e est substitué à **'a** en emploi impératif dans l'expression de la prohibition (avec **'eiaha**) :

(12.35a) 'a fa'aro'o i   tō   'oe māmā
        ASP obéir   PP POS 2S mère
"Obéis à ta mère"

(12.35b) 'eiaha e   fa'aro'o i tō 'oe māmā
"N'obéis pas à ta mère"

12.2.2. tē

tē ne s'emploie qu'en proposition indépendante. Il est toujours accompagné d'un déictique, **nei**, **na** ou **ra**. Il indique essentiellement le progressif, c'est-à-dire le procès en cours au moment de l'énonciation ou à un moment de référence dans le passé. Avec **nei**, il marque le progressif présent :

(12.36) **tē ua nei**
ASP pleuvoir DEI
"Il pleut" (en ce moment)

(12.37) **tē fātata nei mātou i te fenua**
ASP approcher DEI 1Pexcl PP ART terre
"Nous approchons de la terre"

(12.38) **tē poria nei 'oe**
ASP grossir DEI 2S
"Tu es en train de grossir"

(12.39) **tē paraparau nei te 'orometua**
ASP bavarder DEI ART pasteur
"Le pasteur est en train de bavarder"

Mais le progressif présent peut aussi être indiqué par **tē... na**, si le procès a lieu à proximité de l'interlocuteur :

(12.40) **tē aha na 'oe**
ASP faire quoi DEI 2S
"Qu'es-tu en train de faire ?"

et par **tē... ra** s'il a lieu à distance :

(12.41) **tē reva ra te pahī**
ASP partir DEI ART bateau
"Le bateau est en train de partir" (là-bas)

Le progressif passé est indiqué par **tē... ra** ou, rarement, **tē...na** exemples :

(12.42) **tē ua ra iā rātou i tae mai**
ASP pleuvoir DEI PP 3P ART arriver DIR
"Il pleuvait quand ils sont arrivés"

(12.43) **tē taoto ra 'o Manio i te topara'a o te ua**
ASP dormir DEI ID NP PP ART tombée PP ART pluie
"Manio dormait quand il a plu"

(12.44) **tē ta'oto na 'o Manio iā mātou i haere atu**
ASP dormir DEI ID NP PP 1Pexcl ASP aller DIR
"Manio dormait chez vous quand nous sommes arrivés"

(12.45) **tē pārahi ra i muta'a iho i Nu'uhiva te hō'ē**
ASP habiter DEI PP LOC DIR PP LOC ART un
vahine 'o Puturua te i'oa (HF 465)
femme ID NP ART nom
"Autrefois vivait à Nukuhiva une femme nommée Puturua"

tē... ra peut aussi référer au futur proche et indiquer l'action imminente :

(12.46) tē pō ra
 ASP nuit DEI
 "Il commence à faire nuit"

(12.47) tē reva ra mātou
 ASP partir DEI 1Pexcl
 "Nous partons" (nous sommes en partance/allons partir)

(12.48) tē haere ra rātou i te ha'api'ira'a
 ASP aller DEI 3P PP ART école
 "Ils sont sur le point de partir pour l'école"

D'autre part, **tē** peut exprimer l'action habituelle, avec **nei** pour le présent, avec **na** ou **ra** pour le passé :

(12.49) tē 'amu nei te ta'ata Tahiti i te i'a ota
 ASP manger DEI ART homme NP PP ART poisson cru
 "Les Tahitiens mangent du poisson cru"

(12.50) tē tatau-hia na te ta'ata i te 'anotau tahito
 ASP tatouer-PASS DEI ART homme PP ART temps ancien
 "Autrefois on tatouait les gens"

(12.51) tē hopu-hia ra te pārau i Tupai
 ASP plonger-PASS DEI ART nacre PP LOC
 "La plonge de la nacre se faisait à Tupai" (autrefois)

Dans cet emploi **tē** est en concurrence avec **e** : comparer (12.49) et, ci-dessus, (12.15) ; en employant **tē** le locuteur s'implique davantage dans l'affirmation du fait, alors que le tour avec **e** est plus neutre.

12.2.3. i

L'aspectuel **i**, marque d'accompli, est peu employé en proposition indépendante, mais très fréquent en proposition subordonnée.

12.2.3.1. En proposition indépendante

En proposition indépendante, **i** n'a guère que trois emplois dans la langue contemporaine. D'une part, avec le déictique **na**, il réfère à un procès qui a eu lieu antérieurement et ailleurs. Exemples :

(12.52) i ta'oto na vau
 ASP dormir DEI 1S
 "J'ai dormi" (quelque part avant de venir ici)

(12.53) i hīmene na tā-'u tamāhine ināpō
ASP chanter DEI POS-1S fille hier soir
"Ma fille a chanté hier soir" (avant de venir ici)

(12.54) i fa'aara atu na te 'orometua iā 'outou
ASP prévenir DIR DEI ART pasteur PP 2P
"Le pasteur vous avait prévenus"

D'autre part, avec un directionnel et le déictique **ra** ou le déictique **nei**, il indique un procès qui a eu lieu et s'est achevé récemment :

(12.55) i tuō atu ra vau iā rātou
ASP appeler DIR DEI 1S PP 3P
"Je viens de les appeler"

Avec **nei** la phrase indique que le procès a eu lieu à l'endroit même de l'énonciation :

(12.56) i haere mai nei tō 'oe hoa
ASP aller DIR DEI POS 2S ami
"Ton ami est venu ici" (mais il n'y est plus)

(12.57) i parau a'e nei au iā-na
ASP parler DIR DEI 1S PP-3S
"Je viens de lui parler"

L'emploi du directionnel **iho** suggère un passé immédiat :

(12.58) i tāmā'a iho nei au
ASP manger DIR DEI 1S
"Je viens juste de manger"

(12.59) i fa'aro'o iho nei 'outou i tā tātou fa'anahora'a
ASP entendre DIR DEI 2P PP POS 1Pincl programme

Ve'a Tahiti (GA 217)
journal NP
"Vous venez d'entendre notre programme "Le journal de Tahiti"" (à la radio)

En troisième lieu, **i** peut aussi indiquer qu'un procès a failli se produire (*cf.* **nō**, ci-dessous, § 12.2.7) :

(12.60) i topa 'o Tama i raro
ASP tomber ID NP PP LOC
"Tama a failli tomber"

(12.61) i   pararī   te   ha'amāramarama   i   te   pōpō
         ASP être cassé ART fenêtre   PP   ART ballon
"Le ballon a failli casser la vitre"

On a l'impression que le propre de l'aspectuel **i** est d'indiquer non seulement que le procès est achevé, mais qu'il est séparé du moment du discours par une coupure, qui peut être un changement de lieu (*cf.* ex. 12.52 et 12.53) ou un changement de situation (*cf.* ex. 12.56), ou même l'absence de réalisation (*cf.* ex. 12.60 et 12.61). Autrement dit, il est accompli (ou manqué) purement et simplement, sans conséquence pertinente dans le moment présent. En cela **i** s'opposerait à **'ua**, dont la valeur originelle est celle d'un parfait.

12.2.3.2. En proposition subordonnée

En proposition subordonnée, **i** se substitue à **'ua** dans tous ses emplois à l'exception des verbes "défectifs" (*cf.* § 2.1.9). C'est le cas notamment avec la négation, qui est alors **'aita** ou **'aore**. Exemples :

(12.62a) **'ua   tāmā'a   'o   Tama**
          ASP   manger   ID   NP
"Tama a mangé" (pris son repas)

(12.62b) **'aita 'o Tama i tāmā'a**
"Tama n'a pas mangé"

(12.63a) **'ua   pō**
          ASP   nuit
"Il fait nuit"

(12.63b) **'aita i pō**
"Il ne fait pas nuit"

Exemples d'autres types de subordonnées :

(12.64a) **'ua   tāmā   'o   Tina   i   te   fare**
          ASP   nettoyer ID   NP   PP   ART maison
"Tina a nettoyé la maison"

(12.64b) **nā Tina i tāmā i te fare**
"C'est Tina qui a nettoyé la maison"

(12.65a) **'ua   pa'apa'a   te   fare**
          ASP   brûler   ART   maison
"La maison a brûlé"

(12.65b) **nō   Teri'i   te   fare   i   pa'apa'a**
          PP   NP   ART   maison   ASP brûler
"La maison qui a brûlé est à Terii"

(12.66a) **'ua tae mai 'o te matahiapo**
ASP arriver DIR ID ART aîné
"L'aîné est arrivé"

(12.66b) **'o te matahiapo te-i tae mai**
ID ART aîné ART-ASP arriver DIR
"C'est l'aîné qui est arrivé"

(12.67) **nō 'oe rātou i fa'aea atu ai**
PP 2S 3P ASP rester DIR ANA
"C'est à cause de toi qu'ils sont restés"

12.2.4. 'ua

L'aspectuel **'ua** ne s'emploie qu'en proposition indépendante. Il indique proprement l'état, résultant ou non, mais il s'emploie couramment aussi dans la narration.

Avec les verbes d'action, il a valeur de parfait, c'est-à-dire exprime l'état résultant d'un procès achevé antérieurement. Exemples :

(12.68) **'ua reva te pahī**
ASP partir ART bateau
"Le bateau est parti"

(12.69) **'ua horo te mau tamari'i**
ASP courir ART PL enfant
"Les enfants se sont enfuis"

Avec les verbes dénotant un état, les prédicats en **'ua** expriment simplement l'état. Exemples :

(12.70) **'ua ao**
ASP jour
"Il fait jour"

(12.71) **'ua haruru te mātini**
ASP gronder ART moteur
"Le moteur tourne"

(12.72) **'ua hora ono 'e te 'āfa**
ASP heure six et ART moitié
"Il est six heures et demie"

Dans le cas des verbes "défectifs", les prédicats en **'ua** prennent une nuance exclamative (*cf.* § 11.2.2). Exemples :

(12.73) **'ua ta'ata**
ASP homme
"Il y a bien du monde !"

(12.74) **'ua miti**
ASP mer
"[Comme] la mer est agitée !"

Sans indication contextuelle particulière, comme dans les exemples précédents, les formes en **'ua** réfèrent au présent. Dans des contextes appropriés, elles peuvent référer aussi bien au futur ou au passé. Exemples :

(12.75) **ānānahi i te hora hitu, 'ua reva tātou**
demain PP ART heure sept ASP partir 1Pincl
"Demain à sept heures, nous serons partis"

(12.76) **'ua po'ia roa 'oe inapō**
ASP faim INT 2S hier soir
"Tu avais rudement faim hier soir !"

Les formes en **'ua**, accompagnées d'un directionnel et d'un déictique, fonctionnent d'autre part comme passé narratif. Le déictique est le plus souvent **ra**, mais **nei** est parfois employé pour donner un tour plus vif au récit. Exemples :

(12.77) **('ua) tae mai ra rātou, ('ua) hopu iho ra i te**
(ASP) arriver DIR DEI 3P (ASP) se baigner DIR DEI PP ART

pape 'ē ('ua) tāmā'a atu ra
eau et (ASP) manger DIR DEI
"Ils arrivèrent, se baignèrent et prirent ensuite leur repas"

Remarquer dans cet exemple le choix des directionnels, **mai** avec le premier verbe ("ici", lieu de référence), **iho** avec le second ("sur place"), **atu** avec le troisième ("ensuite") : cette séquence est préférée dans le récit d'actions successives.

(12.78) **'ua haere mai nei tō 'oe hoa, ('ua) vai iho i**
ASP aller DIR DEI POS 2S ami (ASP) laisser DIR PP

tā-na pūtē 'ē 'ua ho'i fa'ahou atu ra
POS-1S sac et ASP revenir de nouveau DIR DEI
"Ton ami est venu, il a déposé son sac, puis il est reparti (vers vous)"

Dans cet emploi, notamment dans le cas d'une séquence narrative, comme dans (12.77), l'aspectuel est souvent omis, *cf.* ci-dessous, § 12.2.10.

Les emplois des quatre aspectuels **e, tē, i, 'ua,** leur forme (brève pour **e, i,** plus étoffée pour **tē, 'ua**), l'exclusion de **tē** et **'ua** des propositions subordonnées et l'emploi plus abondant de **i** dans la langue "classique" du XIXe siècle suggèrent une hypothèse sur le système aspectuel en usage dans un état de langue antérieur. Ce système serait bâti sur les mêmes principes que dans diverses autres langues[11]. L'opposition fondamentale serait entre inaccompli (**e**) et accompli (**i**). La combinaison de cette opposition avec un point de référence donne naissance au progressif (procès en cours, **tē**) et au parfait (état résultant, **'ua**). Ces deux derniers aspects sont marqués par rapport aux aspects fondamentaux, inaccompli et accompli. Ils ne sont possibles que dans l'énonciation primaire, c'est-à-dire en proposition non subordonnée, car, impliquant une référence au moment de l'énonciation (les autres points de référence possibles en dérivent par translation), ils sont en rapport direct avec le discours.

Le système actuel dériverait du précédent par un processus d'un genre bien connu. L'aspectuel **'ua**, proprement marque du parfait, a étendu ses emplois au détriment de **i** et est devenu le moyen le plus ordinaire du récit des faits passés ; **i** s'est trouvé cantonné (en proposition indépendante) à quelques emplois particuliers. L'évolution serait en gros la même que celle qui, en français parlé, a fait du passé composé le temps du récit et qui, dans diverses langues, a abouti à substituer un ancien parfait à un ancien aoriste. La spécificité du tahitien est que l'opposition de base inaccompli/accompli (**e/i**) subsiste en proposition subordonnée.

12.2.5. 'a

L'aspectuel **'a** réfère fondamentalement au point initial d'un procès, d'où le nom d'"inceptif" qu'on a donné aux formes verbales qu'il constitue. Mais il convoie des sens divers selon la construction et le contexte. Il s'emploie en proposition indépendante, en proposition subordonnée directe ou conjonctive et dans des propositions en parataxe.

12.2.5.1. En proposition indépendante

En proposition indépendante, il a le plus souvent valeur d'injonctif :

(12.79)   **'a   'amu   i   tā   'oe   rā'au !**
            ASP   manger   PP   POS   2S   médicament
            "Prends ton médicament !"

(12.80)   **'a   rave   mai   i   terā   'āfata !**
            ASP   prendre   DIR   PP   DEM   caisse
            "Saisis cette caisse !"

L'addition du déictique **na** donne à l'injonction une allure moins brutale ou plus précise (**na** réfère à la sphère de l'interlocuteur). Exemples :

(12.81)   **'a   'āfa'i   mai   na   i   te   faraoa !**
            ASP   apporter   DIR   DEI   PP   ART   pain
            "Apporte (un peu) le pain, s'il te plaît"

---

11. Notamment des langues sémitiques, *cf.* D. Cohen, *L'aspect verbal*, Paris 1989.

Un prédicat injonctif en **'a** peut avoir un sujet :

(12.82) **'a hīmene na tātou !**
ASP chanter DEI 1Pincl
"Chantons !"

(12.83) **'a fa'aro'o te tari'a !**
ASP écouter ART oreille
"Écoute !" (*litt.* que l'oreille écoute)

(12.84) **'a parau te vaha !**
"Parle !" (*litt.* que la bouche parle)

Dans l'emploi injonctif, l'aspectuel est souvent omis, dans certaines conditions, *cf.* ci-dessous, § 12.2.10.

L'aspectuel **'a** peut aussi, dans un contexte approprié, référer à un procès imminent. C'est souvent un événement qu'il est souhaitable d'éviter (*cf.* § 10.3.4). Exemples :

(12.85) **'a topa 'o 'Aiū i roto i te pape**
ASP tomber ID NP PP LOC PP ART eau
"[Attention !] Bébé va tomber dans l'eau"

(12.86) **'a pohe te mau tiare i tā 'oe rā'au**
ASP mourir ART PL fleur PP POS 2S drogue
"Tu vas faire mourir les fleurs avec tes produits" (*litt.* les fleurs vont mourir de tes drogues)

(12.87) **tē tupohe ra vau i te auahi, 'a pa'apa'a te fare**
ASP éteindre DEI 1S PP ART feu ASP brûler ART maison
"Je vais éteindre le feu, la maison risque de brûler"

(12.88) **tē tui ra vau i tā-'u hei, 'a maemae te tiare**
ASP enfiler DEI 1S PP POS-1S guirlande ASP faner ART fleur
"Je vais enfiler ma guirlande, [sinon] les fleurs vont se faner"

La phrase peut au contraire indiquer l'indifférence à l'événement imminent :

(12.89) **'a mata'i atu**
ASP venter DIR
"Il peut bien venter !" (cela m'est égal)

(12.90) **'a 'aihere (atu) te 'aua**
ASP brousse (DIR) ART cour
"La cour peut bien s'embroussailler !" (je m'en moque)

Un prédicat en **'a** précédant un autre prédicat peut indiquer une relation temporelle, "quand" (*cf.* § 10.3.4). Exemple :

(12.91)   'a   tae   nā   'aito   nei   i   Papeto'ai, tē   'ite   nei
ASP arriver ART guerrier DEI PP LOC   ASP voir DEI

rāua   **ē...**   (HF 468)
3D   que

"Quand les deux guerriers arrivent à Papeto'ai, ils voient que..."

Un prédicat en **'a** avec **noa atu ā**, précédant un autre prédicat, indique une nuance concessive (*cf.* § 10.2.4).

Sur un emploi de **'a** (avec **ai**) en phrase exclamative, *cf.* § 11.2.3.

12.2.5.2. En proposition subordonnée

Un prédicat en **'a** avec **ai**, subordonné à un autre prédicat, qui le précède ou le suit, indique succession ou concomitance (*cf.* § 7.1.3). Exemple :

(12.92)   **'ia fa'aine   māite   tō-na   ra   feiā mana 'a   haere**
ASP s'apprêter soigneusement POS-3S DEI gens officiel ASP aller

ai   i   mua i   tō-na   aro   (GA 183)
ANA PP LOC PP POS-3S face

"Que ses officiers s'apprêtent soigneusement quand ils se rendront/avant de se rendre en sa présence"

'a...ai s'emploie régulièrement après la conjonction **hou** (ou **nā mua**) "avant que" (*cf.* § 9.2.1) et l'expression **'a tahi** "c'est à l'instant que" ou "c'est la première fois que" (*cf.* § 7.4). Exemples :

(12.93)   **hou   'oia   'a   reva ai,   'ua   haere mai 'oia e   aroha iā**
CONJ 3S   ASP   partir ANA ASP aller DIR 3S   ASP saluer PP

mātou
1Pexcl

"Avant de partir, il est venu nous saluer"

(12.94)   **'a tahi (roa) nei au   'a   haere mai ai   i   'ō   nei**
ASP   (INT) DEI 1S   ASP   aller   DIR ANA PP ici DEI

"C'est (bien) la première fois que je viens ici"

12.2.5.3. En parataxe

En parataxe, on a souvent deux prédicats en **'a** en divers emplois plus ou moins idiomatiques (*cf.* § 10.3.4) ; on rappelle ici quelques exemples :

(12.95)   **'a ti'a   'a parau !**
ASP se lever ASP parler

"Lève-toi et parle !"

(12.96) 'a hi'o i raro 'a topa 'oe i roto i te 'apo'o
ASP regarder PP LOC ASP tomber 2S PP LOC PP ART trou
"Regarde par terre, [sinon] tu vas tomber dans le trou"

(12.97) 'a taui noa atu tō 'oe mana'o, 'a fa'a'ite mai !
ASP changer RES DIR POS 2S avis ASP informer DIR
"Si tu changes d'avis, avertis-nous"

(12.98) 'a ta'i 'ona 'a ta'i !
ASP pleurer 3S ASP pleurer
"S'il veut pleurer, qu'il pleure !"

12.2.6. 'ia

L'aspectuel **'ia** s'emploie en proposition indépendante et d'autre part en liaison avec d'autres prédicats.

12.2.6.1. En proposition indépendante

En proposition indépendante, il a un sens optatif :

(12.99) 'ia manuia 'outou !
ASP réussir 2P
"Puissiez-vous réussir !"

(12.100) 'ia maita'i te tere !
ASP bon ART voyage
"Bon voyage !"

Il peut prendre valeur injonctive :

(12.101) 'ia oti terā 'ohipa !
ASP finir DEM travail
"Que ce travail soit terminé !

C'est le cas en particulier lorsqu'il est suivi de **e ti'a ai** *litt.* "de sorte que ce soit droit, juste", expression servant à exprimer l'obligation. Exemple :

(12.102) 'ia fa'aoti 'oe i teie 'ohipa nō ānānahi e ti'a ai
ASP achever 2S PP DEM travail PP demain ASP droit ANA
"Il faut que tu finisses ce travail pour demain"

12.2.6.2. En liaison avec un autre prédicat

En liaison avec un autre prédicat, **'ia** a deux emplois.

D'une part, il suit des propositions exprimant ou impliquant le désir, l'intention (*cf.* § 7.1.2). Exemples :

(12.103) tē   hina'aro nei au   'ia haere pauroa mai 'outou i
        ASP   vouloir DEI 1S   ASP aller tout   DIR 2P   PP

te   fare
ART   maison

"Je voudrais que vous veniez tous à la maison"

(12.104) tē   'opani-hia   nei te   ta'ata 'ia tomo i   roto i
        ASP   fermer-PASS DEI ART homme ASP entrer PP LOC PP

te   fare
ART   maison

"Il est interdit (aux gens) d'entrer dans la maison"

(12.105) 'a   tāmau i   te   'ōpani 'ia 'ore te   pua'atoro 'ia ora
        ASP   fermer PP ART   porte ASP NEG   ART vache   ASP s'échapper

"Ferme la porte afin que les vaches ne s'échappent pas"

(12.106) 'a   'amu   i   terā mā'a   'ia   pau
        ASP   manger PP   DEM   nourriture ASP   épuisé

"Termine ce plat" (*litt.* mange cette nourriture pour/de sorte qu'elle soit épuisée)

D'autre part, précédant ou suivant un autre prédicat, il indique une relation temporelle ; dans cet emploi, il est souvent accompagné de **ana'e** "seulement, exclusivement" (*cf.* § 10.2.2). Il réfère le plus souvent au futur et peut avoir un sens conditionnel (potentiel). Exemples :

(12.107) 'ia   haere 'oe i   te   'oire 'a   fa'a'ite mai
        ASP   aller 2S   PP   ART   ville ASP   avertir DIR

"Quand tu iras/Si tu vas en ville, avertis-moi"

(12.108) e   pārahi au   'ia   pārahi 'oe
        ASP   s'asseoir 1S ASP   s'asseoir 2S

"Je m'assoirai quand tu t'assoiras/si tu t'assois"

(12.109) e   tae   mai rātou 'ia   fa'aoti   te   teata
        ASP   arriver DIR 3P   ASP   se terminer ART   film

"Ils arriveront quand le film sera terminé"

(12.110) 'ia   tae   ana'e   mai rātou 'ua fa'aoti   te   teata
        ASP   arriver seulement DIR 3P   ASP se terminer ART   film

"Quand ils arriveront, le film sera terminé"

Il peut référer à un procès habituel :

(12.111) **i te mau hepetoma ato'a, 'ia haere mai 'oia, e 'oa'oa**
PP ART PL semaine tout ASP aller DIR 3S ASP joyeux

mātou
1Pexcl

"Toutes les semaines, quand il vient, nous sommes contents"

Il réfère parfois à un événement du passé, en contexte approprié :

(12.112) **'ia tae 'oia i Mo'orea, fārerei atu ra i tō-na**
ASP arriver 3S PP LOC rencontrer DIR DEI PP POS-3S

mau fēti'i
PL parent

"Lorsqu'il arriva à Moorea, il rencontra ses parents"

(12.113) **'ia tae 'o Kae iā Puturua, 'ua hahaeha'a atu 'oia**
ASP arriver ID NP PP NP ASP s'abaisser DIR 3S

iā-na ē... (HF 466)
PP-3S que

"Quand Kae arriva auprès de Puturua, il lui demanda très humblement…"

12.2.7 nō

L'aspectuel **nō**, accompagné de **noa**, indique un procès accompli peu avant le moment de l'énonciation ou un moment de référence. Exemples :

(12.114) **nō reva noa atu ra 'ona**
ASP partir RES DIR DEI 3S

"Il vient de partir"

(12.115) **nō 'ite noa atu ra vau iā-na**
ASP voir RES DIR DEI 1S PP-3S

"Je viens de le voir"

Il peut référer au passé :

(12.116) **patē a'e ra te oē, 'ua hora ahuru, nō ti'a noa**
sonner DIR DEI ART cloche ASP heure dix ASP se lever RES

mai ra 'o Tihoni
DIR DEI ID NP

"La cloche sonna ; il était dix heures ; Tihoni venait de se lever"

12.2.8. 'oi

oi indique qu'un événement a failli avoir lieu (*cf.* **i**, § 12.2.3.1). Exemples :

(12.117) **'oi topa 'o 'Aiū**
       ASP tomber ID NP
       "Bébé a failli tomber"

(12.118) **'oi tupu te tama'i i rotopū iā Farani 'e iā**
       ASP avoir lieu ART guerre PP LOC PP NP et PP

       Paratane (PN)
       NP
       "La guerre a failli éclater entre la France et l'Angleterre"

12.2.9. mai

mai a deux emplois. D'une part il indique, comme **'oi** et comme **i**, qu'un événement a failli avoir lieu. Exemple :

(12.119) **mai pararī te ha'amāramarama i te pōpō**
       ASP cassé ART fenêtre PP ART ballon
       "Le ballon a failli casser la vitre"

D'autre part, rarement, il forme un hortatif. Exemple :

(12.120) **mai hōho'i i tō tāua fa'a i Ha'apiti** (HF 429)
       ASP revenir(duel) PP POS 1Dincl vallée PP LOC
       "Retournons à notre vallée à Haapiti"

Vu la divergence de ces deux sens, on peut penser qu'il s'agit de deux morphèmes différents homophones.

12.2.10. Absence d'aspectuel

Une forme verbale peut être dénuée de particule aspectuelle dans certaines conditions bien déterminées.

D'une part, dans la narration, en particulier dans des phrases énonçant une succession d'événements, lorsque le syntagme verbal comprend un directionnel et un déictique ; *cf.* ci-dessus § 12.2.4 et ex. (12.77). Exemples :

(12.121) **fa'aea atu ra 'o Tepa iā Vahine, fānau mai ra tā**
       rester DIR DEI ID NP PP NP naître DIR DEI POS

       rāua e piti tamari'i
       3D NUM deux enfant
       "Tepa prit alors pour femme Vahine, il leur naquit deux enfants"

(12.122) **tae mai ra 'oia, pārahi iho ra, rave mai ra i**
arriver DIR DEI 3S s'asseoir DIR DEI prendre DIR DEI PP

te ve'a, tai'o iho ra, vare'a atu ra ('oia) i te
ART journal lire DIR DEI s'endormir DIR DEI (3S) PP ART

ta'oto (GA 179)
sommeil

"Il arriva, s'assit, prit le journal, lut, puis s'endormit"

D'autre part, à l'impératif, lorsque le lexème verbal a au moins trois syllabes, la particule **'a** peut manquer :

(12.123) **hōro'a mai i te mōmona !**
donner DIR PP ART bonbon
"Donne-moi un bonbon"

(12.124) **hīmene mai i te hīmene o Ta'aroa !**
chanter DIR PP ART chant PP NP
"Chante-nous le chant de Taaroa"

12.3. QUALIFICATIFS

Le lexème central du syntagme verbal, c'est-à-dire celui qui suit immédiatement l'aspectuel, peut être lui-même suivi de divers qualificatifs. Parmi ceux-ci il est commode de distinguer :

- des lexèmes variés comme : **vave** "tôt, vite", **'oi'oi** "vite", **maita'i** ", bon, bien", **rahi** "grand, grandement", **haere** "aller", **rima** "main, à la main", etc ;

- des morphèmes qu'on peut considérer comme grammaticaux : **roa** "très, beaucoup", **noa** "seulement, spontanément, librement, continûment", **ato'a** "aussi", **ana'e** "seulement", **fa'ahou** " recommencer, de nouveau"[12], etc.

12.3.1. Types de qualificatifs

Quelques-uns des lexèmes susceptibles de qualifier une FV n'ont pas d'autre fonction : c'est le cas de **vave** "bientôt", **māite** "lentement, doucement" :

---

12. La place de **fa'ahou** au sein du syntagme, parmi les qualificatifs grammaticaux (*cf.* ex. 12.158) suggère qu'il doit, dans cet emploi, être considéré comme un morphème grammatical plutôt que comme un lexème.

(12.125) 'ua haere vave rātou i te teata
        ASP aller bientôt 3P PP ART cinéma
        "Ils sont vite allés au cinéma"

Mais la plupart entrent aussi dans d'autres USB, par exemple : **marū** "doux, doucement", **'oi'oi** "rapide, vite", **maita'i** "bon, bien", **'ino** "mauvais, mal", **maoro** "long, longtemps", **rahi** "grand, grandement", **fa'ahou** "recommencer, de nouveau", **haere** "aller", **(fa'a)pohe** "(faire) mourir". Exemples :

(12.126) 'ua tāmau maita'i te mau tamari'ii tā rātou parau
        ASP fixer bien ART PL enfant PP POS 3P parole
        "Les enfants ont bien appris leur leçon"

(12.127) 'ua vaha rahi te vahine ra
        ASP crier grand ART femme DEI
        "La femme là-bas crie fort"

(12.128) e reva fa'ahou te peretiteni i Farani i teie
        ASP partir de nouveau ART président PP LOC PP DEM

    hepetoma i mua
    semaine P LOC
        "Le président repart pour la France la semaine prochaine"

(12.129) 'ua ori haere maoro 'oia nā tahatai
        ASP se promener aller longtemps 3S PP rivage
        "Il s'est promené très longtemps sur la plage"

(12.130) e taparahi fa'apohe roa 'ona i te mau moa i teie
        ASP frapper faire mourir INT 3S PP ART PL coq PP DEM

    motu (LT 62)
    îlot
        "Il tuera tous les coqs sur cet îlot"

En particulier, on trouve en position de qualificatifs d'une FV des lexèmes aptes à former aussi bien des FN. Exemple :

(12.131) 'ua rave rima 'o Teri'i i te i'a
        ASP prendre main ID NP PP ART poisson
        "Terii a attrapé le poisson à la main"

Dans cette phrase, le lexème **rima**, qui le plus souvent s'emploie dans une FV, fonctionne, au sein du syntagme verbal, comme qualificatif.

Certains lexèmes sont fréquemment employés en fonction de qualificatifs. C'est le cas de **haere** "aller", qui, combiné ou non avec **noa**, indique un procès accompli çà et là ou simplement qui se prolonge. Exemples :

(12.132) **'ua 'imi   haere   noa   rātou   i   te   tia'a   nā   te**
        ASP chercher aller RES   3P   PP   ART   chaussure   PP   ART

       mau   fare   toa
       PL   maison vente

       "Ils ont cherché (partout) des chaussures dans les magasins"

(12.133) **tē   māta'ita'i haere nei   'o   Heimata   i   teie   Vāhi**
        ASP   contempler aller DEI   OD   NP   PP   DEM   lieu

       maere   roa   (TM 13)
       étonnant INT

       "Heimata ne cessait de contempler cet endroit merveilleux"

tā'ue "jeter" indique au contraire un événement qui se produit tout d'un coup. Exemple :

(12.134) **ara   tā'ue   noa   a'e   nei   'o   Hiro**   (LT 48)
        s'éveiller jeter   RES   DIR   DEI   ID   NP

       "Hiro s'éveilla tout à coup"

ti'a "debout, droit" tend aussi à fonctionner comme un qualificatif spécifique de prédicats verbaux. Exemples :

(12.135) **'ua   'afaro   ti'a   te   tamari'i   i   ni'a   i   te   'aira'amā'a**
        ASP   droit   debout   ART   enfant   PP   LOC   PP   ART   table

       rahi
       grand

       "Les enfants se sont précipités tout droit sur la grande table"

'ē "autre, différent" indique un écart, un éloignement :

(12.136) **'ua   tāpū   ta'a   'ē   'oia   i   te   'āma'a   pē**
        ASP   couper séparé   autre   3S   PP   ART   branche   pourri

       "Il a coupé (et écarté) la branche pourrie"

12.3.2. Incorporation de lexèmes

On a cité ci-dessus le cas des lexèmes employés comme qualificatifs d'une FV alors qu'ils fonctionnent par ailleurs ordinairement comme constituants de FN, ex. (12.131). Voici d'autres exemples :

(12.137) **te   mau   mea   tā-'u   i   'ite   mata   'ē   tā-'u   i**
        ART   PL   chose   POS-1S   ASP   voir   œil   et   POS-1S   ASP

       fa'aro'o   tari'a...
       entendre   oreille

       "Les choses que j'ai vues de mes yeux et entendues de mes oreilles..."

(12.138) 'ua   topa   turi   mai   ra   'ona
          ASP   tomber genou   DIR   DEI   3S
   "Il est tombé à genoux"

(12.139) tē   fa'ahoro pereo'o ra   'o Tama i   'ō
          ASP conduire voiture DEI ID   NP   PP LOC
   "Tama conduit des voitures" ou "Tama est conducteur de voitures"

Les lexèmes en question sont des noms de parties du corps dans (12.131), (12.137) et (12.138), mais d'autres lexèmes peuvent fonctionner de même, comme le montre (12.139. Le propre de ces emplois est que ces lexèmes (sous forme de FN) pourraient, en principe, figurer dans ces phrases en fonction de compléments, alors que dans les exemples ci-dessus ils se trouvent incorporés au syntagme verbal. Ils expriment dans (12.131) et (12.137) un moyen, dans (12.138) une position, dans (12.139) un objet. Mais il y a une nuance importante entre les mêmes lexèmes en fonction de complément du prédicat et en fonction de qualificatif intégré au syntagme verbal ; comparer (12.139) et (12.140) :

(12.140) tē   fa'ahoro ra   'o Tama i te pereo'o i   'ō
   "Tama conduit la/une voiture là-bas"

Dans (12.140) le complément (d'objet) réfère à une voiture identifiable, alors que dans (12.139) il ne s'agit que de la notion de voiture en général. Dans (12.139) le lexème verbal et le lexème qualificatif sont étroitement associés et forment une unité sémantique : (12.139) signifie que Tama fait de la conduite de voiture(s), est conducteur de voiture(s), non qu'il conduit telle voiture particulière.

Comme le montrent les exemples cités ci-dessus, la relation conceptuelle entre le procès dénoté par le verbe et l'objet en question est variable (moyen, position, objet de l'action, etc.), mais elle n'est pas exprimée dans la construction à incorporation autrement que comme une qualification non spécifiée.

12.3.3. roa, noa

Parmi les morphèmes grammaticaux susceptibles de qualifier le verbe, les particules **roa** et **noa** sont particulièrement fréquentes.

roa est un intensif[13], indiquant le haut degré ou la complétude :

(12.141) 'ua   mauruuru roa   vau
          ASP   content   INT   1S
   "Je suis très content"

---

13. **roa** et **noa** sont, par convention, glosés respectivement INT[ensif] et RES[trictif].

(12.142) **'ua oti roa te 'ohipa i te rave-hia**
ASP finir INT ART travail PP ART faire-PASS
"Le travail est complètement terminé"

(12.143) **'ua haere roa vau e fārerei i te tōmitera teitei**
ASP aller INT 1S ASP rencontrer PP ART commissaire haut
"J'ai été jusqu'à voir le Haut Commissaire"

noa exprime l'idée de "ne faire que" ce qu'indique le lexème verbal, ce qui peut signifier que le procès est borné à cela ou qu'il se développe librement ; il se traduira, selon le cas, "seulement, simplement, sans plus", ou "sans cause, de soi-même, spontanément", ou encore "sans interruption, sans cesse, continuellement". Exemples :

(12.144) **tē ori haere noa nei au**
ASP se promener aller RES DEI 1S
"Je me promène simplement" ou "Je ne fais que me promener"

(12.145) **i te fa'aro'o noa i te reo o te 'orometua,**
PP ART entendre RES PP ART voix PP ART maître

  māmu noa atu ra te mau tamari'i
  se taire RES DIR DEI ART PL enfant
  "Rien qu'en entendant la voix du maître, les enfants se turent (spontanément)"

(12.146) **'a haere marū noa**
ASP aller lent RES
"Allez toujours, lentement"

noa peut prendre un sens adversatif :

(12.147) **e 'ōpani-hia te ta'ata 'ia haere i ni'a i teie fenua**
ASP fermer-PASS ART homme ASP aller PP LOC PP DEM terre

  'a haere noa ana'e (GA 204)
  ASP aller RES tout
  "Il est interdit au public d'aller sur ce terrain ; allons-y quand même"

Sur les emplois de **noa** dans les propositions en parataxe, *cf.* § 10.2.1-4.

12.3.4. Autres qualificatifs grammaticaux

ato'a signifie "aussi, également" :

(12.148) **'ua haere ato'a rātou i te mātete**
ASP aller aussi 3P PP ART marché
"Ils sont allés aussi au marché"

pā'āto'a et tā'āto'a signifient "tout, en entier" et "tous" :

(12.149) 'ua haere pā'āto'a mātou
       ASP aller aussi 1Pexcl
       "Nous (y) sommes allés tous ensemble"

(12.150) 'ua tunu-tā'āto'a-hia te i'a
       ASP cuire-tout-PASS ART poisson
       "Le poisson a été cuit tout entier"

pauroa, de **pau** "épuisé" + **roa**, signifie également "tout, tous, sans exception" :

(12.151) 'ua tae pauroa mai rātou
       ASP arriver tous DIR 3P
       "Ils sont tous venus"

ana'e a deux emplois. D'une part il peut aussi rendre l'idée de "tout, tous" ou "seul", par opposition aux autres :

(12.152) **haere ana'e tātou**
       aller tous 1Pincl
       "Allons-y tous (rien que nous)"

D'autre part, il est fréquent dans des propositions en parataxe pour indiquer une relation temporelle, *cf.* § 10.2.5.

ana, avec l'aspectuel **e**, indique l'habitude au passé :

(12.153) e 'amu ana mātou i te rori
       ASP manger ASP 1Pexcl PP ART holothurie
       "Nous avions l'habitude de manger des holothuries"

(12.154) e pure ana te ta'ata Tahiti i ni'a i te marae
       ASP prier ASP ART homme NP PP LOC PP ART marae

       i te tau tahito
       PP ART temps ancien
       "Les Tahitiens priaient (habituellement) autrefois sur les marae"

12.3.5. Ordre des qualificatifs

Les qualificatifs se suivent dans un ordre déterminé par des règles. En général les lexèmes précèdent les morphèmes grammaticaux. Il peut y avoir plus d'un lexème qualificatif. Exemples :

(12.155) 'ua tupu maita'i rahi tā-na mau tiare
       ASP pousser bien grand POS-3S PL fleur
       "Ses fleurs ont très bien poussé"

(12.156) **'ua ori haere maoro 'oia nā tahatai**
ASP se promener aller long 3S PP rivage
"Il s'est promené très longtemps sur la plage"

Lexèmes et qualificatifs grammaticaux se combinent librement :

(12.157) **tē ori haere noa nei au**
ASP se promener aller RES DEI 1S
"Je me promène simplement"

(12.158) **'ua haere pā'āto'a fa'ahou noa ato'a ana'e mai rātou**
ASP aller tout de nouveau RES aussi seul DIR 3P
"Ils sont tous aussi revenus seuls"

L'ordre dans lequel se suivent les qualificatifs grammaticaux semble être le suivant : **pauroa, pā'āto'a** ou **tā'āto'a** - **fa'ahou** - **roa** ou **noa** - **ato'a** - **ana'e**.

12.4. LE MORPHÈME -ra'a

Le morphème **-ra'a**, suffixe de dérivation (*cf.* § 21.5.3), sert à nominaliser des syntagmes verbaux. Il s'emploie aussi comme une sorte de particule dans des tours idiomatiques (*cf.* § 11.4). On indique ici seulement la façon dont il se combine avec un syntagme verbal (§ 12.4.1) et les nuances sémantiques qu'il porte (§ 12.4. 2).

12.4.1. Agencement

-ra'a est généralement associé à la nominalisation du syntagme verbal, l'article **te** remplaçant l'aspectuel. Il s'affixe au lexème central si celui-ci n'est suivi d'aucun qualificatif. Exemples :

(12.159) **tei hea 'oe i te fa'aea-ra'a ?**
PP où 2S PP ART demeurer-SUF
"Où habites-tu ?" (*litt.* où es-tu au demeurer ?)

S'il y a un ou plusieurs qualificatifs, **-ra'a** se place après le dernier :

(12.160) **'ua 'ite au iā-na i te rave-'ore-ra'a i tā-na**
ASP voir 1S PP-3S PP ART faire-NEG-SUF PP POS-3S

'ohipa (GA 191)
travail
"Je l'ai vu qui ne faisait pas son travail" (*litt.* je l'ai vu au non-faire son travail)

(12.161) 'ua   'ite au iā-na   i   te   ori-haere-noa-ra'a
ASP   voir 1S PP-3S PP ART se promener-aller-RES-SUF
"Je l'ai vu qui se promenait"

La séquence comportant **-ra'a** peut être suivie d'un complément, objet ou autre :

(12.162) 'ua māuiui 'oia nō te   inu-'ore-ra'a i   tā-na   rā'au
ASP souffrir 3S PP ART boire-NEG-SUF PP POS-3S médicament
"Il souffre pour n'avoir pas pris son médicament"

(12.163) 'ua   haere 'oia i   te   fare   ma'i   nō   tō-na
ASP   aller 3S   PP ART maison maladie PP POS-3S

māuiui-noa-ra'a i   te   pō
souffrir-RES-SUF PP ART nuit
"Il est allé à l'hôpital parce qu'il souffrait la nuit"

Elle peut encore être suivie du sujet construit, comme avec le syntagme verbal, sans relateur :

(12.164) 'ua   'ite au i   te   pa'apa'a-ra'a te   fare
ASP   voir 1S PP ART brûler-SUF   ART maison
"J'ai vu la maison brûler"

Mais le sujet peut aussi se construire en complément possessif :

(12.165) **inānahi tō-na   reva-ra'a**
hier   POS-3S partir-SUF
"C'est hier qu'il est parti" (*litt.* hier (fut) son partir)

Sur la syntaxe des nominalisations, *cf.* § 18.

12.4.2. Sémantique

Le morphème **-ra'a** n'est pas un instrument de nominalisation pure et simple (qui ne serait pas nécessaire, puisque tout lexème entrant dans une FV peut aussi constituer une FN). Il convoie un sens plus concret : il peut désigner le lieu du procès, le moment où il a lieu, son objet, la manière dont il s'effectue, son résultat, bref toute espèce de circonstances dans lesquelles le procès s'accomplit. Voici des exemples :

- Lieu :

    pārahi-ra'a "siège" (**pārahi** "s'asseoir"), **tau-ra'a** "perchoir, terrain d'atterrissage" (**tau** "se poser"), **'ai-ra'a-mā'a** "table" (**'ai** "manger", **mā'a** "nourriture"),

(12.166) i Pape'ete tō-na pohe-ra'a
PP LOC POS-3S mourir-SUF
"C'est à Papeete qu'il est mort"

(12.167) **tei Ra'iatea tō-na rave-ra'a i te 'ohipa i teie nei**
PP LOC POS-3S faire-SUF PP ART travail PP DEM DEI
"C'est à Raiatea qu'il travaille maintenant"

(12.168) **tei reira te mau pahī i te tere-haere-ra'a**
PP LOC ART PL bateau PP ART voyager-aller-SUF
"Là voguent les navires"

(12.169) **'eiaha e pā'oti i terā 'ahu nā te 'ā'ano-ra'a, 'a**
NEG ASP couper PP DEM étoffe PP ART large-SUF ASP

pā'oti rā nā te roa-ra'a (GA 47)
couper mais PP ART long-SUF
"Ne coupe pas cette étoffe suivant la largeur, mais coupe suivant la longueur"

- Temps :

 tae-ra'a "arrivée" (tae "arriver"), **reva-ra'a** "départ" (**reva** "partir"), **hotu-ra'a** "moment de la fructification" (**hotu** "produire, fructifier"), **'āpī-ra'a** "jeunesse" (**'āpī** "nouveau, jeune"),

(12.170) **inānahi tō-na reva-ra'a**
hier POS-3S partir-SUF
"C'est hier qu'il est parti"

(12.171) **'o tō-na ia tae-ra'a mai**
ID POS-3S ANA arriver-SUF DIR
"C'est alors qu'il arriva" (*litt.* (ce fut) alors son arrivée)

(12.172) **i te ta'oto-ra'a 'oe i ua ai** (Ra 168)
PP ART dormir-SUF 2S ART pleuvoir ANA
"C'est pendant que tu dormais qu'il a plu"

(12.173) **i te tae-ra'a atu 'oia i te 'ohipa, 'ua tae**
PP ART arriver-SUF DIR 3S PP ART travail ASP arriver

ato'a mai te paoti (GA 190)
aussi DIR ART patron
"Comme il arrivait au travail, le patron arriva aussi"

- Objet :

(12.174) **'o 'oe tā-'u mana'o-ra'a** (Ra 171)
ID 2S POS-1S penser-SUF
"Tu es l'objet de mes pensées"

(12.175) **'o vau te hi'o-ra'a a te ta'ata i te 'oire** (Ra 171)
ID 1S ART regarder-SUF PP ART homme PP ART ville
"Je suis le point de mire des gens en ville"

(12.176) **e aha te ata-ra'a e noa'a ai ?** (Ra 171)
I quoi ART rire-SUF ASP être obtenu ANA
"Qu'est-ce qui peut donner matière à rire ?" (*litt.* qu'y a-t-il (à cause de quoi) l'objet du rire sera obtenu ?)

- Manière :

(12.177) **tā-na te reira pāpa'i-ra'a** (Ra 170)
POS-3S ART ANA écrire-SUF
"C'est son écriture" (*litt.* (est) la sienne cette manière d'écrire)

(12.178) **'ua 'ite au i te rave-ra'a** (Ra 170)
ASP savoir 1S PP ART faire-SUF
"Je sais comment m'y prendre"

(12.179) **mea 'ē roa tō-na hāmani-ra'a** (Ra 171)
chose différent INT POS-3S faire-SUF
"Il est fait de façon peu ordinaire"

- Résultat :

ha'avā-ra'a "jugement" (d'un juge, **ha'avā** "juger"), **rahi-ra'a** "majorité, grand nombre" (**rahi** "grand, nombreux"), **'āpo'o-ra'a** "assemblée, conseil" (**'āpo'o** "se réunir")

(12.180) **'ua fa'ati'a te rahi-ra'a o te ta'ata i te mana'o**
ASP accepter ART nombreux-SUF PP ART homme PP ART idée

    o te tāvana
PP ART chef
"La majorité a accepté l'idée du chef"

- Circonstances diverses ou ensemble de circonstances :

hīmene-ra'a "séance de chant"   (**hīmene** "chanter"),
huna-ra'a "enterrement"   (**huna** "enterrer"),
tāmā'a-ra'a "repas, festin"   (**tāmā'a** "prendre un repas")
paraparau-ra'a "conférence"   (**paraparau** "parler, conférer")
fa'atere-ra'a "direction, gouvernement"   (**fa'atere** "gouverner")

(12.181) i   'ō   vau   i   te   'ohi-haere-noa-ra'a   i   te   'autara'a
PP   là   1S   PP ART ramasser-aller-RES-SUF PP ART badamier
"J'étais là-bas à ramasser des badamiers"

(12.182) i   te   mana'o-ato'a-ra'a   'oe   e   haere   i   'ō !
PP ART penser-aussi-SUF   2S   ASP   aller   PP   là
"Quelle idée aussi tu as eue d'y aller !" (*litt.* tu (es/as été) à penser aussi (que tu) ailles là)

C'est sans doute l'effet de concrétisation propre au morphème **-ra'a** qui explique le fait que, dans certains tours, un syntagme verbal nominalisé comporte **-ra'a** s'il réfère au passé, mais non s'il réfère au futur ; comparer (12.183a) et (12.183b), (12.184a) et (12.184b) :

(12.183a) 'ua   rave 'oia   i   te   hora hau   nō   tō   rātou
ASP faire 3S PP ART heure supplément PP POS 3P

fa'aue-ra'a   mai iā-na   (GA 200)
demander-SUF DIR PP-3S
"Il a fait des heures supplémentaires parce qu'ils le lui ont demandé" (*litt.* pour leur demander à lui)

(12.183b) 'ua rave 'oia i te hora hau nō te 'aufau i tā-na
                                                 PP ART payer PP POS-PR

tārahu   (GA 196)
dette
"Il a fait des heures supplémentaires pour régler sa dette"

(12.184a) 'ua māuiui 'oia nō te inu-'ore-ra'a i tā-na
ASP souffrir 3S PP ART boire-NEG-SUF PP POS-3S

rā'au   (GA 200)
médicament
"Il souffre pour n'avoir pas pris son médicament"

(12.184b) 'ua tāpū-hia 'oia nō te 'imi i te tumu o
ASP opérer-PASS 3S PP ART chercher PP ART cause PP

tō-na ma'i (GA 196)
POS-3S maladie
"On l'a opéré pour chercher la cause de sa maladie"

On a de même (12.185a), mais jamais (12.185b), avec l'aspectuel **e** :

(12.185a) 'ua nehenehe-hia 'ona i te poria-ra'a-hia
ASP beau-PASS 3S PP ART gras-SUF-PASS
"Elle est devenue plus belle en grossissant"

LES SYNTAGMES

(12.185b) *****e nehenehe-hia 'ona i te poria-ra'a-hia**
"Elle deviendra plus belle..."

Une forme en **-ra'a** peut fonctionner comme qualificatif. Exemple (= ex. 7.16) :

(12.186) **'a   tīa'i   noa   atu   ai   i   te   taime   tāpe'a-ra'a...** (GA 286)
ASP attendre RES DIR ANA PP ART temps accoster-SUF
"En attendant le moment d'accoster, ..."

12.5. PSEUDO-PASSIF

La marque de pseudo-passif **-hia** suit les qualificatifs (et éventuellement le suffixe **-ra'a**) :

(12.187) **'ua   tāpū-'āfaro-roa-hia   te   'ahu**[14]   (GA 210)
ASP couper-droit-INT-PASS ART tissu
"Le tissu a été coupé bien droit"

(12.188) **e   tāpū-fa'ata'a-'ē-roa-hia   tō-na   rima**
ASP couper-séparer-autre-INT-PASS POS-3S bras
"Son bras sera amputé"

Lorsqu'un verbe "pseudo-passif" suffixé en **-a** (*cf.* § 21.5.1) est affecté de qualificatifs, il doit aussi, dans certains cas, être affecté du morphème **-hia** :

(12.189) **e   tao'a   te-i   'itea-pāpū-roa-hia   e   au** (GA 211)
ASP chose ART-ASP être vu-sûr-très-PASS PP 1S
"Il y a une chose que j'ai vue très clairement" (*litt.* qui été vue très clairement par moi)

Les séquences comportant à la fois le nominalisateur **-ra'a** et le morphème **-hia** combinent les valeurs conférées par **-ra'a** (*cf.* § 12.4) avec celles de **-hia** :

(12.190) **'ua   pātia-hia   'ona   nō   tō-na   hohoni-ra'a-hia   e   te**
ASP piquer-PASS 3S PP POS-3S mordre-SUF-PASS PP ART

pua'a   (GA 200)
cochon
"On lui a fait une piqûre parce qu'il a été mordu par un cochon"

---

14. Lorsqu'un verbe suivi de qualificatif(s) est affecté du morphème **-hia**, l'usage est d'écrire avec des traits d'union tout ce qui précède ce morphème.

(12.191) **tei hea 'oe i te tuō-hia-noa-ra'a-hia ?**
PP où 2S PP ART appeler-PASS-RES-SUF-PASS
"Où étais-tu pendant qu'on t'appelait sans cesse ?"

(12.192) **te tama'i-ra'a-hia atu, te ta'i-ato'a-ra'a-hia e Timi**
ART gronder-SUF-PASS DIR ART pleurer-aussi-SUF-PASS PP NP
"À peine l'avait-on grondé que Timi se mettait à pleurer" (*litt.* le moment d'être grondé, le moment d'être pleuré par Timi)

Sur la construction et le sens des verbes affectés de **-hia**, *cf.* § 6.

Une forme en **-hia** peut fonctionner comme qualificatif, sans perdre la capacité d'être suivie d'un complément d'agent :

(12.193) **te 'ohipa here-hia e Fa'uai, 'o te hāmani ia i**
ART travail aimer-PASS PP NP ID ART faire ANA PP

te hei (HF 294)
ART couronne
"Le travail que Fauai aimait, c'était de faire des couronnes"

12.6. DIRECTIONNELS

Les directionnels **mai, atu, a'e, iho** sont très fréquents. Ils peuvent indiquer non seulement des directions, mais aussi des positions dans l'espace ou dans le temps, ainsi que des nuances diverses, qui dépendent partiellement du lexème verbal auquel ils sont associés.

12.6.1. mai

mai, comme directionnel proprement dit, marque qu'un mouvement ou un procès s'effectue en direction du locuteur. Exemples :

(12.194) **'a haere mai**
ASP aller DIR
"Viens"

(12.195) **a ti'i mai i te faraoa**
ASP chercher DIR PP ART pain
"Viens chercher le pain"

Il peut aussi indiquer une position dans l'espace situé en face du locuteur :

(12.196) **'a pārahi mai**
ASP s'asseoir DIR
"Assieds-toi" (en face de moi)

ou un lieu qu'il a en vue et éventuellement qu'il désigne du regard :

(12.197) **'a 'apo mai i te vī**
ASP attraper DIR PP ART mangue
"Attrape(-moi) la mangue"

mai peut servir à désigner le locuteur comme bénéficiaire :

(12.198) **'a hōroa mai na i te vī**
ASP donner DIR DEI PP ART mangue
"Donne-moi la mangue"

ou simplement qu'il est intéressé au procès :

(12.199) **'a tu'ama mai i te mōrī**
ASP allumer DIR PP ART lampe
"Allume-moi la lumière"

Il peut aussi indiquer une orientation, non vers le locuteur lui-même, mais vers la personne dont il est question dans le discours :

(12.200) **nā Teri'i te reira i parau mai iā-na**
PP NP ART ANA ASP dire DIR PP-3S
"C'est Terii qui le lui a dit"

Dans cette dernière phrase, le personnage auquel réfère le directionnel est celui qui fait l'objet du récit et qui, en l'occurrence, a reçu l'information de Terii ; c'est celui auquel s'intéresse le locuteur.

12.6.2. atu

atu indique la direction opposée à celle de **mai**. Il oriente généralement vers l'allocutaire, qu'il y ait mouvement réel ou métaphorique. Exemples :

(12.201) **tē haere atu nei au i tō 'oe fare**
ASP aller DIR DEI 1S PP POS 2S maison
"Je viens chez toi"

(12.202) **e haere atu te muto'i i te fare**
ASP aller DIR ART policier PP ART maison
"Les policiers viendront à la maison" (chez toi)

(12.203) **'a hi'o mai (na) tē hi'o atu nei au (iā 'oe)**
ASP regarder DIR (DEI) ASP regarder DIR DEI 1S (PP 2S)
"Regarde-moi — Je te regarde"

Il peut suffire à indiquer l'allocutaire comme destinataire ou bénéficiaire :

(12.204) e   hōroa   atu   'o   Apera i   tā   'oe   rata
          ASP   donner   DIR   ID   NP   PP   ART   2S   lettre
"Apera te remettra ta lettre"

atu peut aussi indiquer une orientation vers un point situé devant le locuteur, éventuellement au-delà de l'allocutaire :

(12.205) 'a   pārahi   atu
          ASP   s'asseoir   DIR
"Assieds-toi là-bas"

(12.206) e   parau   atu   'oe   ia   rāua   e   ho'i   mai
          ASP   dire   DIR   2S   PP   3D   ASP   revenir   DIR
Tu leur diras de revenir"

Il peut indiquer simplement l'éloignement par rapport à une personne ou un lieu de référence :

(12.207) **nā Teri'i terā   fare   i   hōro'a   atu   nō   Tihoni**
          PP   NP   DEM   maion   ASP   donner   DIR   PP   NP
"C'est Terii qui a donné cette maison à Tihoni"

La personne de référence est ici Terii.

(12.208) **haere atu   ra   'oia**
          aller   DIR   DEI   3S
"Il partit alors" (du lieu où il était, vers là-bas ou vers l'allocutaire)

12.6.3. a'e

a'e réfère à une position sur le côté ou derrière, en retrait, décalée par rapport au locuteur ou au point de référence, position qu'on atteint par un mouvement oblique. Exemples :

(12.209) 'a   parau   a'e   'oe
          ASP   parler   DIR   2S
"Parle, toi" (l'allocutaire se trouve sur le côté ou derrière le locuteur)

(12.210) 'a   pārahi   a'e
          ASP   s'asseoir   DIR
"Assieds-toi là" (à côté de moi et en retrait)

(12.211) 'a   hi'o   a'e
          ASP   regarder   DIR
"Regarde" (l'objet désigné est sur le locuteur ou derrière lui)

(12.212) **'ua haere a'e te taote i te fare**
　　　　ASP aller DIR ART docteur PP ART maison
　　　　"Le docteur est passé chez moi" (le locuteur n'est pas chez lui)

a'e peut aussi avoir valeur temporelle. Il réfère alors à une action qui a lieu après une autre :

(12.213) **e ho'i au i te fare, nā 'oe e haere a'e**
　　　　ASP revenir 1S PP ART maison PP 2S ASP aller DIR
　　　　"Je rentre à la maison, tu viendras m'y rejoindre"

Il peut indiquer le souhait :

(12.214) **'o Tama a'e tē reva !**
　　　　ID NP DIR ART+ASP partir
　　　　"Que ce soit Tama qui parte !"

a'e sert à lier des propositions en parataxe, notamment dans l'expression de l'hypothèse, *cf.* § 10.2.7.

12.6.4. iho

iho réfère au lieu même où se trouve la personne en question :

(12.215) **'a pārahi iho**
　　　　ASP s'asseoir DIR
　　　　"Assieds-toi" (où tu es)

(12.216) **'a tunu iho i te mā'a**
　　　　ASP cuire DIR PP ART nourriture
　　　　"Prépare à manger" (ici même, je m'en vais)

Il peut aussi, avec des verbes locatifs, indiquer un mouvement qui s'effectue à côté du lieu de l'énonciation ou le long d'un objet de référence :

(12.217) **erā te pahī e tere iho**
　　　　PRES ART bateau ASP naviguer DIR
　　　　"Voilà le bateau qui passe"

(12.218) **'a haere iho nā te purūmu, e haere au nā tahatai**
　　　　ASP aller DIR PP ART route ASP aller 1S PP LOC
　　　　"Va par la route, j'irai par le bord de mer"

12.7. DÉICTIQUES

Les trois déictiques **nei, na, ra** indiquent premièrement des positions dans l'espace. **nei** réfère au lieu du locuteur, **na** à celui de l'allocutaire, **ra** à celui du délocuté et à tout ce qui est loin. Ils peuvent aussi porter des références temporelles. Leur valeur dépend en partie de l'aspectuel du syntagme verbal dans lequel ils figurent et éventuellement aussi du directionnel avec lequel ils se combinent.

L'anaphorique **ai** appartient au même paradigme que les déictiques, ce qui signifie qu'il ne peut être en concurrence avec eux. Sur les emplois de **ai**, *cf.* § 3.1.

12.7.1. Avec l'aspectuel tē

L'aspectuel **tē** impose la présence d'un déictique (*cf.* ci-dessus, § 12.2.2). Au sens locatif, **nei, na** et **ra** accompagnent les énoncés respectivement à la première, à la deuxième et à la troisième personne. Exemples :

(12.219) e aha tā 'oe e 'imi na ? tē 'imi nei au i
 I quoi POS 2S ASP chercher DEI ASP chercher DEI 1S PP

 tā-'u tipi
 POS-1S couteau

 "Que cherches-tu (là) ? — Je cherche mon couteau (ici)"

(12.220) tē reva ra te pahī
 ASP partir DEI ART bateau
 "Le bateau est en train de partir (là-bas)"

Dans la première phrase de (12.219), l'aspectuel **e** est substitué à **tē** en proposition subordonnée.

En valeur temporelle, **nei** réfère le plus souvent au présent, **ra** au passé, ceci à toutes les personnes. Exemples :

(12.221) tē tai'o nei 'oe i te ve'a
 ASP lire DEI 2S PP ART journal
 "Tu es en train de lire le journal"

(12.222) i tō-na taera'a mai, tē tāmā'a ra 'oe
 PP POS-3S arrivée DIR ASP dîner DEI 2S
 "À son arrivée, tu étais en train de dîner"

ra avec **tē** peut aussi indiquer l'action imminente :

(12.223) tē haere ra mātou
 ASP aller DEI 1Pexcl
 "Nous allons partir"

12.7.2. Avec les aspectuels 'ua et i

Dans l'énoncé d'événements passés (avec **'ua** ou **i**), on emploie généralement **ra,** parfois **na** ; **ra** tend à indiquer un passé plus éloigné que **na** :

(12.224) i   'amu   na   'oia   i   te   vī   tā   'oe   i   pofa'i   ra
ASP manger DEI 3S PP ART mangue POS 2S ASP cueillir DEI
"Il a mangé la mangue que tu avais cueillie"

Sur **i...na**, *cf.* ci-dessus, § 12.2.3.1.

nei, avec l'aspectuel **i** et un directionnel, **mai**, **a'e** ou **iho**, peut indiquer le passé immédiat par rapport à un moment de référence :

(12.225) i   tāpū   a'e   nei   'oia   i   te   faraoa
ASP couper DIR DEI 3S PP ART pain
"Il venait de couper le pain"

(12.226) i   haere   a'e   nei   'oia   i   te   mātete
ASP aller DIR DEI 3S PP ART marché
"Il venait d'aller au marché"

Sur les phrases dépourvues d'aspectuel, mais comprenant directionnel et déictique dans la narration, *cf.* ci-dessus, § 12.2.10.

12.7.3. Avec les aspectuels 'a et 'ia

na accompagne volontiers l'aspectuel **'a** en fonction d'impératif, *cf.* ci-dessus, § 12.2.5.1. Il peut aussi accompagner **'ia** en fonction optative. Exemple :

(12.227) 'ia   ora   na   'oe !
ASP vivre DEI 2S
"Bonjour" (*litt.* puisses-tu vivre !)

12.7.4. Avec l'aspectuel e

L'aspectuel **e** est rarement accompagné d'un déictique, excepté lorsqu'il se substitue à **tē** en proposition subordonnée, c'est-à-dire lorsqu'il a valeur de progressif, ex.(12.219), ci-dessus.

13. SYNTAGMES QUASI-VERBAUX

13.1. GÉNÉRALITÉS

Les séquences formées de la préposition **nā** suivie d'une forme nominale ou d'un locatif peuvent être précédées d'un aspectuel. Les expressions ainsi constituées, que nous avons appelées quasi-verbes (QV, *cf.* § 1.2.3), sont naturellement prédicatives et se comportent comme des formes verbales. Exemples :

(13.1)   **'ua nā terā vāhi 'oia i te haere**
           ASP PP DEM lieu 3S PP ART aller
"Il est passé par cet endroit" (*litt.* il (a été) par ce lieu à l'aller)

(13.2)   **'ua nā ni'a mai rātou i te pahī**
           ASP PP LOC DIR 3P PP ART bateau
"Ils sont venus en bateau" (*litt.* ils (ont été) par dessus au bateau)

(13.3)   **e nā mua 'oe i te parau**
           ASP PP LOC 2S PP ART parole
"Tu parleras avant (les autres)" (*litt.* tu (seras) avant au parler)

(13.4)   **e nā reira 'oe iā-'u**
           ASP PP LOC 2S PP-1S
"Tu me traiteras ainsi" (*litt.* tu (feras) par là avec moi)

(13.5)   **'ua nā te aro mou'a atu te tu'āne** (HF 393)
           ASP PP ART face mont DIR ART frère
"Le frère (pour l'ascension) prit par la face de la montagne"

En particulier, **nā hea** ou **nā fea** "par où ?" = "comment ?", employé comme QV, est fréquent au sens de "faire comment ?" ou "parler comment ?", c'est-à-dire "dire quoi ?". Exemples :

(13.6)   **e nā hea i te i'a ? e tunu pa'a**
           ASP PP où PP ART poisson ASP cuire griller
"Comment [allons-nous faire] le poisson ? — [Nous allons le] griller"

(13.7)   **tē nā hea mai ra 'o Merehau ?**
           ASP PP où DIR DEI ID MP
"Que nous dit Merehau ?"

nā 'ō "par là" est usuel au sens de "parler, dire" :

(13.8)   **'ua nā 'ō mai 'o Teri'i...**
           ASP PP là DIR ID NP
"Terii nous a dit..."

13.2. DIVERS

Comme dans le cas des FV (*cf.* ci-dessus, § 2.1.7 et § 12.2.10), le QV peut être dénué d'aspectuel dans une narration, lorsque le syntagme comprend un directionnel et un déictique. Exemple :

(13.9) **nā 'ō noa atu ra 'ona ē...**
   PP là RES DIR DEI 3S que
   "Alors il dit..."

Les QVs peuvent, comme les verbes, être mis au pseudo-passif, avec les mêmes effets sémantiques que dans le cas de verbes intransitifs (*cf.* § 6) :

(13.10) **'ē 'ua nā reira-hia**
   et ASP PP LOC-PASS
   "Et il en fut ainsi" (*litt.* (la chose) devint ainsi)

(13.11) **'ua nā ni'a-hia 'oia i te manureva i te fa'areva**
   ASP PP LOC-PASS 3S PP ART avion PP ART faire partir
   "Il a été évacué en avion" (*litt.* a été par-dessus en avion à l'évacuation)

14. LE SYNTAGME NOMINAL

14.1. GÉNÉRALITÉS

Les syntagmes nominaux ont pour noyau une forme nominale (FN, *cf.* § 1.2.1), c'est-à-dire, le plus souvent, un lexème précédé d'un article. Ils peuvent comprendre divers autres éléments, à savoir : une marque de pluriel ou d'autres quantifieurs, des qualificatifs, un directionnel, un déictique, à quoi peut s'ajouter un déterminant possessif, figurant soit immédiatement après l'article soit après le lexème noyau et ses qualificatifs. Exemples (les syntagmes nominaux sont mis entre accolades) :

(14.1) **hōroa mai ā i {te tahi mohina pia}**
   donner DIR encore PP ART un bouteille bière
   "Donne-moi encore une autre bouteille de bière"

(14.2) tē mātaʻitaʻi nei {ʻo Heimata} i {teie vāhi maere
     ASP regarder DEI ID NP PP DEM lieu merveille

roa} (TM 13)
INT
"Heimata contemplait cet endroit merveilleux"

(14.3) nā {tā rātou mau tamariʻi ra} i rave i {terā ʻohipa}
     PP POS 3P PL enfant DEI ASP faire PP DEM travail
"Ce sont leurs enfants qui ont fait ce travail"

    Le syntagme nominal comprend, dans (14.1), un article, un quantifieur, le lexème noyau et un qualificatif. Dans (14.2), il y a deux syntagmes nominaux : le premier est réduit à un NP ; le second comprend un démonstratif, le lexème noyau et deux qualificatifs (un lexème et **roa**). (14.3) comporte aussi deux syntagmes nominaux, le premier comprenant un article possessif suivi d'un pronom (le possesseur), une marque de pluriel, le lexème noyau, un déictique, le second seulement un démonstratif et le lexème noyau.

    Les composants du syntagme nominal se suivent dans un ordre déterminé. On distingue les positions suivantes : 1. article (suivi éventuellement d'un déterminant possessif), 2. prédéterminants (cette zone peut comprendre plus d'un terme), 3. lexème noyau, 4. qualificatifs (cette zone se subdivise en plusieurs sous-positions), 5. déterminant possessif ; des déictiques et, quelquefois, des directionnels, peuvent en outre apparaître soit dans la deuxième zone soit après le lexème noyau et ses qualificatifs.

    Les syntagmes ayant pour noyau un nom propre ou un pronom présentent quelques particularités, *cf.* ci-dessous, § 14.8.

14.2. ARTICLES

    Les articles simples sont **te**, article général, **nā**, article paucal, **tau** et **nau** à valeur paucale également, **maʻa** partitif, **taua** et **ia**, articles anaphoriques. L'article **te** se combine avec divers éléments pour former les articles possessifs **tō** et **tā**. et les articles démonstratifs **teie, tenā, terā**.

14.2.1. te

    L'article **te** indique un référent défini, indéfini ou générique ; il se traduit en français, selon le cas, par un article défini, indéfini ou partitif, et parfois ne se traduit pas. Exemples :

(14.4) ʻua ʻite te tamariʻi i te ʻorometua i te matete
     ASP voir ART enfant PP ART pasteur PP ART marché
"Les enfants ont vu le pasteur au marché"

(14.5) 'ua 'amu te pi'ifare i te manu
ASP manger ART chat PP ART oiseau
"Le chat a mangé le/un oiseau"

(14.6) 'ua tahu te ta'ata i te auahi i teie vāhi
ASP allumer ART homme PP ART feu PP DEM lieu
"Quelqu'un a/Des gens ont fait du feu ici"

(14.7) 'ua inu rātou i te pape ha'ari
ASP boire 3P PP ART eau coco
"Ils ont bu de l'eau de coco"

(14.8) e tao'a pohe noa te ta'ata nei (GA 13)
I chose mourir RES ART homme DEI
"L'homme est mortel"

(14.9) e'ere terā i te manu
NEG DEM PP ART oiseau
"Cela n'est pas un oiseau"

(14.10) 'ua 'ite au i te parau paratāne
ASP savoir 1S PP ART parler anglais
"Je sais parler anglais"

(14.11) tē hina'aro nei au i te haere
ASP vouloir DEI 1S PP ART aller
"Je désire m'en aller"

(14.12) e mau tamari'i ha'apao maita'i 'e te auraro 'ē te
I PL enfant attention bon et ART obéir et ART

itoito (GA 14)
courage
"Ce sont des enfants bien attentifs, obéissants et courageux"

Un complément possessif peut suivre immédiatement l'article **te** ; dans ce cas celui-ci se contracte avec les prépositions **o** et **a** pour donner naissance aux articles possessifs **tō** et **tā** ; sur ces compléments possessifs, *cf.* ci-dessous, § 14.7.

14.2.2. Articles démonstratifs

teie, tenā, terā, formés de la combinaison de l'article **te** avec des éléments déictiques sont en rapport respectivement avec la 1ère personne, **teie** "ce/cette…-ci" (près de moi), la 2ème, **tenā** "ce/cette…-là" (près de toi), et la 3ème, **terā** "ce/cette…-là" (loin) ; ils peuvent référer à la position dans l'espace ou dans le temps ; exemples : **teie fare** "cette maison" (où nous sommes), **tenā**

puta "ce livre" (que tu tiens, lis, etc.), **terā ta'ata** "cette personne" (là-bas). Ils sont volontiers accompagnés de déictiques, exemple : **teie fenua nei** "ce pays, notre pays".

Les mêmes formes s'emploient aussi comme pronoms démonstratifs signifiant respectivement "celui/celle-ci", "celui/celle-là" :

(14.13) 'o   te   tāmuta   tenā
        ID ART charpentier   PRON
        "Celui-là est le charpentier"

(14.14) 'ua   reva   teie
        ASP partir PRON
        "Celui-ci part" ou "Je pars"

Comme l'indique la traduction de (14.14), le démonstratif de proximité peut désigner le locuteur lui-même.

14.2.3. nā

L'article **nā** a deux emplois. D'une part, il indique que les référents sont définis et vont par paire ou, moins souvent, sont en petit nombre : **nā mata** "les yeux", **nā rima** "les mains", **nā mētua** "les parents". Autres exemples :

(14.15) e   haere mai nā   vāhine   'ori   ānānahi
        ASP aller DIR ART femme(duel) danse demain
        "Les deux danseuses viendront demain"

(14.16) ('o) nā   vāhine   'ōhiti   oro   terā
         ID   ART femme(duel) cueillir fougère odorante DEM
        "Ce sont les deux cueilleuses de fougère"

(14.17) nā   tamāri'i (e   toru) a   Tetuanui, 'oia ho'i   'o   Maeva,
        ART   enfants   (NUM   trois) PP   NP   c'est-à-dire ID   NP

        'o   Tiare 'e 'o   Teri'i   (GA 16)
        ID   NP   et ID   NP
        "Les (trois) enfants de Tetuanui, à savoir : Maeva, Tiare et Terii"

D'autre part, il peut précéder un lexème suivi lui-même d'un nom de nombre quelconque ; dans ce cas il n'implique pas la définitude :

(14.18) tē   fa'aro'o   nei   au   ē   e   reva   nā   fa'aterehau
        ASP   entendre   DEI   1S   que ASP partir ART ministre

        e   maha   i   Farani
        NUM quatre PP   LOC
        "J'entends dire que les quatre ministres vont partir pour la France"

(14.19) 'ua 'ite au i nā va'a e piti hānere (GA 16)
ASP voir 1S PP ART pirogue NUM deux cent
"J'ai vu deux cents/les deux cents pirogues"

Le morphème **nā** a encore un autre emploi, non plus comme article, mais comme quantificateur après un article démonstratif ou possessif, *cf.* ci-dessous, §14.3.2.

> Ainsi **nā** a un double statut grammatical. D'une part, en position initiale du syntagme, il appartient au même paradigme que **te** : c'est un article. D'autre part, après les démonstratifs, comme **teie**, ex. (14.30) et les possessifs, comme **tōna**, ex. (14.31), qui sont des articles, il appartient au même paradigme que, par exemple, la marque de pluriel **mau**, et doit être rangé parmi les quantifieurs.

14.2.4. ma'a

Le morphème **ma'a** fonctionne comme une sorte d'article partitif, "un peu de, quelque" :

(14.20) hōro'a mai ma'a uaina
donner DIR un peu vin
"Donne-moi un peu de vin"

(14.21) 'a tunu mai na ma'a tupa iti nā tātou
ASP cuire DIR DEI un peu crabe petit PP 1Pincl
"Cuis-nous donc un peu de crabe"

Remarquer l'absence de la préposition **i** devant le syntagme objet commençant par **ma'a**. Cette particularité conduit à s'interroger sur le statut réel de ce morphème.

ma'a fonctionne aussi comme prédéterminant, *cf.* § 14.3.4 et *cf.* ex. (15.5), et peut-être comme un nom de nombre, *cf.* ex. (10.31).

14.2.5. taua

taua est un article anaphorique :

(14.22) 'ua fa'aro'o vau i taua 'a'ai nei
ASP entendre 1S PP histoire ART DEI
"J'ai entendu cette histoire (dont nous parlons)"

(14.23) i taua tau ra tē ora noa ra ia 'o Taneri'i
PP ART temps DEI ASP vivre RES DEI ANA ID NP
"En ce temps-là (en question) Tanerii vivait encore"

(14.24) 'ua ro'ohia taua vahine na i te ma'i
ASP être atteint ART femme DEI PP ART maladie
"Cette femme (que tu viens de citer) est tombée malade"

14.2.6. ia

L'anaphorique **ia** fonctionne aussi comme article :

(14.25) **'a reva ia tamari'i**
ASP partir ART enfant
"L'enfant en question est parti"

(14.26) **e hīmene-hia ia hīmene**
ASP chanter-PASS ART chant
"On chantera la chanson en question"

Sur les autres emplois de **ia**, *cf.* §§ 20.2, 20.3, 20.11.

14.3. PRÉDÉTERMINANTS

La deuxième zone, entre l'article et le lexème noyau, est celle des prédéterminants. Ce sont : des quantifieurs, **mau, tau, nau**, etc., les morphèmes **hō'ē** et **tahi** signifiant "un", **vetahi** "quelques, certains", et l'anaphorique **reira**.

14.3.1. mau

mau est la marque du pluriel illimité :

(14.27) **nā te mau tamari'i i 'amu i te faraoa**
P ART PL enfant ASP manger PP ART pain
"Ce sont les enfants qui ont mangé le pain"

(14.28) **'ua rave au i te mau puta**
ASP prendre 1S PP ART PL livre
"J'ai pris les livres"

Cette marque ne s'emploie que lorsqu'il paraît nécessaire d'indiquer explicitement qu'il s'agit d'une pluralité. Dans le cas contraire, elle est omise :

(14.29) **e pīpī 'oe i te tiare**
ASP arroser 2S PP ART fleur
"Tu arroseras les fleurs"

14.3.2. nā

nā, qui indique le nombre "deux", peut s'employer comme quantifieur après un article démonstratif ou possessif (mais non après l'article **te**, excepté en présence de **reira**, *cf.* § 14.3.9) :

LES SYNTAGMES

(14.30) 'o teie nā tamari'i tē fa'aea mai
        ID DEM QUAN enfant ART+ASP rester DIR
        "Ce sont ces deux enfants qui vont rester"

(14.31) 'ua tatau-hia tō-na nā 'āvae
        ASP tatouer-PASS POS-3S QUAN jambe
        "Ses (deux) jambes ont été tatouées"

Sur **nā** article, *cf.* § 14.2.3.

14.3.3. tau, nau

tau et **nau** indiquent un nombre restreint, "quelques, un certain nombre de". Ces deux particules sont incompatibles avec l'article **te** et les articles possessifs, mais compatibles avec les démonstratifs :

(14.32) 'ua fārerei au i teie nau poti'i i Farani
        ASP rencontrer 1S PP DEM PL fille PP LOC
        "J'ai rencontré ces (quelques) jeunes filles en France"

Sur l'emploi prédicatif de **tau, nau**, *cf.* § 15.

14.3.4. ma'a

ma'a "un peu, quelque(s)" fonctionne comme quantifieur ou prédéterminant diminutif :

(14.33) hōroa mai tō 'oe ma'a rima
        donner DIR POS 2S un peu main
        "Donne-moi ta petite main"

Sur **ma'a** article, *cf.* § 14.2.4.

14.3.5. Morphèmes indiquant une collectivité

Plusieurs morphèmes (ou lexèmes) servent à indiquer une collectivité. **hui** s'emploie dans le cas d'un ensemble de personnes appartenant à une même catégorie sociale et à qui on doit le respect :

(14.34) 'o te hui ari'i terā
        ID ART COLL roi PRON
        "Ce sont les nobles"

(14.35) 'ua haere mai te hui metua i te 'Apo'ora'a
        ASP aller DIR ART COLL parent PP ART conseil
        "Les parents sont venus au Conseil"

nana désigne un troupeau, **pu'e** un ensemble de choses, **feiā** une collectivité humaine ("gens").

<small>On peut aussi analyser autrement les syntagmes de ce genre, en prenant **hui, nana**, etc. comme lexème noyau et le lexème qui suit comme qualificatif.</small>

14.3.6. hō'ē

hō'ē signifie "un certain" ; il s'emploie toujours avec l'article **te** :

(14.36) **'ua 'ite au i te hō'ē ta'ata i tatahi**
ASP voir 1S PP ART un homme PP LOC
"J'ai vu quelqu'un (une certaine personne) sur la plage"

(14.37) **teie te hō'ē 'ohipa e au ia 'oe**
DEM ART un affaire ASP convenir PP 2S
"Voici quelque chose qui te convient"

(14.38) **i te hō'ē tau, mea 'āpī ā vau...**
PP ART un temps chose neuf encore 1S
"À une certaine époque, j'étais encore jeune..."

Sur **hō'ē** nom de nombre, "un", *cf.* § 16.1.

14.3.7. tahi, vetahi

tahi, également toujours avec **te**, est plus vague : il peut référer à une unité ou à une quantité indéterminée, "un quelconque, quelque". Exemples :

(14.39) **'ua tahu te tahi ta'ata i te auahi i teie vāhi**
ASP allumer ART un homme PP ART feu PP DEM lieu
"Quelqu'un (une personne) a fait du feu ici"

(14.40) **hōro'a mai na i te tahi vī**
donner DIR DEI PP ART un mangue
"Donne-moi une/un peu de mangue"

te hō'ē et **te tahi**, sans lexème noyau, fonctionnent comme pronoms. En contraste avec **te hō'ē** "l'un", mais parfois aussi seul, **te tahi** signifie "l'autre" ou "un autre" :

(14.41) **'o Tiare te i'oa o te hō'ē 'e 'o Maeva te i'oa**
ID NP ART nom PP ART un et ID NP ART nom

o te tahi (GA 15)
PP ART un
"L'une s'appelle Tiare, l'autre Maeva"

(14.42) **'o te tahi te-i haere mai**
ID ART un ART-ASP aller DIR
"C'est l'autre qui est venu"

(14.43) **hōro'a mai ā i te tahi mohina pia**
donner DIR encore PP ART un bouteille bière
"Donne-moi encore une autre une bouteille de bière"

On emploie aussi **te tahi ... te tahi** pour signifier "l'un... l'autre (ou : un autre)" :

(14.44) **'ua haere rātou, te tahi** (ou **te hō'ē**) **i tā-na ho'ora'a,**
ASP aller 3P ART un PP POS-3S commerce

te tahi i tā-na fa'a'apu
ART un PP POS-3S plantation
"Ils allèrent l'un à son commerce, l'autre à sa plantation"

vetahi "quelques, certains", rare, fonctionne comme prédéterminant (et aussi comme pronom, "quelques-uns, certains") :

(14.45) **te (ve)tahi 'ē a'e mau fenua**
ART certains autre DIR PL terre
"Les autres pays"

14.3.8. reira

reira, toujours avec **te**, est anaphorique :

(14.46) **'ua 'ite ānei 'oe i te va'a o Teri'i ? 'ē, e mea**
ASP voir INT 2S PP ART pirogue PP NP oui I chose

maita'i roa te reira va'a
bon INT ART ANA pirogue
"As-tu vu la pirogue de Terii ? — Oui, cette pirogue est très bien"

te reira, sans lexème noyau, est pronom :

(14.47) **'ua 'ite ato'a te ari'i i te reira** (HF 174)
ASP savoir aussi ART roi PP ART ANA
"Le roi savait cela aussi"

reira fonctionne par ailleurs comme locatif : **i reira** "là, alors", **nō reira** "de là, à cause de cela"[15].

---

15. **reira** est glosé ANA[phorique] quand il suit l'article et LOC (locatif) quand il suit une préposition.

14.3.9. Cumuls

tau se combine avec **nā,** qu'il précède :

(14.48) 'ua mātaro vau i teie tau   nā   tamahine
        ASP connaître 1S PP DEM quelques ART fille
        "Je connais ces (quelques) deux jeunes filles"

(14.49) 'ua ho'o   mai au i terā tau   nā hei   tiare
        ASP acheter DIR 1S PP DEM quelques ART couronne fleur
        "J'ai acheté ces quelques/deux couronnes de fleurs"

Les marques de pluriel peuvent se cumuler avec **hō'ē** et **tahi** : **te hō'ē mau** signifie "certains, des", **te tahi mau** "certains, d'autres, les autres". Exemple :

(14.50) 'ua tahu   te hō'ē mau ta'ata i   te auahi i teie vāhi
        ASP allumer certains   homme PP ART feu   PP DEM lieu
        "Des gens ont fait du feu ici"

On a de même **te hō'ē nau** (ou **tau**) et **te tahi nau** (ou **tau**) au sens de "quelques", **te tahi ma'a** au sens de "un peu". Exemples :

(14.51) 'ua tunu vau i te tahi nau fē'ī
        ASP cuire 1S   PP quelques   banane
        "J'ai cuit quelques bananes"

(14.52) ...e toe   te tahi ma'a moni
        ASP rester un peu   argent
        "...il reste un peu d'argent"

Cf. aussi (14.45), qui comporte quatre éléments dans la zone des prédéterminants.

Les déictiques et directionnels peuvent apparaître après des articles démonstratifs et se cumuler avec des quantifieurs :

(14.53) 'ua 'ite   ānei   'oe i teie nei nau ta'ata ?
        ASP connaître INTER 2S PP DEM DEI PL homme
        "Connais-tu ces quelques personnes-ci ?"

(14.54) nō vai terā ra mau va'a ?
        PP qui DEM DEI PL pirogue
        "À qui sont ces pirogues ?"

(14.55) 'a hi'o   atu i terā atu ta'ata
        ASP regarder DIR PP DEM DIR homme
        "Regarde cette personne là-bas (derrière toi)"

L'anaphorique **reira** est naturellement compatible avec les quantifieurs (mais non avec **hō'ē, tahi**), exemples : **te reira mau tamari'i** "les enfants en question", **te reira nā tamari'i** "les deux enfants en question", **te reira tau** poti'i "les quelques jeunes filles en question", **te reira hui ra'atira** "la population en question".

14.4. QUALIFICATIFS

Le lexème noyau peut être suivi de qualificatifs. Ceux-ci sont des lexèmes ou des morphèmes qui peuvent être regardés comme grammaticaux. Les lexèmes précèdent en général les morphèmes grammaticaux.

14.4.1. Généralités

Des lexèmes de toutes sortes peuvent être employés comme qualificatifs :

(14.56) te   taupo'o   tahito
ART   chapeau   ancien
"Le vieux chapeau"

(14.57) te   fare   moni
ART   maison   argent
"La banque" ou "La maison chère" (*cf.* § 1.3.4)

(14.58) te   ta'ata horo
ART   homme courir
"Le coureur"

(14.59) te   tipi   vaere
ART   couteau   débrousser
"Le couteau à débrousser"

(14.60) te   vahine maita'i
ART   femme   bon
"La femme gentille"

(14.61) te   maita'i vahine
"La bonté féminine"

Certains lexèmes ne peuvent qualifier que des FN ; c'est le cas des noms de couleur :

(14.62) e   hina'aro vau i   te   tā'upo'o 'ute'ute
ASP vouloir   1S   PP ART chapeau   rouge
"Je voudrais le chapeau rouge"

Mais la plupart des lexèmes employés en fonction de qualificatifs peuvent qualifier aussi bien des FV que des FN.

Plusieurs lexèmes peuvent se suivre :

(14.63) **te   pōpō   'ute'ute rahi**
        ART ballon rouge grand
        "Le gros ballon rouge"

Dans ce cas il peut y avoir des ambiguïtés :

(14.64) **te   vahine   'ori   nehenehe**
        ART femme danser beau
        "La femme qui danse bien" ou "La belle danseuse"

(14.64) peut s'analyser de deux manières et par conséquent convoyer deux sens différents. Dans la première analyse, **nehenehe** qualifie **'ori** qui qualifie **vahine** ; dans la seconde, **'ori** qualifie **vahine** et **nehenehe** qualifie **vahine 'ori**, qui peut être considéré comme un composé. En revanche, dans l'exemple suivant, il ne peut y avoir d'ambiguïté :

(14.65) **e   ta'ata   tino   i'ei'e**
        I homme corps agile
        "C'est un homme au corps agile"

i'ei'e qualifie **tino** et l'ensemble **tino i'ei'e** qualifie **ta'ata**.

14.4.2. Qualificatifs grammaticaux

Parmi les qualificatifs grammaticaux :

- **roa** signifie "long" dans l'espace ou dans le temps : **te ta'ata roa** "l'homme grand". Mais, qualifiant un premier qualificatif, il peut indiquer l'intensité :

(14.66) **te   vahine   nehenehe   roa**
        ART femme beau INT
        "La très belle femme"

- **noa** signifie "seul, sans plus" :

(14.67) **te   mau mahana   noa**
        ART PL jour RES
        "Les jours ordinaires" (par opposition au dimanche)

- **pā'āto'a, tā'āto'a, pauroa** "signifient "tout, tous", avec des nuances, **pā'āto'a** étant "tous ensemble, en même temps", **tā'āto'a** "en totalité, en entier", **pauroa** "sans exception". Exemples :

(14.68) **tā   'outou mau tauiha'a   tā'āto'a/pauroa**
        POS 2P PL objet en entier/sans exception
        "Toutes vos affaires"

LES SYNTAGMES

- **ato'a**, employé comme qualificatif dans un syntagme nominal, signifie aussi "tous".

- **ana'e** signifie "seul, seulement, exclusivement" :

(14.69)   **'o   Tama   ana'e   tē   reva**
            ID   NP   seul   ART+ASP   partir
            "C'est Tama seul qui partira"

14.5. DIRECTIONNELS

Les directionnels, **mai, atu, iho, a'e**, sont moins fréquents avec les FN qu'avec les FV. Ils peuvent se trouver au sens propre, c'est-à-dire indiquer une direction. Exemples :

(14.70)   **'a   hi'o   i   terā   atu   ta'ata !**
            ASP   regarder   PP   DEM   DIR   homme
            "Regarde cette personne là-bas"

(14.71)   **e   fare   te-i   terā   pae   atu   o   te   'ānāvai**
            I   maison   ART-PP   DEM   côté   DIR   PP   ART   rivière
            "Il y a une maison de l'autre côté de la rivière" (au-delà)

(14.72)   **'ua   mā   terā   iho   'ahu**
            ASP   propre   DEM   DIR   robe
            "Cette robe (qui est là, sur place) est propre"

Mais **iho** est couramment employé pour souligner l'identité du référent :

(14.73)   **'o   te   'orometua   iho   tē   haere   mai**
            ID   ART   pasteur   DIR   ART+ASP   aller   DIR
            "C'est le pasteur lui-même qui va venir"

D'autre part **a'e**, suivant un qualificatif lui donne valeur comparative ou superlative :

(14.74)   **te   hea   te   mātini   pūai   a'e   i   roto   i   nā   mātini   e**
            lequel   ART   machine   fort   DIR   PP   LOC   PP   ART   machine   NUM

            maha   nei ? (GA 57)
            quatre   DEI
            "Laquelle est la plus puissante de ces quatre machines ?"

(14.75)   **'o   Moe   te   ta'ata   faufa'a   roa   a'e   i   roto   iā   rātou**
            ID   NP   ART   homme   riche   INT   DIR   PP   LOC   PP   3P
            "Moe est le plus riche d'entre eux"

14.6. DÉICTIQUES

Les déictiques sont fréquents dans les syntagmes nominaux, avec leur valeur propre : **nei** réfère à ce qui est proche du locuteur dans l'espace ou le temps, **na** à ce qui est proche de l'allocutaire, **ra** à ce qui est lointain. Exemples :

(14.76) **nā mātini e maha nei**
ART machine NUM quatre DEI
"…ces quatre machines (ici)" ; *cf.*(14.74)

(14.77) **'ua ho'i mai te pahī reva i te fenua nei**
ASP retourner DIR ART bateau espace céleste PP ART terre DEI
"Le vaisseau spatial est revenu sur terre"

(14.78) **e haere atu vau i te fare na**
ASP aller DIR 1S PP ART maison DEI
"Je viendrai chez toi"

(14.79) **'o vai te i'oa o te 'oire ra ?**
ID qui ART nom PP ART ville DEI
"Quel est le nom de cette ville-là ?"

(14.80) **tei hea terā 'ahu tō 'oe ra ?**
PP où DEM robe POS 2S DEI
"Où est cette robe que tu portais (l'autre fois) ?"

14.7. COMPLÉMENTS POSSESSIFS

Nous appelons "compléments possessifs" (au sens strict) les termes nominaux introduits par la préposition **o** ou la préposition **a** et intégrés dans le syntagme nominal.

14.7.1. Agencement

Les compléments possessifs se placent soit immédiatement après l'article, donc avant le lexème noyau, soit après le lexème noyau et éventuellement ses qualificatifs ; dans le premier cas, les prépositions **o** et **a** se contractent avec l'article **te** pour former les articles possessifs **tō** et **tā** ; exemples :

(14.81) **'ua nehenehe te 'ahu o Vahine (tō Vahine 'ahu)**
ASP beau ART robe PP NP (POS NP robe)
"La robe de Vahine est belle"

(14.82) **'ua au te hau'a o te maire / tō te maire hau'a**
ASP agréable ART odeur PP ART fougère / POS ART fougère odeur
"L'odeur de la fougère (odorante) est agréable"

(14.83) **'ua moni te 'ahu 'āpī o 'Oehau / tō 'Oehau 'ahu 'āpī**
ASP argent ART robe neuf PP NP / POS NP robe neuf
"La nouvelle robe d'Oehau est chère"

(14.84) **'ua horo te 'ūrī a Tama / tā Tama 'ūrī**
ASP courir ART chien PP NP / POS NP chien
"Le chien de Tama s'est sauvé"

(14.85) **'ua 'eiā-hia te 'e'e a te tāmuta / tā te tāmuta 'e'e**
ASP voler-PASS ART scie PP ART charpentier / POS ART charpentier scie
"La scie du charpentier a été volée"

Lorsque le possesseur est représenté par un pronom personnel, le complément possessif précède généralement le lexème noyau ; à la première et à la troisième personne du singulier, le pronom se contracte avec l'article possessif : tō'u/tā'u = tō/tā + (v)au, tōna/tāna = tō/tā + 'ona. Exemples :

(14.86) **'o tō rātou ari'i terā**
ID POS 3P roi PRON
"C'est leur roi"

(14.87) **e tae mai tā na moni**
ASP arriver DIR POS 3S argent
"Son argent va arriver"

Lorsque le complément est postposé au lexème noyau, il peut s'en trouver séparé par un autre élément :

(14.88) **'o te fare o te 'orometua terā / 'o te fare terā o te 'orometua**
ID ART maison PP ART pasteur PRON / ID ART maison PRON PP ART pasteur
"C'est la maison du pasteur"

(14.89) 'o te tamāhine a Turia terā / 'o te tamāhine terā
ID ART fille PP NP PRON / ID ART fille PRON

a Turia
PP NP

"C'est la fille de Turia"

La possession peut être exprimée aussi à l'aide de la préposition **nō** ou de la préposition **nā** :

(14.90) 'ua 'ite au i nā metua nō-na
ASP savoir 1S PP ART parent PP-3S

"Je connais ses parents"

(14.91) 'ua fa'ariro 'oia iā Teri'i 'ei tamaiti nā-na
ASP faire devenir 3S PP NP I fils PP-3S

"Il considère Terii comme son fils"

> Mais ces compléments ne sont pas des compléments possessifs au sens strict : ils ne peuvent précéder le lexème noyau et il n'y a pas lieu de les regarder comme intégrés au syntagme nominal. **nā metua nōna** dans (14.90) signifie proprement "les parents à lui", **tamaiti nāna** dans (14.91) "fils à lui" ou "pour lui".

14.7.2. Sémantique

Le choix entre les deux prépositions **o** et **a** dépend de la nature de la relation entre le possesseur et le possédé. En gros, **o** indique une relation essentielle, naturelle, inhérente, intime, imposée, que le possesseur subit, **a** une relation accidentelle, occasionnelle, instaurée, externe, que le possesseur peut avoir établie lui-même. On distingue ainsi **te 'ahu o Tama** "la chemise de Tama" (celle qu'il porte), **te 'ahu a Tama** "la chemise de Tama" (celle qu'il tient en mains, vend, achète, etc.), ou encore **tō'u 'a'amu** "mon histoire" (celle dont je suis l'objet), **tā'u 'a'amu** "mon histoire" (celle que je raconte).

On emploie **o** :

- lorsque le possesseur est dominé par le possédé : **tō mātou ari'i** "notre roi", **tōna fatu** "son propriétaire, son seigneur", **tō 'outou fa'atere** "votre directeur" ;

- lorsque la relation est celle de la partie au tout : **te rima o Tama**, "la main de Tama", **te huruhuru o te manu** "les plumes de l'oiseau", **te a'a o te tumu ha'ari** "les racines du cocotier", **te 'avae o te mōrī** "le pied de la lampe", **te 'ōpani o te fare** "la porte de la maison" ;

- lorsqu'il s'agit de relation de parenté ou de relation intime, c'est-à-dire d'un cercle dont fait partie le possesseur : **tō'u nā metua** "mes parents", **te tuahine** o Ta'ari'i "la sœur de Taarii", **te feti'i o Mahine**, "la famille de Mahine", **tō mātou tāvini** "notre servante", **tō'u hoa** "mon ami", **tōna mau 'enemi** "ses ennemis", **tō 'outou fenua** "votre pays" ;

- dans le cas des objets qui font partie du patrimoine ou des affaires intimes : **tō mātou fare** "notre maison", **tō 'oe va'a** "ta pirogue", **te tāupo'o o Eri** "le chapeau d'Eri, **tō 'Aiū 'ahuta'oto** "la couverture de Bébé", **tō'u ro'i** "mon lit", **tō'u pāhere** "mon peigne", **tō'u porōmu niho** "ma brosse à dents" ;

- lorsqu'il s'agit de ce qui concerne la vie ou le statut du possesseur : **tōna fānaura'a** "sa naissance", **tōna 'āpīra'a** "sa jeunesse", **tō'u i'oa** "mon nom", **tō'u mana'o** "ma pensée", **tō'u reo** "ma voix, ma langue", **te toro'a o tera ta'ata** "le métier de cet homme" ;

- lorsqu'il s'agit de qualités ou d'un état physique ou moral : **te 'ite o te 'orometua** "le savoir du maître", **te pūai o Teri'i** "la force de Terii", **te nehenehe o Vehia** "la beauté de Vehia", **te to'eto'e o te pape** "la fraîcheur de l'eau", **te maramarama o te ao** "la clarté du jour", **te ma'i o Tani** "la maladie de Tani".

On emploie **a** :

- lorsque le possédé est dominé par le possesseur : **tā'u mau pipi** "mes élèves", **tā Tama mau 'ūrī** "les chiens de Tama" ;

- dans le cas d'une relation de parenté instaurée par l'alliance ou l'adoption : **tā'u vahine** "ma femme", **te tāne a Hina** "le mari de Hina", **tā māua huno'a** "notre gendre, notre bru", **te mau tamari'i fa'a'amu a Tehani** "les enfants adoptifs de Tehani" ; on emploie aussi **a** pour les enfants en général : **nā tamari'i a Tetuanui** "les enfants de Tetuanui", *cf.* ex. (14.17) ;

- lorsqu'il s'agit de possessions diverses, biens, instruments, etc. : **te 'opahi a Tama** "la hache de Tama", **te hoe a Tamara**, "la rame de Tamara", **te pupuhi a te popa'ā** "les fusils des étrangers", **te honu a te ari'i** "la tortue du roi" ;

- lorsqu'il s'agit du produit de l'activité du possesseur : **te rā'au a te tahu'a** "la médecine du guérisseur", **te pua'ara'a 'ahu a Vahine** "le lavage de linge de Vahine", **te hāmanira'a fare a te tāmuta** "la construction de (la) maison par le charpentier", **tāna parau** "son discours", **te parau fa'aau a te Hau** "le contrat du gouvernement", et même **te ta'oto a Tama** "le sommeil de Tama" (*cf.* § 18.3).

Les mêmes règles commandent l'emploi de **tō** et **tā** dans l'expression prédicative de la possession, *cf.* §§ 2.3.2, 2.7.

14.8. SYNTAGMES AYANT POUR NOYAU UN NOM PROPRE OU UN PRONOM

Ces syntagmes présentent quelques particularités.

14.8.1. L'identificateur 'o

Ils ne comprennent pas d'article[16]. En revanche les noms propres sont ordinairement précédés de l'identificateur **'o** :

(14.92) e ta'ata nehenehe mau 'o Tama nei
        I homme beau   vrai ID NP DEI
"Tama (notre Tama) est vraiment un bel homme"

L'identificateur n'apparaît pas quand le nom propre est introduit par une préposition ou une particule vocative : il n'est donc présent que lorsque le nom propre est en fonction de sujet ou de prédicat. Exemple :

(14.93) 'o Moe ana'e te-i   haere roa atu i piha'i iho iā Ta'aroa,
        ID NP seul ART-ASPaller INT DIR PP LOC DIR PP NP

nā 'ō noa atu ra iā 'ona ē ē Ta'aroa ē... (LT 38)
PP LOC RES DIR DEI ANA 3S que VOC NP   VOC

"C'est Moe seule qui s'avança vers Taaroa ; elle lui dit alors :
Ô Taaroa ..."

14.8.2. Le sociatif mā

Noms propres et pronoms ne sont pas compatibles avec les particules de nombre (*cf.* ci-dessus, § 14.3), mais les noms propres peuvent être suivis de la particule **mā**, qui indique qu'il s'agit d'une collectivité :

(14.94) 'o Puni mā terā
        ID NP   avec PRON
"C'est Puni et sa femme/et les siens (parents, amis)/et compagnie" ou "Ce sont les Puni"

14.8.3. Coordination de noms propres

La coordination de deux noms propres s'opère idiomatiquement au moyen d'un pronom duel :

---

16. Mais il peut arriver que l'article fasse partie du nom propre, ex. **Te-hi'ora'a-o-Pahero'o** "Le Miroir de Paheroo", nom d'une mare, **Te-'ui'uira'a-tua-o-Tapuhute-mā** "Le Gratte-Dos des Tapuhute" (HF 184), nom d'une pierre.

(14.95) 'ua mōmo'e   'o Tama rāua 'o Terii
       ASP disparaître(duel) ID NP 3D   ID NP
       "Tama et Terii ont disparu"

(14.96) e nau tamari'i nehenehe tā Tama rāua 'o Maeva
       I PL enfant   beau   POS NP   3D   ID NP
       "Tama et Maeva ont de beaux enfants"

Comparer, en français, le tour familier "nous deux Marcel".

14.8.4. Qualification

Les noms propres et les pronoms peuvent être suivis de qualificatifs, de directionnels et de déictiques :

(14.97) 'o Tama na'ina'i terā
       ID NP   petit   PRON
       "C'est Tama junior"

(14.98) 'o Tahiti nui teie fenua
       ID NP   grand DEM terre
       "Cette terre est Tahiti la grande"

(14.99) 'o vau ana'e tē   reva
       ID 1S seul ART+ASP partir
       "C'est moi seul qui partirai"

(14.100) e ta'ata nehenehe mau   'o Tama nei
        I homme beau   vraiment ID NP   DEI
        "Tama [notre Tama] est vraiment un bel homme"

(14.101) 'o Merehau terā atu
        ID NP   PRON DIR
        "C'est Merehau qui est là (derrière toi)"

(14.102) 'o vau iho tē   rave
        ID 1S DIR ART+ASP faire
        "C'est moi-même qui [le] ferai"

Ils peuvent être suivis d'une expression numérale :

(14.103) e nau 'aito   rāua to'o piti ato'a (HF 123)
        I PL guerrier 3D   NUM deux aussi
        "Ce sont tous deux des guerriers"

15. LE SYNTAGME INCLUSIF

Les syntagmes inclusifs sont, par définition, ceux qui comprennent une forme inclusive (FI, *cf.* § 1.2.1), c'est-à-dire une particule inclusive **e** (statique) ou **ei** (dynamique) suivie d'un lexème. En général, les lexèmes noyaux des syntagmes inclusifs sont les mêmes que ceux des syntagmes nominaux.

Les syntagmes inclusifs peuvent comprendre, entre la particule inclusive et le lexème noyau, les mêmes particules que les syntagmes nominaux, à l'exception de l'anaphorique **reira** :

(15.1) **e mau ta'ata ha'avare teie**
I   PL   homme mentir   PRON
"Ce sont des menteurs"

(15.2) **e mau va'a rarahi te-i tarai-hia**
I   PL   pirogue grand(pl) ART-ASP tailler-PASS
"Ce sont de grandes pirogues qui ont été taillées"

(15.3) **(e) nau fare te-i pa'apa'a**
(I) PL   maison ART-ASP brûler
"Ce sont/Il y a quelques maisons qui ont brûlé"

(15.4) **(e) nau tamari'i ha'uti terā**
(I) PL   enfant   remuer PRON
"Ce sont des enfants turbulents"

(15.5) **e ma'a ta'ata pūai 'o Taneri'i**
I   QUAN homme fort ID NP
"Tanerii est un homme (sacrément) fort" (*litt.* est de l'homme fort, est quelque chose en fait d'homme fort)

Avec les quantifieurs **nau** et **tau,** ex. (15.3) et (15.4), la particule inclusive **e** manque souvent. Cela signifie que ces quantifieurs sont susceptibles de fonctionner comme têtes de prédicats ; ils sont en cela comparables à **hō'ē** "un" (*cf.* §16.1).

Ils n'admettent pas de complément possessif (au sens strict), mais ils peuvent inclure, après le lexème noyau, en principe les mêmes qualificatifs et particules directionnelles et déictiques que les syntagmes nominaux :

(15.6) **e hīmene 'āpī terā**
I   chant   nouveau PRON
"C'est une nouvelle chanson"

(15.7) **e taro maita'i tā Hei**
I   taro bon   POS NP
"Hei a du bon taro"

(15.8) 'ua rave-hia 'o Tama ei tīa'i tamari'i
        ASP prendre-PASS ID NP I garde enfant
        "Tama a été pris comme gardien d'enfants"

(15.9) e vahine purotu roa 'ino terā
        I femme beau   INT très PRON
        "C'est une très, très belle femme"

(15.10) e ta'ata maramarama a'e 'o Tū iā Tihoni
        I homme intelligent DIR ID NP PP NP
        "Tu est plus intelligent que Tihoni" (**a'e** comparatif)

En particulier, l'emploi du directionnel **a'e** avec une FI dynamique en **ei** introduit une nuance d'éventualité. Comparer (15.11 a) et (15.11b) :

(15.11a) 'ua rave   au iā-na ei hoa nō Tiare
         ASP prendre 1S P-3S I ami PP NP
         "Je l'ai prise comme compagne pour Tiare"

(15.11b) 'ua rave au iāna ei hoa a'e nō Tiare
         "Je l'ai prise pour qu'elle puisse être une compagne pour Tiare"

L'emploi de **mea** "chose" comme lexème noyau suivi d'un qualificatif est un procédé courant pour introduire une qualification ou une circonstance sous la forme d'un prédicat (*cf.* § 2.3.3) :

(15.12) e mea nehenehe a'e o Tamara
        I chose beau   DIR ID NP
        "Tamara est plus jolie"

(15.13) e mea maoro au i Tahiti nei
        I chose long 1S PP LOC   DEI
        "Il y a longtemps que je suis ici à Tahiti"

(15.14) mea   fenua roa 'ona
        chose terre INT 3S
        "Il a beaucoup de terres"

16. EXPRESSIONS NUMÉRALES

16.1. GÉNÉRALITÉS

Les expressions numérales comprennent une forme numérale (FNUM, *cf.* § 1.2.1), consistant en un nom de nombre précédé d'une particule numérale, forme accompagnée ou non de la désignation de l'entité comptée.

Les particules numérales sont les suivantes :

- **e**, la plus usuelle, de valeur neutre :

(16.1)   **e   piti   tamari'ii   reva inānahi ra**
NUM deux enfants ASP partir hier   DEI
"Deux enfants sont partis hier"

Elle est exclue devant **hō'ē** "un", **'ahuru** "dix", **hānere** "cent" et **tautini/tauatini** "mille" :

(16.2)   **hō'ē tumuha'ari tē   tupu ra   i   te   pae porōmu**
un   tronc coco ART+ASP pousser DEI PP ART côté route
"Un cocotier pousse au bord de la route"

(16.3)   **hō'ē noa i'a   'o tā   'oe e   'amu !**
un   RES poisson ID POS 2S ASP manger
"Ne mange qu'un poisson" (*litt.* un seul poisson que tu mangeras)

(16.4)   **'ahuru rātou i   reva**
dix   3P ASP partir
"Ils sont dix qui sont partis"

- **to'o**, qui s'emploie pour les personnes et seulement pour les petits nombres (de 2 à 9) :

(16.5)   **to'o   pae tamari'i te-i   fa'aea mai**
NUM cinq enfant ART-ASP rester DIR
"Il y a cinq enfants qui sont restés"

- **ta'i**, à valeur distributive, avec la nuance "jusqu'à" :

(16.6)   **ta'i   maha tamari'ii   te   va'a   hō'ē**
NUM quatre enfant PP ART pirogue un
"Il y a jusqu'à quatre enfants par pirogue"

- **tāta'i**, à valeur distributive, avec la nuance "N par N" :

(16.7) **tāta'i piti rātou i te revara'a**
       NUM deux 3P   PP ART départ
       "Ils sont partis deux par deux"

En outre, les noms de nombre peuvent, en position prédicative, être précédés des particules aspectuelles **'a, 'ua, 'ia** (*cf.* ci-dessous, § 16.2).

16.2. EN FONCTION DE PRÉDICAT

Les expressions numérales se trouvent fréquemment en fonction de prédicat. C'est le cas de tous les exemples cités ci-dessus, § 16.1 : (16.2) signifie proprement "il y a un cocotier qui pousse...", (16.1) "il y a deux enfants qui sont partis...", (16.4) "il y a cinq enfants qui sont restés", et de même (16.6) "ils sont deux par deux au départ".

Les noms de nombre en fonction prédicative peuvent aussi être accompagnés des aspectuels **'a, 'ua et 'ia**. L'aspectuel **'a** leur donne une valeur cumulative :

(16.8) **'a pae tamari'i i reva**
       ASP cinq enfant ASP partir
       "Cela fait cinq enfants qui sont partis"

'ua exprime une nuance semblable :

(16.9) **'ua hānere ta'ata i tae mai i teie-nei**
       ASP cent homme ART arriver DIR PP maintenant
       "Cela fait maintenant cent personnes qui sont arrivées"

'ia a valeur injonctive ou optative :

(16.10) **'ia hānere (a'e) 'outou ānānahi**
        ASP cent (DIR) 2P demain
        "Soyez (au moins) cent demain"

16.3. EN FONCTION DE SUJET

Lorsque l'expression numérale doit remplir la fonction de sujet, deux constructions sont possibles, toutes deux avec la particule **e**. Dans la première, le lexème désignant l'entité comptée est précédé de l'article **nā** (*cf.* § 14.2.3) et suivi de la FNUM :

(16.11) **'ua reva nā pahī e toru**
        ASP partir ART bateau NUM trois
        "Les trois bateaux sont partis"

Dans la seconde, la FNUM vient en tête, suivie du lexème sans article :

(16.12) **'ua reva e toru pahī**
"Trois bateaux sont partis"

En outre, il est toujours possible de faire de l'expression numérale le prédicat principal, comme dans les exemples cités au § 16.1 : **e toru pahī i reva** *litt.* "Il y a trois bateaux qui sont partis".

> Dans la construction de (16.11), la FNUM qui suit le lexème peut s'interpréter comme un prédicat subordonné, une sorte de relative : "Sont partis les bateaux qui sont trois". Même dans la construction illustrée par (16.12), il est possible, à la rigueur, de donner à la FNUM valeur prédicative : "Est parti (quelque chose), c'est trois bateaux".

16.4. EN FONCTION D'OBJET

Lorsque l'expression numérale doit remplir la fonction d'objet, elle peut prendre les même formes qu'en fonction de sujet (§ 16.3) : **nā** + lexème + FNUM, ou FNUM + lexème. Dans le premier cas, conformément à la règle générale de l'objet, elle est introduite par la préposition **i** :

(16.13) **'ua 'ite au i nā va'a e pae**
ASP voir 1S PP ART pirogue NUM cinq
"J'ai vu les cinq pirogues"

Dans le second cas, elle n'est généralement pas précédée de la préposition **i**, car cette construction est considérée comme peu correcte :

(16.14) **'ua 'ite au e pae va'a**
"J'ai vu cinq pirogues"

Ici encore, naturellement, on peut aussi placer l'expression numérale en position prédicative : **e pae va'a tā'u i 'ite,** *litt.* "Il y a cinq pirogues que j'ai vues".

> Il semble bien que les FNUM ont par nature vocation prédicative. Si cette analyse est correcte, on pourra ici, comme au § 16.3, interpréter en ce sens **'ua 'ite e pae va'a,** en faisant de l'expression numérale un prédicat : "J'ai vu (quelque chose), c'est cinq pirogues".

16.5. EN FONCTION DE COMPLÉMENT

Lorsque l'expression numérale doit remplir une fonction de complément (autre que d'objet), on emploie la construction avec l'article **nā** :

(16.15)   'ua   rave-hia   terā   'ohipa e   nā   ta'ata   e   piti
        ASP   faire-PASS DEM   travail PP   ART homme   NUM deux

ahuru   (GA 110)
dix
"Ce travail a été exécuté par (les) vingt hommes"

(16.16)   e   pūai a'e   te   no'ano'a o   nā   roti   e   maha
        ASP fort DIR   ART   parfum   PP ART rose NUM quatre

i   te   no'ano'a o   nā   roti   e   piti   (GA 110)
PP ART parfum   PP ART rose NUM deux
"Le parfum de quatre roses est plus puissant que celui de deux"

17. GROUPES PRÉPOSITIONNELS

17.1. GÉNÉRALITÉS

Les prépositions s'emploient devant les formes nominales (FN), soit article + lexème soit nom propre soit pronom, et devant les locatifs :

(17.1)   'ua   'ite au   i   te   fare   / iā   Teri'i / iā   rātou
        ASP voir 1S PP ART maison / PP   NP   / PP   3P
"J'ai vu la maison/ J'ai vu Terii/Je les ai vus"

(17.2)   e   ta'oto vau   i   roto i   te   fare
        ASP dormir 1S   PP LOC PP ART maison
"Je dormirai à l'intérieur de la maison"

La préposition **i** prend la forme **iā** devant les noms propres et les pronoms personnels, ex. (17.1). De même **mai, tei, ei** prennent les formes écrites **mai iā, tei iā, ei iā** (graphies habituelles pour **maiā, teiā, eiā**).

On peut classer les prépositions en plusieurs groupes suivant leurs caractéristiques sémantiques et les propriétés syntaxiques des expressions qu'elles forment : certaines de ces expressions sont cantonnées à des fonctions de compléments, d'autres peuvent s'employer aussi comme prédicats. La préposition **i**, la plus fréquente, est très abstraite et polysémique ; **iō** "chez" ne s'emploie que devant les noms propres de personne et les pronoms ; **nā** et **nō** sont fréquentes et polysémiques ; **mai** et **mā** ont aussi plus d'un emploi. En revanche, **e** n'a qu'un emploi : elle n'apparaît que dans la construction pseudo-passive, où elle introduit le complément d'agent (*cf.* § 6.1 ; nous n'y reviendrons pas ici) ; **o** et **a** introduisent des compléments possessifs (au sens strict, *cf.* § 14.7), mais se trouvent aussi quelquefois en position prédicative ou autre (*cf.*ci-dessous, §17.8). Quelques autres prépositions sont très spécialisées et plus ou moins rares. Il faut ranger à part **tei**, **ei**, qui ne s'emploient que prédicativement.

On a parfois analysé comme une préposition le morphème **ā** dans des expressions comme **'amu-ā-pua'a** "manger comme un cochon, en cochon", **te ra'u-ā-rimu** "le grattage de la mousse", mais il s'agit d'un instrument de composition, et non d'une préposition, car il est suivi d'un lexème sans article, non d'une FN (*cf.* § 21.6.1).

17.2. i/iā

La préposition **i** (variante **iā**) a des emplois très nombreux et divers. En voici quelques-uns :

- complément d'objet :

(17.3) **'ua 'amu te mīmī i te i'a**
ASP manger ART chat PP ART poisson
"Le chat a mangé le poisson"

- lieu :

(17.4) **e hia 'ānani i roto i te 'āfata ?**
N combien orange PP LOC PP ART caisse
"Combien y a-t-il d'oranges dans la caisse ?"

- direction :

(17.5) **tē haere nei 'oia i Pape'ete**
ASP aller DEI 3S PP LOC
"Il va à Papeete"

(17.6) **'ua haere 'o Mere iā Teri'itehau ra**
ASP aller ID NP PP NP DEI
"Mere est allée vers Teriitehau"

- détention :

(17.7) **nā-'u terā mīmī ia Teri'i ra**
PP-1S DEM chat PP NP DEI
"C'est à moi le chat qui est avec Terii" (que T. détient)

- temps :

(17.8) e tae mai te pahī i te hora va'u
ASP arriver DIR ART bateau PP ART heure huit
"Le bateau arrivera à huit heures"

(17.9) i tō-'u niuniura'a atu tei te fare 'o Timi
PP POS-1S téléphonage DIR PP ART maison ID NP
"Au moment où j'ai téléphoné, Timi était à la maison"

La préposition **i** est employée notamment dans un tour idiomatique, qui correspond à certaines subordonnées temporelles du français :

(17.10) iā-na i tae mai...
PP-3S ASP arriver DIR
"Lorsqu'il arriva..." ou "À son arrivée..." (*litt.* concernant lui (qui) arriva...)

(17.11) iā rātou i reva 'ua 'ite au
PP 3P PP partir ASP voir 1S
"Quand ils sont partis, je (les) ai vus" (*litt.* concernant eux (qui) sont partis...)

Sur l'emploi locatif de **i** avec référence spécifique au passé, emploi où **i** commute avec **tei** et **ei**, *cf.* plus bas, § 17.11.

- destinataire :

(17.12) 'a parau atu iā Hinano ē...
ASP dire DIR PP NP que
"Dis à Hinano que..."

- instrument :

(17.13) 'ua tāpū-hia te faraoa i te tipi
ASP couper-PASS ART pain PP ART couteau
"Le pain a été coupé avec un couteau"

- cause ou circonstance (non intentionnelle), avec un verbe patientif :

(17.14) 'ua fati te 'ama'arā'au i te mata'i
ASP casser ART branche PP ART vent
"La branche s'est cassée à cause du vent" ou "La branche a été cassée par le vent" ou "Le vent a cassé la branche"

(17.15) 'ua topa te 'o'ini pa'apa'a i te mau tamari'i
ASP tomber ART panier crabe PP ART PL enfant
"Le panier de crabe est tombé à cause des enfants" ou "Les enfants ont fait tomber le panier de crabes"

- occupation (ou temps) :

(17.16) **'ua 'ite au iā-na i te ravera'a i tā-na 'ohipa**
ASP voir 1S PP-3S PP ART faire PP POS-3S travail
"Je l'ai vu en train de faire son travail/travailler"

- spécification d'un prédicat, "en fait de" :

(17.17) **tei Papara vau i te fa'aeara'a**
PP LOC 1S PP ART domicile
"C'est à Papara que j'habite" (*litt.* je (suis) à Papara en fait de domicile)

- bénéficiaire, "pour" :

(17.18) **e mā'a tano maita'i teie iā 'oe** *cf.* (17.38)
I nourriture juste bon DEM PP 2S
"C'est une nourriture qui va te convenir/que tu aimeras"

- comparaison, "par rapport à" :

(17.19) **e rahi (a'e) tā Hina faufa'a i tā te tua'ana**
ASP grand (DIR) POS NP richesse PP POS ART sœur aînée
"Hina est plus riche que sa sœur" (*litt.* la richesse de Hina est (plus) grande par rapport à celle de sa sœur)

- "concernant, quant à" :

(17.20) **'ua rave au i tā-'u tauiha'a ;i tā 'oe rā mau**
ASP prendre 1S PP POS-1S affaires; PP POS 2S mais PL

'āfata, 'aita vau i 'ite noa atu
caisse NEG 1S ASP voir RES DIR
"J'ai pris mes affaires ; quant à tes caisses, je ne les ai même pas vues"

- "selon" :

(17.21) **i tō-'u mana'o, e'ita terā 'ohipa e oti vave**
PP POS-1S pensée NEG DEM travail ASP finir tôt
"À mon avis, ce travail ne sera pas terminé de si tôt"

17.3. iō

La préposition **iō** "chez" ne s'emploie qu'avec des FN désignant des personnes :

(17.22) **e   vai   iho   'o   Māmā   iā   'Aiū   iō   Teri'i**
         ASP laisser DIR   ID   NP   PP   NP   PP   NP
         "Maman laissera Bébé chez Terii"

(17.23) **'ua   haere   au   e   ti'i   i   te   faraoa   iō   te   Tinito**
         ASP   aller   1S   ASP chercher PP   ART pain   PP   ART Chinois
         "Je suis allé chercher le pain chez le Chinois"

(17.24) **iō   te   taote   vau   i   teie   po'ipo'i**
         PP   ART docteur 1S   PP   DEM   matin
         "J'étais chez le docteur ce matin"

17.4. nā

La préposition **nā** a plusieurs emplois :

- Elle indique l'appartenance :

(17.25) **e   tamari'i   terā   nā-'u**
         I   enfant   PRON   PP-1S
         "Ce sont mes enfants" (*litt.* c'est enfants à moi)

(17.26) **nā   Tama   tera   'ūrī**
         PP   NP   DEM   chien
         "Ce chien est à Tama"

Dans cet emploi, **nā** s'oppose à **nō** de la même façon que, dans les compléments possessifs, **a** s'oppose à **o** (*cf.* § 14.7.2) : elle indique donc la possession "externe", non la possession "intime".

- Elle sert dans la construction actancielle possessive (*cf.* § 5.3) :

(17.27) **nā   te   'orometua   i   rave   i   te   puta**
         PP   ART professeur ASP   prendre PP   ART livre
         "C'est le professeur qui a pris le livre"

- Elle peut servir à indiquer le bénéficiaire :

nā s'oppose ici à **nō** : il s'agit de future "possession externe" (*cf.* § 17.5 b) ; exemples :

(17.28) **'ua   hōro'a   'o   Māmā   i   te   moni   nā   Moana**
         ASP   donner   ID   NP   PP   ART argent PP   NP
         "Maman a donné de l'argent pour Moana"

À cette valeur se rattache l'emploi suivant :

(17.29) e   mea   au   nā rātou te   i'a   ota
         I   chose   agréable PP 3P   ART poisson cru
"Ils aiment le poisson cru" (*litt.* le poisson cru est chose agréable pour eux)

- Elle indique le lieu par où l'on passe :

(17.30) 'ua haere mai au nā tahatai, e   ho'i   au nā uta
         ASP aller DIR 1S PP rivage   ASP retourner 1S PP terre
"Je suis venu par le bord de mer, je retournerai par l'intérieur"

- Elle sert à indiquer le moyen (de transport ou autre) :

(17.31) 'ua   haere te   mau tamari'i nā raro
         ASP   aller ART PL enfant   PP LOC
"Les enfants sont allés à pied"

Dans les phrases de ce genre, **nā raro**, *litt.* "par dessous", s'oppose à **nā ni'a**, *litt.* "par dessus", qui veut dire "dans un véhicule", par exemple **na ni'a i te pahī** "en bateau". La préposition **nā** se trouve notamment dans l'expression **nā fea** "par où ?", d'où "par quel moyen ? comment ?" (*cf.* § 11.1.2.3) :

(17.32) e   mea   nā fea i   te rave i   teie 'ohipa ?
         I   chose PP où PP ART faire PP DEM travail
"Comment faire ce travail ?" (*litt.* (c'est) chose comment quant à faire ce travail ?)

Rappelons que la préposition **nā** sert à former des quasi-verbes (*cf.* §13.1) :

(17.33) 'ua nā mua mai 'oe i te hora
         ASP PP LOC DIR 2S PP ART heure
"Tu es (arrivé) avant l'heure"

17.5. nō

La préposition **nō** a les emplois suivants :

- Elle indique l'appartenance

Dans cet emploi et dans le suivant, elle s'oppose à **nā** et indique la "possession intime" (*cf.* ci-dessus, § 17.4, a) :

(17.34) e   tāupo'o teie nō Tetua
         I   chapeau PRON PP NP
"C'est un chapeau à Tetua"

(17.35) **nō Vahine terā 'ahu**
      PP NP   DEM robe
      "Cette robe est à Vahine"

Noter l'emploi dans les dates :

(17.36) **te pae nō fepuare**
      ART cinq PP février
      "Le cinq février"

- Elle indique la destination, c'est-à-dire le bénéficiaire (d'une future possession intime). (17.35) peut signifier "cette robe est pour Vahine".

Autres exemples :

(17.37) **'ua hōro'a vau i tō-'u pereo'o nō Merehau**
      ASP donner 1S PP POS-1S voiture PP NP
      "J'ai donné ma voiture pour Merehau"

(17.38) **e rā'au tano maita'i teie nō 'oe**
      I remède juste bon PRON PP 2S
      "Ceci est un remède qui te convient bien" (objectivement) ; *cf.* (17.29)

- Elle peut introduire un nom d'action ou même une désignation temporelle :

(17.39) **'ua tāpū-hia 'oia nō te 'imi i te tumu o**
      ASP couper-PASS 3S PP ART chercher PP ART racine PP

      tō-na ma'i
      POS-3S maladie
      "On l'a opéré pour rechercher la cause de sa maladie"

(17.40) **'ua ho'o mai 'o Pāpā i te i'a nō ānānahi**
      ASP acheter DIR ID NP PP ART poisson PP demain
      "Papa a acheté du poisson pour demain"

- Elle indique l'origine :

(17.41) **nō Mo'orea rātou**
      PP LOC   3P
      "Ils sont de Moorea"

Elle peut dans cet emploi introduire une désignation temporelle :

(17.42) **nō nāfea tō-na revara'a ? nō te mahana piti ra**
      PP quand POS-3S départ PP ART jour deux DEI
      "Quand est-il parti ?" ou "De quand date son départ ?" — "Mardi/De mardi dernier"

- Elle indique la cause :

(17.43) **nō te mata'i te `tumu vī i haruru ai**
PP ART vent ART tronc mangue ASP se fracasser ANA
"C'est à cause du vent que le manguier s'est effondré"

(17.44) **nō te peretiteni rātou i reva ai**
PP ART président 3P ASP partir ANA
"Ils sont partis à cause du président"

- Elle indique le sujet d'un propos :

(17.45) **'ua parau rātou nō te 'ati i tupu ra**
ASP parler 3P PP ART malheur ASP arriver DEI
"Ils parlèrent du malheur qui était arrivé"

> On peut probablement dériver les divers emplois de **nā** et **nō** respectivement de la notion de possession externe et de celle de possession intime.

17.6. mai/mai iā

La préposition **mai** (var. **mai iā**) a deux sens (on peut se demander s'il convient d'y reconnaître une seule ou deux prépositions différentes).

D'une part, elle indique le point de départ :

(17.46) **tae atu ra 'oia i Pape'ete 'ē mai reira atu tere**
arriver DIR DEI 3S PP LOC et PP LOC DIR voyager
atu ra I Mo'orea
DIR DEI PP LOC
"Il arriva alors à Papeete, puis de là il partit pour Moorea"

(17.47) **mai Huahine mai te mau 'orometua**
PP LOC DIR ART PL pasteur
"Les pasteurs viennent de Huahine"

Dans ce sens, **mai** peut précéder une désignation temporelle :

(17.48) **ua tai'ā rātou mai nānahi mai**
ASP pêcher 3P PP hier DIR
"Ils pêchent depuis hier"

(17.49) **mai teie ahiahi atu mātou e ta'ahi atu ai**
PP DEM soir DIR 1Pexcl ASP marcher DIR ANA
"Nous allons commencer notre marche à partir de ce soir"

D'autre part, **mai** s'emploie au sens de "comme" :

(17.50) e ta'ata roa 'o Tama mai iā Tāne
I homme long ID NP PP NP
"Tama est grand comme Tane"

(17.51) mai te manu 'ona i te ma'urerera'a atu
PP ART oiseau 3S PP ART envol DIR
"Il s'est envolé comme un oiseau"

17.7. mā

La préposition **mā** "avec" introduit un complément de manière accompagnant des verbes agentifs :

(17.52) 'ua rave 'oia i teie 'ohipa mā te tauturu-hia e te
ASP faire 3S PP DEM travail PP ART aide-PASS PP ART

huira'atira
population
"Il a fait ce travail avec l'aide de (*litt.* le fait d'être aidé par) la population"

(17.53) mā te marū 'oe i te ravera'a i tā 'oe 'ohipa
PP ART douceur 2S PP ART faire PP POS 2S travail
"C'est avec douceur que tu as fait ton travail"

mā s'emploie d'autre part dans les noms de nombre pour relier le chiffre des dizaines et celui des unités :

(17.54) e piti 'ahuru mā hitu tamari'i i reva
NUM deux dix sPP ept enfant ASP partir
"Vingt-sept enfants sont partis"

17.8. o ET a

Les principaux emplois des prépositions possessives **o** et **a** et la valeur sémantique de chacune d'elles ont été traités à propos du syntagme nominal (ci-dessus, § 14.7.2). Il n'y a lieu de signaler ici que leur emploi hors de ce syntagme :

(17.55) o Tama tera fare 'āpī
PP NP DEM maison neuf
"Cette maison neuve est à Tama"

(17.56) a   rāua terā fa'a'apu
         PP   3D   DEM   champ
         "Ce champ est à eux" ou "C'est leur champ"

(17.57) 'aita a   rātou e uaina
         NEG   PP 3P   I vin
         "Ils n'ont pas de vin"

(17.58) 'ua   reva   o'u nā   metua i   Farani
         ASP   partir 1S   ART parent PP LOC
         "Mes parents sont partis en France"

Cet emploi est très rare dans la langue d'aujourd'hui. Dans les exemples ci-dessus on dira plutôt : **tō Tama, tā rāua, tā rātou, tō'u.**

17.9. 'o

Une préposition **'o** apparaît, rarement, devant des locatifs :

(17.59) e mā'a 'o   ni'a i   te   tumu vī
         I fruit PP   LOC   PP ART tronc mangue
         "Il y a des fruits sur le manguier"

(17.60) 'o raro a'e te   mau tamari'i i   te   fare   i   te
         PP LOC   DIR ART PL   enfant   PP ART maison PP ART

         tāponira'a
         cachette
         "Les enfants sont cachés sous la maison"

(17.61) 'o   hea 'outou inapō   ra
         PP   où   2P   hier soir DEI
         "Où étiez-vous hier soir ?"

On peut se demander si **tō** devant des noms de lieu, comme dans **e pape tō terā vāhi** "il y a de l'eau en cet endroit" (ex. (1.14), *cf.* § 2.3.2), n'est pas la contraction de **te + 'o**, plutôt que de **te + o** possessif.

17.10. ā

Une préposition **ā** apparaît devant les noms des jours de la semaine ; elle réfère au futur :

(17.62) e   reva   pauroa rātou ā   monire
         ASP partir tous   3P   PP   lundi
         "Ils partiront tous lundi"

(17.63) ā mahana piti mai te fa'aterehau
   PP jour   deux DIR ART ministre
   "Le ministre viendra mardi"

(17.64) ā hea te pahī e reva ai ?
   PP quand ART bateau ASP partir ANA
   "Quand le bateau partira-t-il ?"

C'est sans doute le même élément qui se trouve à l'initiale de mots comme **ānānahi** "demain", **āfea** et **ānāfea** "quand ?" (futur), qui contrastent avec des mots à initiale **i-**, comme **inānahi** "hier", **ināpō** "la nuit dernière", **ināfea** "quand" (passé).

> On peut donc être tenté de reconnaître dans **inānahi**, etc., une préposition **i** parallèle à **ā** et d'analyser **i nānahi**, etc., et **ā nānahi**, etc., comme des expressions prépositionnelles. On peut aussi, inversement, analyser **i-** et **ā-** comme des préfixes et voir dans **ā-monire**, etc., des formes préfixées.

17.11. i, tei, ei/iā, tei iā, ei iā

Les trois morphèmes **i**, **tei** et **ei** (avec, devant les noms propres et les pronoms personnels, les variantes **iā**, **tei iā**, **ei iā**) forment un paradigme. Ils s'emploient en position prédicative pour localiser un objet avec une référence temporelle : **i** réfère au passé, **tei** au présent, **ei** au futur. Ils peuvent être suivis d'un terme désignant un lieu ou une personne ; dans ce dernier cas, ils indiquent la détention ou la compagnie.

- Futur :

(17.65) ei hea 'oe ?
   PP où 2S
   "Où seras-tu ? (demain)"

(17.66) ei te mātete tāua e fārerei ai
   PP ART marché 1Dincl ASP se rencontrer ANA
   "Rencontrons-nous au marché" (*litt.* c'est au marché que nous devons nous rencontrer)

(17.67) ei te ta'ata tīa'i ra te tāviri
   PP ART homme garde DEI ART clé
   "C'est le gardien qui aura la clé"

(17.68) ei iā Tama te parau
   PP NP ART parole
   "Ce sera à Tama de parler"

- Présent :

(17.69) **tei hea 'oe ?**
"Où es-tu ?"

(17.70) **tei te ta'ata tīa'i ra te tāviri**
"C'est le gardien qui a la clé"

(17.71) **tei hea tō-na hunara'a i te pōpō ?**
PP où POS-3S cacher PP ART ballon
"Où a-t-il caché le ballon ? (*litt.* où (est) son cacher le ballon)

(17.72) **tei iā Hina te hei tiare**
PP NP ART guirlande fleur
"C'est Hina qui a la guirlande de fleurs"

- Passé :

(17.73) **i hea 'oe ?**
"Où étais-tu ?"

(17.74) **i te fare nei te taote**
PP ART maison DEI ART docteur
"Le docteur était à la maison"

(17.75) **i Farani na te mau piahi i teie matahiti i**
PP LOC DEI ART PL étudiant PP DEM année ASP

ma'iri a'e nei
passer DIR DEI
"Les étudiants étaient en France l'année dernière"

(17.76) **iā Tama ra mātou**
PP NP DEI 1Pexcl
"Nous étions avec Tama"

Ces groupes prépositionnels ne se trouvent qu'en position de prédicat indépendant. Notamment, dans la construction négative, **tei** est remplacé par **i**. Exemples :

(17.77a) **tei te fare tā-'u tipi**
PP ART maison POS-1S couteau
"Mon couteau est à la maison"

(17.77b) **'aita tā-'u tipi i te fare**
NEG POS-1S couteau PP ART maison
"Mon couteau n'est pas à la maison"

Coppenrath et Prévost et la *Grammaire* de l'Académie, présentent, sur ces trois morphèmes, qu'ils appellent "locutions prépositives", une hypothèse séduisante : ils les analysent comme des combinaisons d'aspectuels avec la préposition **i** (var. **iā**). Si l'on admet en effet que **ei** est issu de **e** (inaccompli) + **i**, **tei** de **tē** (progressif) + **i**, et de même que **i** est non la simple préposition **i**, mais la contraction de **i** (accompli) + **i** (préposition), on s'explique assez bien la valeur temporelle de ces morphèmes. Mais, d'autre part, **i** référant au passé fait penser à l'initiale **i-** de **inānāhi** "hier", **ināpō** "la nuit dernière", opposés à **ānānahi** "demain", etc. (*cf.* § 17.10). En outre, il existe en maori, parallèle à tahitien **i, tei, ei**, une série **i, kei, hei,** qui suggère une origine différente.

17.12. maoti/maori

maoti (ou **maori**) signifie "malgré, en dépit de" :

(17.78) **'ua haere rātou maoti te ua**
ASP aller 3P PP ART pluie
"Ils sont partis malgré la pluie"

(17.79) **'ua haere 'o Vahine i Tahiti maoti te pato'i a tō-na**
ASP partir ID NP PP LOC PP ART refus PP POS-3S

nā metua
ART parent
"Vahine est partie à Tahiti malgré le refus de ses parents"

18. NOMINALISATIONS

18.1. GÉNÉRALITÉS

Une phrase à prédicat verbal peut être nominalisée. La forme verbale est transformée en forme nominale par substitution de l'article **te** au morphème aspectuel, avec ou sans addition au lexème noyau du suffixe **ra'a**. (sur ce suffixe, *cf.* § 12.4). Les compléments autres que l'objet restent inchangés. En revanche, la construction du sujet et celle de l'objet peuvent changer.

En ce qui concerne le sujet et l'objet, il y a deux possibilités : soit la rection verbale subsiste (sujet apposé sans relateur, objet introduit par la préposition **i**), soit la rection est nominale. Dans ce dernier cas la FN qui était sujet ou objet dans la phrase verbale devient un complément possessif. Elle peut aussi apparaître en fonction de qualificatif.

18.2. CONSTRUCTIONS

Nous indiquons ici différentes constructions possibles :

1. Le sujet reste apposé sans relateur :

(18.1)   te   taera'a mai   te   ha'amori 'itoro   i   Mo'orea...   (PN)
         ART   arriver   DIR   ART   culte   idole   PP   LOC
"L'arrivée du culte des idoles à Moorea..." ; *cf.* (2.58) et (18.6)

2. L'objet reste introduit par **i** (**iā**) :

(18.2)   te   ha'avāra'a iā   Teri'i
         ART   juger   PP   NP
"Le jugement de Terii" (dont il est l'objet) ; *cf.* (18.3) et (18.7)

3. Le sujet est complément possessif
(sur le choix de la préposition, *cf.* § 18.3) :

(18.3)   **te ha'avāra'a a Teri'i**
"Le jugement de Terii" (qu'il rend) ; *cf.* (18.2) et (18.6)

(18.4)   i   reira   (ia)   tō-na   taera'a mai
         PP   ANA   (ANA)   POS-3S   arriver   DIR
"C'est là/à ce moment qu'il arriva" (*litt.* là/à ce moment (fut) son arrivée)

(18.5)   te   taera'a mai   o   te   ha'amori 'itoro   i   Mo'orea... (PN)
         ART   arriver   DIR   PP   ART   culte   idole   PP   LOC
"L'arrivée du culte des idoles à Moorea..." ; *cf.* (2.58) et (18.1)

4. L'objet est complément possessif :

(18.6)   te   ha'avāra'a o   Teri'i
         ART   juger   PP   NP
"Le jugement de Terii" (dont il est l'objet) ; *cf.* (18.2) et (18.3)

5. Le sujet est complément possessif, l'objet introduit par **i** (**iā**) :

(18.7)   tā-'u   hāmanira'a   i   terā   fare
         POS-1S   fabriquer   PP   DEM   maison
"Ma construction de cette maison"

(18.8)   mea   marū   roa   tā   rātou   ravera'a mai   iā   mātou
         chose   doux   très   POS   3P   faire   DIR   PP   1Pexcl
"Ils nous ont traités avec beaucoup de douceur" (*litt.* très doux (fut) leur traiter nous)

6. Le sujet est complément possessif, l'objet est qualificatif (c'est-à-dire incorporé).

Dans ce cas, comme tous les qualificatifs, l'objet est non référentiel. Exemples :

(18.9)   **te   pu'ara'a 'ahu a   Vahine**
         ART   laver   linge   PP   NP
         "Le lavage de linge/La lessive de Vahine"

(18.10)   **te   hāmanira'a fare   a   te   tāmuta**
         ART   fabriquer   maison   PP   ART   charpentier
         "La construction de maison(s) par le charpentier"

18.3. SUJET OU OBJET TRAITÉ EN COMPLÉMENT POSSESSIF

Lorsque le sujet ou l'objet est traité en complément possessif, la question se pose de savoir si la préposition employée est **o** ou **a**. Il semble qu'on puisse dégager les tendances suivantes.

Dans le cas de l'objet, la préposition est toujours **o**, ex. (18.7) ; autres exemples :

(18.11)   **te   hāmanira'a o   te   fare**
         ART   fabriquer   PP   ART   maison
         "La construction de la maison"

Dans le cas du sujet d'un verbe patientif, la préposition est **o** :

(18.12)   **i   Pape'ete tō-na   pohera'a**
         PP   NP   POS-3S   mourir
         "Il mourut à Papeete" (*litt.* à Papeete (fut) son mourir)

(18.13)   **te   tupura'a o   te   rā'au**
         ART   croître   PP   ART   arbre
         "La croissance des arbres"

(18.14)   **te   haruru o   te   mātini**
         ART   gronder   PP   ART   moteur
         "Le grondement du moteur"

Il en va de même avec les verbes pseudo-passifs :

(18.15)   **e mea   pinepine tō-'u   tā'irira'a-hia**
         I   chose   souvent   POS-1S   fouetter-PASS
         "J'ai été fouetté souvent" (*litt.* est/fut chose fréquente mon être fouetté)

Dans le cas du sujet des verbes transitifs et (intransitifs) agentifs, le sujet (agent) est en principe introduit par la préposition **a**. Cependant, il y a des variations. Si l'action découle naturellement du référent du sujet, la préposition est **o**. Exemple :

(18.16) **tō-na hotura'a mātāmua**
POS-3S produire premier
"Sa première production" (un arbre)

Si la construction reste du type verbal, avec un objet introduit par la préposition **i**, le sujet est souvent un complément possessif en **o**. Exemples :

(18.17) **i tō rātou hāmanira'a i terā pahī...**
PP POS 3P fabriquer PP DEM bateau
"Lorsqu'ils construisirent ce bateau…"

(18.18) **'ua nāfea tō-na penira'a i teie va'a ?**
ASP comment POS-3S peindre PP DEM pirogue
"Comment a-t-il peint cette pirogue ?"

Dans les autres cas, la préposition est **a** :

(18.19) **te tāi'ara'a a te mau rātere**
ART pêcher PP ART PL voyageur
"La pêche des voyageurs"

On a de même, avec un qualificatif représentant l'objet :

(18.20) **te pu'ara'a 'ahu a Vahine**
ART laver linge PP NP
"Le lavage de linge/La lessive de Vahine"[17]

(18.21) **te hāmanira'a fare a te tāmuta**
ART fabriquer maison PP ART charpentier
"La construction de maison(s) par le charpentier"

Mais il y a des variations subtiles : comparer (18.22a-23a) et (18.22b-23b) :

(18.22a) **e mea vitiviti tā-na ha'unera'a i te 'ō'ini**
I chose rapide POS-3S tresser PP ART panier
"Sa manière de tresser les paniers est très rapide" ou "Il a l'art de tresser les paniers rapidement"

(18.22b) **e mea vitiviti tō-na ha'unera'a i te 'ō'ini**
"Le temps qu'il met/a mis à tresser des paniers est très bref"

---

17. Mais **te pu'ara'a 'ahu o Vahine** "le lavage du linge de Vahine", où le complément possessif se rapporte non à **pu'ara'a 'ahu** "lessive", mais à **'ahu** "linge".

(18.23a) **te hopura'a miti a te mau tamari'i**
ART se baigner mer PP ART PL enfant
"Le bain de mer des enfants" (le bain qu'ils prennent/ont pris)

(18.23b) **te hopura'a miti o te mau tamari'i**
"Le bain de mer des enfants" (le lieu de leur bain)

Le choix se fait toujours selon que le sujet est considéré comme l'agent du procès (préposition **a**) ou comme subissant en quelque mesure la situation décrite (préposition **o**).

19. VOCATIFS

Les noms en apostrophe sont ordinairement accompagnés de la particule ē, qui se place soit avant le nom soit après soit avant et après :

(19.1) **ē Teri'i ! Teri'i ē ! ē Teri'i ē !**
"Hé, Terii !"

(19.2) **ē te ha'avā ē !**
VOC ART juge
"Ô juge !"

(19.3) **ē te metua vahine maita'i ē !**
VOC ART parent femme bon VOC
"Ô bonne mère !"

(19.4) **ē te mau hoa tautai ē !**
VOC ART PL ami pêche VOC
"Amis pêcheurs !"

TROISIÈME PARTIE

Morphologie
Classes de mots

20. MORPHÈMES GRAMMATICAUX

On regroupe dans ce chapitre les divers morphèmes grammaticaux dont les fonctions ont été indiquées dans les parties précédentes décrivant l'organisation de la phrase et celle des syntagmes. La classification adoptée ici et l'ordre suivi sont essentiellement pratiques. Sont indiqués successivement les morphèmes prédicateurs, les pronoms personnels et démonstratifs, les articles, les quantifieurs et autres prédéterminants, les directionnels et déictiques, les qualificatifs (grammaticaux), les prépositions, les locatifs, les noms de nombre et les morphèmes divers qui servent à la modalisation, à la liaison et à la ponctuation du discours. On trouvera à l'index la référence des passages où sont décrites les fonctions de ces morphèmes.

20.1. PRÉDICATEURS

Les prédicateurs sont les morphèmes qui ont pour fonction unique ou principale d'introduire un prédicat.

- Aspectuels : **e** inaccompli, **i** accompli, **tē** progressif, **'ua** parfait, **'a** inceptif, **'ia** subjonctif, **nō** passé immédiat, **'oi** procès qui a failli se réaliser, **mai** même sens et aussi hortatif.

- Identificateur **'o** généralement présent devant les prédicats nominaux et devant les noms propres en fonction de sujet.

- Particules inclusives : statique **e**, dynamique **ei**.

- Particules numérales : **e** générale, **to'o** pour les personnes, **ta'i** et **tāta'i** distributives. Ces particules précèdent aussi les noms de nombre en position non prédicative. **hō'ē** "un", **'ahuru** "dix", **hānere** "cent", **tau(a)tini** "mille, peuvent fonctionner comme prédicatifs. Il en va de même, semble-t-il, de **tau** et **nau** "quelques.

- Présentatifs : **eie** "voici" (proche), **enā** "voilà" (près de l'allocutaire), **erā** "voilà" (lointain).

20.2. PRONOMS

Les pronoms peuvent remplir dans la phrase les mêmes fonctions que les syntagmes nominaux.

Pronoms personnels

	Singulier		Duel	Pluriel
1	**vau, au, -'u**	Inclusif	**tāua**	**tātou**
		Exclusif	**māua**	**mātou**
2	**'oe**		**'orua**	**'outou**
3	**'oia, 'ona, ana, -na**		**rāua**	**rātou**

À la 1ère personne du singulier, **au** s'emploie après un mot se terminant en -i ou -e, **vau** après les autres voyelles ; **-'u** s'affixe aux prépositions autres que **e** (complément d'agent), exemples **'ua 'ite 'oia iā-'u** "il/elle m'a vu", **tō-'u fare** "ma maison". À la 3ème personne du singulier, **'oia** et **'ona** s'emploient en fonction de sujet ou en position libre, **ana** avec la préposition **e**, **-na** avec les autres prépositions, exemples **'ua hāmanihia te fare e ana** "il/elle a construit la maison", **'ua 'ite au iā-na** "je l'ai vu(e)", **tā-na 'ohipa** "son travail". Au duel et au pluriel les formes inclusives incluent l'allocutaire : **tāua** "moi et toi", **tātou** "moi et vous" ; les formes exclusives l'excluent : **māua** "nous deux (sans toi)", **mātou** "nous autres".

Les pronoms personnels désignent toujours des personnes. L'expression **te reira**, formée de l'article **te** et du morphème **reira**, fonctionne comme pronom anaphorique, "la personne/chose en question, celui-là, celle-là, cela", et aussi comme article anaphorique (§ 20.3). Le morphème **reira** fonctionne également comme locatif (*cf.* § 20.8). On peut aussi analyser comme pronoms **te hō'ē** "l'un" et **te tahi** "l'un/l'autre" (*cf.* § 20.3).

Pronoms démonstratifs

"celui-/celle-ci, ceci"	"celui-/celle-là, cela"	"celui-/celle-là, cela"
(près du locuteur)	*(près de l'allocutaire)*	*(lointain)*
teie	**tenā**	**terā**

Ces mêmes formes fonctionnent aussi comme articles (§ 20.3, *cf.* § 1.1).

L'anaphorique **ia** s'emploie pour référer à une personne ou chose mentionnée en position thématique (*cf.* § 5.1) :

(20.1) **Tama, 'ua reva ia i teie po'ipo'i**
         NP   ASP partir ANA PP DEM   matin
         "Tama, il est parti ce matin"

La même forme s'emploie aussi comme article anaphorique et comme particule anaphorique (§ 20.3 et § 20.12).

20.3. ARTICLES

- Article général : **te** "le/la, un(e), du/de la".

- Articles possessifs dérivés de **te** par combinaison avec les prépositions possessives **o** et **a** :
  possession intime : **tō**   possession externe : **tā**

Il existe en outre une série d'articles possessifs "neutres", étrangers à l'opposition entre possession intime et possession externe et dérivés de **te** par combinaison avec les pronoms personnels du singulier :
ta'u "mon, ma, mes"   **tō** "ton, ta, tes"   **tana** "son, sa, ses"

Ces formes, aujourd'hui rares, comportent une nuance affective :

(20.2) **toro   mai   tō   rima**
        tendre DIR   POS   main
        "Tends-moi ta (petite) main"

- Articles démonstratifs dérivés de **te** par combinaison avec des déictiques : **teie** "ce/cette…-ci", **tenā** "ce/cette…-là (près de l'allocutaire)", **terā** "ce/cette…-là (lointain)" ; ces démonstratifs fonctionnent aussi comme pronoms (§ 20.2).

- Articles anaphoriques : **taua** et **ia** "le/la (en question)" ; **ia** est aussi pronom (§ 20.2) et particule (§ 20.12).

- Article paucal : **nā** "les (deux, quelques), des" ; le morphème **nā** fonctionne aussi comme quantifieur (après **tau**, **nau** et les articles démonstratifs).

- **Tau** et **nau** indiquent aussi un petit nombre. **Ma'a** "un peu de" est partitif. Ces trois morphèmes fonctionnent comme articles, mais aussi comme quantifieurs (§ 20.4).

20.4. QUANTIFIEURS ET AUTRES PRÉDÉTERMINANTS

Les prédéterminants se placent entre l'article (ou la particule inclusive) et le lexème centre de syntagme. Ce sont des quantifieurs et des anaphoriques.

Pluriel général : **mau**. Pluriel paucal : **tau, nau**, qui fonctionnent aussi comme articles (§ 20.2), ainsi que le partitif **ma'a**.

Unité : **hō'ē** "un", **tahi** "un, quelque, un autre". Ces deux morphèmes peuvent se combiner avec les marques de pluralité : **te hō'ē mau** "certains, les uns", **te tahi mau** "certains, d'autres, les autres", **te hō'ē/tahi nau/tau** "quelques". D'autre part, **te hō'ē** et **te tahi** sans lexème fonctionnent comme pronoms (§ 20.2).

Morphèmes désignant des collectivités : **hui** (personnes respectées), **feiā** (gens), **nana** (troupeau d'animaux), **pu'e** (ensemble de choses), etc.

Anaphorique : **reira,** exemple : **te reira ta'ata** "la personne en question, cette personne". Sans lexème, **te reira** fonctionne comme pronom (§ 20.2) ; **reira** sans article est locatif (§ 20.8).

20.5. DIRECTIONNELS ET DÉICTIQUES

Directionnels

    mai : vers le locuteur, devant lui
    atu : vers l'allocutaire, en s'éloignant
    a'e : sur le côté, en biais
    iho : sur place, là même

Déictiques

près du locuteur	près de l'allocutaire	au loin
nei	**na**	**ra**

20.6. SUFFIXES -ra'a ET -hia

Les morphèmes **-ra'a** et **-hia** sont largement grammaticalisés. Affixés à des lexèmes employés verbalement, ils en modifient la valeur de manière spécifique : **-hia** forme des pseudo-passifs, **-ra'a** des dérivés entrant dans une FN, mais gardant la capacité d'une rection verbale.

20.7. QUALIFICATIFS

Toutes sortes de lexèmes peuvent s'employer comme qualificatifs d'autres lexèmes. On peut considérer comme grammaticaux des morphèmes fréquents convoyant des notions générales, comme :

    roa   "long, grand, beaucoup" (marqueur d'intensité)
    noa   "seulement, sans autre, librement, sans limite"
    ato'a   "aussi, tous"
    pā'āto'a "tous (animés)"
    tā'āto'a "tous, tout entier"
    pauroa   "tout, tous sans exception"
    ana'e   "tout, seul"

Certains lexèmes, employés comme qualificatifs de formes verbales, expriment des nuances aspectuelles ou des caractères du procès, ainsi : **haere** "aller" (procès prolongé), **tā'ue** "jeter" (procès soudain), **ti'a** "droit" (action directe), **'ē** "autre" (écart), etc.

'ore "disparaître, ne plus exister", en position de qualificatif, forme des composés de sens négatif, exemple : **moni** "argent" ⇒ **moni 'ore** "sans argent" (*cf.* 21.6.2).

20.8. LOCATIFS

Les plus courants sont :

mua	"devant"	**muri**	"derrière"
ni'a	"haut"	**raro**	"bas"
roto	"dedans"	**rāpae**	"dehors"
rōpū et **rotopū**	"milieu"	**piha'i**	"côté" (toujours suivi d'un déictique)
tai	"mer"	**tahatai**	"bord de mer"
uta	"intérieur des terres"		

Fonctionne aussi comme locatif l'anaphorique **reira** "ce lieu, ce moment", à référence locale, temporelle et notionnelle : **i reira** "là, alors", **nā reira** "par là, ainsi, de cette façon", **nō reira** "de là, à cause de cela".

Les noms de lieu peuvent souvent fonctionner et comme locatifs et comme noms propres, exemple : **'ua haere mai au i Tahiti** " je suis venu à Tahiti" (locatif), mais **'ua 'ite au iā Tahiti** "j'ai vu Tahiti" (avec la forme **iā** de la préposition employée devant les noms propres).

Termes à référence temporelle : **inānahi** "hier", **ināpō** "la nuit dernière", **ānānahi** "demain", etc.

20.9. PRÉPOSITIONS

i	(variante **iā** devant pronoms et noms propres) "à, etc."
iō	"chez"
nā	"à (appartenance), par, pour" ; **nō** "à (appartenance), pour, de"
mai	(variante **maiā**, écrite **mai iā**, devant pronoms et noms propres) "de" (origine)
mā	"avec" et aussi "comme"
o et **a**	"de" (appartenance)
e	(agent)
'o	devant des locatifs
ā	devant des lexèmes à référence temporelle
i, tei, ei	(variantes **iā, teiā, eiā**, écrites **iā, tei iā, ei iā**, devant pronoms et noms propres) "à, chez", indiquant la position respectivement dans le passé, le présent et le futur
maoti	(variante **maori**) "malgré"

20.10. NOMS DE NOMBRE

Unités

1	**hō'ē** ou **tahi**,	0	**'aore**
2	**piti**	10	**hō'ē 'ahuru**
3	**toru**	20	**piti 'ahuru**
4	**maha**	30	**toru 'ahuru**, etc.
5	**pae**	100	**hō'ē hānere**
6	**ono**	200	**piti hānere**, etc.
7	**hitu**	1000	**hō'ē tauatini**
8	**va'u**	2000	**piti tauatini**, etc.
9	**iva**	100 000	**hō'ē hānere tauatini**, etc.

12   **hō'ē 'ahuru mā piti** (*litt.* une dizaine avec deux),

1998   **hō'ē tauatini 'e iva hānere 'e 'iva 'ahuru mā va'u** (*litt.* un millier et neuf centaines et neuf dizaines avec huit),

305   **toru hānere 'e pae** (*litt.* ... et cinq).

20.11. NÉGATION ET INTERROGATION

Négation

- de phrase :   **'aita** ou **'aore, e'ita** ou **e'ore, i 'ore, 'ia 'ore** ;
- de prédicat :   **e'ere** ou **e'ita** ;
- prohibition :   **'eiaha**.

Interrogation

Les morphèmes interrogatifs, que l'on regroupe ici pour la commodité, ont en commun de marquer une interrogation, mais ont des statuts grammaticaux divers, particule, pronom, locatif, etc.

Interrogation globale :

- devant le prédicat :   **peneia'e** "peut-être, est-ce que par hasard ?"
- après le prédicat :   **ānei** "est-ce que (vraiment) ?"
- en fin de phrase :   **'ene** ou **'ere** ou **e'ere ānei** "n'est-ce pas ?"

Interrogation partielle :

"qui ?"   **vai**, qui a la syntaxe des noms propres

"quoi ?"	**aha**, qui peut former une FN, **te aha** "quoi ?", une FI, **e aha** "est quoi ?", ou une FV, **'ua aha** "a fait quoi ?", **e aha** "fera quoi ?", etc.
"lequel ?"	**te hea**
"où ?"	**hea** ou **fea**, qui s'emploie avec des prépositions, **i hea** "où ?", **mai hea** "d'où ?", **nā hea** "par où ?" et "comment ?", etc.
"quand ?" :	**i-nā-fea** (passé), **ā-nā-fea** et **ā-fea** (futur), et avec préposition **nō nā-fea** "depuis quand ?"
"combien ?"	**hia**, qui a la syntaxe des noms de nombre

20.12. CONJONCTIONS ET PARTICULES DIVERSES

L'énoncé est modulé ou ponctué par diverses particules.

Particules anaphoriques :

ia, qui est aussi pronom (§ 20.2), fonctionne également comme un anaphorique général renvoyant de manière plus ou moins vague au contexte antérieur, "alors, donc". Exemple :

(20.3) nō reira ia 'ona i reva ai
       PP LOC ANA 3S ASP partir ANA
       "C'est (donc) pour cela qu'il est parti"

ai ne se trouve, sauf exception, qu'en proposition subordonnée et indique une relation oblique avec un terme mentionné antérieurement (*cf.* § 3.1).

Particules de discours :

ho'i	"aussi, donc"
pa'i	"en fait, en effet, vraiment"
ā	"encore"
iho ā	"bien, bel et bien, effectivement, quand même"
paha	"peut-être", **peneia'e** même sens (en tête de phrase)

La liaison entre membres de phrase ou entre propositions est assurée par des particules ou locutions comme : **'e** "et" ; **rā** (en deuxième position dans la proposition) ou **teie rā, terā rā** "mais" ; **'aore ra** "ou" ; **inaha, ina'a** "car" ; **'are'a (ā)** "cependant" ; **'oia ho'i** "c'est-à-dire".

On peut, si l'on veut, analyser comme conjonctions de subordination des morphèmes ou locutions qui régissent des subordonnées strictes (*cf.* § 3.1) :

'ahiri, 'ahini, 'ahari, 'ahani	"si" (irréel)
hou ou **nā mua (a'e)**	"avant que"
'a'uanei ou **'a'unei**	"de crainte que"
nō te reira	"c'est pourquoi"
'aua'e, 'aua'a	"grâce au fait que…"
maori (rā), maoti (rā)	id.

Le morphème **ē** "que" et diverses expressions introduisent des propositions qu'on peut interpréter comme des subordonnées lâches :

nō te mea (ē), i te mea (ē)	"parce que"
mai te peu (ē) ou **mai te mea (ē)**	"si" (hypothèse réalisable)
noa atu (ē)	"quand bien même, quoique"
nā fea ho'i ou **nā fea rā**	"mais malheureusement" ; etc.

Souvent la liaison logique entre propositions est exprimée par des qualificatifs, directionnels et/ou déictiques inclus dans le syntagme prédicatif.

Apostrophe : **ē** "ô, hé", antéposée et/ou postposée

Particule sociative : **mā** "et compagnie", employée après un nom propre (*cf.* la préposition **mā**, § 20.9).

21. MORPHOLOGIE LEXICALE

Si l'on considère comme des racines les lexèmes simples, c'est-à-dire indécomposables, les dérivation des autres lexèmes à partir des racines se fait par différents procédés : modification interne (allongement de voyelle, redoublement total ou partiel, métathèse de syllabes), affixation de préfixe ou de suffixe, composition de plusieurs lexèmes. On examine ci-dessous successivement : les allongements de voyelle (§ 21.1), les redoublements (§ 21.2), les métathèses (§ 21.3), la préfixation (§ 21.4), la suffixation (§ 21.5), la composition (§ 21.6).

21.1. ALLONGEMENTS DE VOYELLE

On considère successivement la forme (§ 21.1.1) et le sens (§ 22.1.2). Certains allongements sont solidaires d'un redoublement, *cf.* plus bas, § 21.3.1.

21.1.1. Formes

La voyelle allongée est soit la première soit la dernière ; dans certains dissyllabes, les deux voyelles sont allongées. On a donc :

- cvcv → cv̄cv :
  tu'i "heurter"[18]   **tū'i** "heurter doucement, effleurer"
- cvcv̄ → cv̄ cv̄ :
  patē "tinter"   **pātē** "faire tinter"

Dans les mots de ce type, la deuxième voyelle s'abrège après **h** et **f** :
'afā "se fendre"   **'āfa** "fendre"

- cvcvcv → cv̄cvcv :
  tahito "ancien"   **tāhito** "mépriser"
  vahine "femme"   **vāhine** "femmes" (duel)
- cvcv → cvcv̄ :
  pata "éclater"   **patā** "éclater avec bruit"
- cv̄ cv → cv̄ cv̄ :
  hā'u "aspirer, souffler"   **hā'ū** "souffler dans sa main (avec un bruit de sourdine)"
- cvcv → cv̄cv̄ :
  mahu "doux"   **māhū** "efféminé"

21.1.2. Sémantique

Les effets sémantiques de l'allongement vocalique sont les suivants :

- Duel

  vahine "femme"   **vāhine** "femmes"
  ta'ata "personne"   **tā'ata** "personnes"
  metua "père ou mère"   **mētua** "parents"
  tamari'i "enfant"   **tamāri'i** "enfants"

  Ces mots subissent l'allongement lorsqu'ils sont précédés de l'article **nā**.

- Passage du patientif à l'agentif

  tahito "ancien, usagé"   **tāhito** "mépriser, mettre de côté"
  mani'i "se renverser"   **māni'i** "renverser, verser"
  'afā "fendu"   **'āfa** "fendre en deux"
  patē "tinter"   **pātē** "faire tinter"

---

18. Dans les tableaux de dérivation, le mot simple figure dans la première colonne, le dérivé dans la seconde.

'ahure "mis à l'envers"   'āhure "(se) mettre à l'envers"

- Spécification

mahu "doux, patient"   māhū "efféminé, mou"
topa "tomber"   tōpā "se calmer" (éléments)
pahe'e "glisser"   pāhe'e "refluer" (mer)
pua "fleur, fleurir"   puā "éclore, jaillir" (avec un petit bruit)

La spécification peut être une atténuation :

tu'i "heurter"   tū'i "effleurer"
ha'u "aspirer, humer"   hā'u "humer doucement"
ne'i "appuyer presser"   nē'i "appuyer, presser doucement"

21.2. REDOUBLEMENT

On décrit d'abord les divers types de redoublement (§ 21.2.1), puis leurs valeurs sémantiques (§ 21.2.2).

21.2.1. Formes

Le redoublement peut être total ou partiel. On a les types suivants :

- Redoublement total

Il affecte des monosyllabes à voyelle longue et des dissyllabes :

pī "lancer de l'eau (une fois)"   pīpī "arroser"
hā "être bouche bée"   hāhā "rester bouche bée"
topa "tomber"   topatopa "tomber continuellement"
'āfa "moitié, diviser en deux"   'āfa'āfa "moitié moitié, chacun une moitié"

Quelquefois une voyelle longue s'abrège dans le mot redoublé :

tuō "crier, appeler"   tuotuō "crier, appeler plusieurs fois"

- Redoublement initial

Il peut affecter une ou deux syllabes. Le redoublement de la première syllabe s'accompagne généralement d'un allongement de cette première syllabe. Il concerne le plus souvent des dissyllabes et de trisyllabes à voyelles brèves et peut aussi affecter des mots comportant une voyelle longue. Exemples :

pou "descendre"   pōpou "descendre tous les deux ensemble"
tuō "crier, appeler"   ūtuō "crier très fort, hurler"
vāhi "casser en deux"   vāvāhi "casser complètement"

ta'uma "grimper"	tāta'uma "grimper à nouveau tous les deux ensemble"
taputō "se battre"	tātaputō "recommencer à se battre ensemble"
fāura "apparaître"	fāfāura "apparaître tous les deux ensemble"

Le redoublement des deux premières syllabes concerne des trisyllabes et des quadrisyllabes dont les premières syllabes sont brèves. Exemples :

parau "parler"	paraparau "parler longuement"
pararī "se briser"	parapararī "se briser de partout (légèrement)"
auahi "feu"	auauahi "fumée, vapeur"
tamari'i "enfant"	tamatamari'i "jeune enfant, encore enfant"

- Redoublement final

Il peut affecter une ou deux syllabes. Le redoublement de la dernière syllabe concerne des dissyllabes et des trisyllabes. Exemples :

tū'i "effleurer"	tū'i'i "effleurer ici et là et à petits coups"
pātē "faire tinter"	pātētē "faire tinter plusieurs fois"

Le redoublement des deux dernières syllabes affecte des trisyllabes et des quadrisyllabes. Exemples :

vaere "débrousser"	vāereere "débrousser un peu petit à petit"
tōpata "goutter"	tōpatapata "goutter continuellement"
tōrīrī "bruiner"	tōririririri "bruiner par intermittences" (avec abrègement)
pa'a'ina "craquer"	pa'a'ina'ina "craquer un peu plusieurs fois"

Cas particuliers :

pōro "bille, jouer aux billes"	pōorooro "jouer un peu aux billes"
'ū'uru "gémir"	'uru'uru "gémir un peu"

- Redoublement médian

Il concerne la deuxième syllabe des trisyllabes, la troisième des quadrisyllabes. Il s'accompagne souvent d'allongement. Exemples :

ma'ue "s'envoler"	mā'ū'ue "s'envoler tous les deux ensemble"
fāriu "se retourner"	fārīriu "se retourner tous les deux ensemble"
āmā'a "prendre un repas"	tamāmā'a "manger tous les deux ensemble"
taputō "se battre"	tapuputō "se battre les uns avec les autres"
maita'i "bon"	maitata'i "bons"

21.2.2. Sémantique

Le redoublement évoque fondamentalement une idée de multiplicité (*cf.* § 21.2.3). Mais cette valeur fondamentale se spécifie en une série de nuances diverses. Les mots à redoublement peuvent désigner une dualité ou une pluralité ou plus précisément une collectivité, ou au contraire une distribution ou une fragmentation. S'agissant de procès, la pluralité prend la forme d'action répétée ou émanant de plusieurs agents ou affectant plusieurs objets ou plusieurs lieux. Elle peut dériver vers l'idée de diminutif ou d'atténuation, d'approximation, de ressemblance, ou celles de légèreté et de rapidité. Elle peut aboutir inversement à l'idée de massification, prolongation, intensité, complétude. Les effets dépendent naturellement du sémantisme du lexème de base et de celui du dérivé : ils varient selon que l'un et/ou l'autre désigne une entité, un procès ou un état ou une qualité.

Il semble bien en outre qu'on puisse classer les types de redoublement en deux ensembles, ayant des valeurs sémantiques en gros différentes : d'une part le redoublement de la syllabe initiale ou d'une syllabe médiane ; d'autre part le redoublement total, celui des deux premières syllabes et celui d'une ou deux syllabes finales. Comparer les phrases b et c des exemples suivants :

(21.1a) **'ua ti'a 'o Tama**
ASP se lever ID NP
"Tama s'est levé"

(21.1b) **'ua tīti'a 'o Tama mā**
ASP se lever ID NP SOC
"Tama et l'autre se sont levés (en même temps)"

(21.1c) **'ua ti'ati'a 'o Tama**
"Tama est resté debout"

(21.2a) **'ua topa te vī**
ASP tomber ART mangue
"Les mangues sont tombées"

(21.2b) **'ua tōtopa te vī**
"Les deux mangues sont tombées (en même temps)"

(21.2c) **'ua topatopa te vī**
"Les mangues continuent de tomber"

(21.3a) **'ua mo'e 'o Tama**
ASP disparaître ID NP
"Tama a disparu"

(21.3b) **'ua mōmo'e 'o Tama rāua 'o Teri'i**
ASP disparaître ID NP   3D   ID NP
"Tama et Terii ont disparu (en même temps)"

(21.3c) **'ua mo'emo'e 'o Tama**
"Tama est un peu perdu"

Nous considérerons successivement les sens convoyés par ces deux groupes de redoublements.

21.2.2.1. Massification

Le redoublement de la syllabe initiale ou d'une syllabe médiane, généralement avec allongement, a des valeurs qui sont plutôt de l'ordre de la massification. Il signifie souvent le duel ou l'itération, parfois la spécification.

a) Duel, procès simultané à deux

ta'i "pleurer"   **tāta'i** "pleurer tous les deux ensemble"
topa "tomber"   **tōtopa** "tomber tous les deux en même temps"
                          (*cf.* § 21.2.2.2 d)
mo'e "être perdu,   **mōmo'e** "disparaître tous les deux en même temps"
disparaître"   (*cf.* § 21.3.2.2 h)

Redoublement médian :

ta'oto "dormir"   **tā'ō'oto** "dormir tous les deux ensemble"
                          (*cf.* § 22.3.2.2 h)
ha'uti "jouer"   **hā'ū'uti** "jouer tous les deux ensemble"
                          (*cf.* ci-dessous c) et h) et 22.2.2.2 h)

b) Action recommencée

haere "marcher, aller" **hāhaere** "recommencer à marcher"
pa'i "taper"   **papa'i** "retaper, donner deux tapes"

c) Action recommencée à deux

rave "faire"   **rārave** "faire à nouveau tous les deux ensemble"
ha'uti "jouer"   **hāha'uti** "jouer à nouveau tous les deux ensemble"

d) Action recommencée à plusieurs

parau "parler"   **pāparau** "reparler ensemble"
tama'i "gronder"   **tātama'i** "recommencer à se disputer"
taputō "se battre"   **tātaputō** "se battre à nouveau ensemble" (*cf.* e)

e) Action à plusieurs, réciproque (redoublement médian sans allongement)

tama'i "gronder"   **tamama'i** "se disputer"

      taputō "se battre"   **tapuputō** "se battre les uns avec les autres"

f) Action portant sur deux objets (redoublement médian avec ou sans allongement)

      tāumi "enfoncer"   **tāūumi** "enfoncer les deux en même temps"
      tāpo'i "couvrir"   **tāpōpo'i** "couvrir les deux en même temps"
      fa'ahoro "faire courir"   **fa'ahohoro** "faire courir les deux en même temps"

g) Intensité

      'umi "presser entre les mains"   **'ū'umi** "étrangler"
      tuō "crier"   **tūtuō** "crier très fort, hurler" (*cf.* § 21.2.2.2b)
      rahi "grand"   **rārahi** "très grand" (*cf.* § 21.2.3)
      mona "agréable au goût"   **mōmona** "très agréable au goût, très sucré, bonbon" (*cf.* 21.2.2l)
      ne'i "presser, appuyer"   **nene'i** "presser fort, appuyer fort" (*cf.* ci-dessous i) et § 21.2.2.2d)

h) Complétude

      'oti "couper"   **'ō'oti** "couper complètement"
      vāhi "casser en deux"   **vāvāhi** "mettre en miettes"
      pararī "se briser"   **pāpararī** "complètement brisé"

Redoublement médian :

      tī'au "enlacer"   **tī'ā'au** "enlacer complètement"
      ha'uti "bouger"   **hā'ū'uti** "bouger vraiment" (*cf.* ci-dessus a)
      pahure "écorché"   **pāhūhure** "complètement écorché"
      matara "défait"   **mātātara** "complètement défait" (*cf.* § 21.2.2.2 e)
      hore "peler"   **hōhore** "peler complètement" (*cf.* § 21.2.2.2 e)

i) Spécification :

      ne'i "presser"   **nene'i** "imprimer" (*cf.* ci-dessus g)
      pape "eau"   **pāpape** "ondée, bourrasque avec pluie"
      fare "maison"   **fāfare** "saillie dans un roc qui contient une habitation ou peut servir d'abri"
      to'o "gaffe"   **tōto'o** "sceptre, canne du roi"
      'ahu "étoffe, linge, vêtement"   **'ā'ahu** "le vêtement de quelqu'un"

21.2.2.2. Fragmentation

Le redoublement total (monosyllabes et dissyllabes), celui des deux premières syllabes (trisyllabes et quadrisyllabes) et celui de la dernière (dissyllabes et trisyllabes) ou des deux dernières syllabes (trisyllabes et quadrisyllabes) ont approximativement les mêmes valeurs sémantiques. Ils évoquent, dans le cas des entités, la multiplicité, la fragmentation, la petitesse, l'approximation, la ressemblance, la spécification, et, s'agissant des procès, l'itération, la progressivité, l'atténuation, la légèreté, la rapidité, rarement l'intensité.

a) Multiplicité

'ao "côte" (désuet)	**'ao'ao** "côté"
aho "souffle"	**ahoaho** "agitation"
aro "face, face interne de qqch."	**aroaro** "doublure (d'un vêtement), face interne d'un toit, plafond"
para "croûte grasse"	**parapara** "quelques croûtes grasses"
toe "reste, restant"	**toetoe** "des restes"

Le mot redoublé peut désigner un état ou une qualité :

puta "percé"	**putaputa** "troué, plein de trous"
pona "nœud"	**ponapona** "noueux (bois)"
mutu "coupé"	**mutumutu** "déchiqueté"
fati "cassé"	**fatifati** "en morceaux"
tāfeta "tache"	**tāfetafeta** "taché"

b) Itération (d'un procès)

'amu "manger"	**'amu'amu** "manger souvent"
hape "se tromper"	**hapehape** "se tromper souvent"
ho'i "revenir"	**ho'iho'i** "revenir souvent ou de temps en temps"
tuō "appeler"	**tuotuō** "appeler plusieurs fois"
'opa "pencher sur le côté"	**'opa'opa** "tanguer, rouler"
huri "(se) renverser"	**hurihuri** "rouler (bateau)"
tīoi "tourner, (changer de direction), virer"	**tīoioi** "aller en zigzag"

De même avec redoublement final (parfois avec allongement vocalique). Exemples :

pātē "faire résonner"	**pātētē** "faire résonner fréquemment"
tōtō "cogner"	**tōtōtō** "cogner fréquemment"
pāhu "éclabousser"	**pāahuahu** "éclabousser régulièrement, continuellement"
ha'uti "bouger"	**hā'utiuti** "bouger beaucoup, fréquemment"
fāriu "se tourner"	**fāriuriu** "se retourner fréquemment"

Le mot redoublé peut désigner une propriété, une qualité :

he'e et pāhe'e "glisser" he'ehe'e et pāhe'ehe'e "glissant" (où l'on glisse souvent)
rave "faire" raverave "touche-à-tout" (*cf.* ci-dessous h)

c) Prolongation (dans le cas des procès duratifs) :

ti'a "se lever, être debout" ti'ati'a "rester debout"
inu "boire" inuinu "continuer à boire"
rere "voler (oiseau)" rererere "continuer à voler"
māro "masser" māaroaro ou māorooro "masser régulièrement, continuellement"
tāhiri "éventer, souffler" tāhirihiri "éventer continuellement"
tōpata "goutter" tōpatapata "goutter continuellement"
ta'amino "tourner en rond" ta'aminomino "ne cesser de tourner en rond"

d) Fragmentation :

hu'a "petit morceau, particule" hu'ahu'a "copeaux, miettes" (le redoublement ici ne fait que renforcer le sens propre du lexème)
one "sable" oneone "qui contient un peu de sable (çà et là)"
pape "eau" papepape "qui contient un peu d'eau"

Dans le cas des procès, le redoublement indique que l'action se fait par petites quantités :

ho'o "vendre" ho'oho'o "vendre par petites quantités"
ne'i "appuyer" ne'ine'i "appuyer par petites pressions"
pa'i "taper" pa'ipa'i "tapoter"

ou qu'elle concerne plusieurs entités :

topa "tomber" topatopa "tomber (feuilles, fruits)"
putu "rassemblé" putuputu "se rassembler dans un lieu"
ma'ue "s'envoler" mā'ue'ue "s'envoler (oiseaux)"

ou qu'elle s'exerce à plusieurs endroits :

pāfa'i "cueillir" pāfa'ifa'i "cueillir en plusieurs endroits"
pū'oi "rallonger" pū'oi'oi "rallonger en plusieurs endroits"

e) Progressivité (procès accompli peu à peu) :

matara "défait" mātaratara "se défaire en plusieurs endroits" ou "petit à petit" (*cf.* § 21.2.2.1 h)
nu'u "se déplacer, avancer" nu'unu'u "avancer peu à peu, tout doucement"

ne'e "ramper"   ne'ene'e "avancer par petits rampements"
hore "peler"   horehore "peler par petits coups"
tāmau "apprendre"   tāmaumau "apprendre petit à petit"
fa'aru'e "jeter, abandonner"   fa'aru'eru'e "jeter, abandonner peu à peu"

f) Rapidité et éparpillement, (redoublement des deux premières syllabes) :

horoi "laver"   horohoroi "laver rapidement et partout"
parai "peindre, tartiner"   paraparai "peindre rapidement et de tous côtés"
ta'ahi "marcher sur qqch., fouler"   ta'ata'ahi "marcher rapidement sur quelque chose, piétiner, pédaler"

g) Valeur distributive (dérivés de noms de nombre) :

'āfa "moitié"   'āfa'āfa "avoir chacun la moitié"
hō'ē "un"   hō'ēhō'ē "former chacun un groupe"

Comparer :

(21.4a)   **'ua   hō'ē   rātou**
ASP   un   3P
"Ils ont formé un seul groupe"

(21.4b)   **'ua   hō'ēhō'ē   rātou**
"Ils ont formé chacun un groupe"

h) Atténuation :

ahu "avoir la fièvre"   ahuahu "être un peu fiévreux"
rari "mouillé"   rarirari "légèrement mouillé"
mo'e "perdu"   mo'emo'e "un peu perdu"
maere "étonné"   māereere "un peu étonné"
ta'ero "ivre"   ta'ero'ero "un peu ivre"

Dans le cas des procès, le mot redoublé évoque une action superficielle, peu insistante ou à peine commencée. Exemples :

rave "faire"   raverave "faire superficiellement"
hopu "se baigner"   hopuhopu "faire trempette"
tāma'i "gronder"   tamatama'i "commencer à gronder, gronder légèrement"
mata'i "venter"   matamata'i "commencer à venter, venter un peu"
ha'uti "jouer"   ha'uti'uti "jouer un peu" et aussi "branler"
ta'oto "dormir"   ta'oto'oto "faire un petit somme"
hīmene "chanter"   hīmenemene "chantonner"

tīa'i "attendre"   tīa'ia'i "attendre un peu"

i) Diminutif :

pu'u "bosse"   pu'upu'u "pustule, bouton"
'iro "ver"   'iro'iro "vermisseau"
ra'o "mouche"   ra'ora'o "moucheron"
rima "main"   rimarima "doigt" (cf. ci-dessous j)
'ōfa'i "caillou"   'ōfa'ifa'i "petit caillou"
'āma'a "branche"   'āma'ama'a "branchette"

j) Ressemblance ou contiguïté :

ava "passe"   avaava "petite passe"
'ava "boisson forte"   'ava'ava "tabac"
fare "maison"   farefare "espèce de petite maison"
huru "cheveu" (désuet)   huruhuru "poil, duvet, plume"
rima "main"   rimarima "gant" (cf. ci-dessus i)
manu "oiseau"   manumanu "insecte, puceron, microbe"
to'a "corail"   to'ato'a "avoir l'odeur du corail"
tira "chef"   tiratira "se conduire comme un chef"
auahi "feu"   auauahi "fumée"
tamari'i "enfant"   tamatamari'i "puéril, infantile"
huero "œuf"   hueroero "espèce d'œuf"
taea'e "frère, cousin"   taea'ea'e "cousin à la mode de Bretagne"
tāpo'i "couvercle"   tāpo'ipo'i "qui peut servir de couvercle"

k) Spécification :

pū "coquillage"   pūpū "petits coquillages dont on fait des guirlandes"
hi'o "regarder"   hi'ohi'o "regarder de tous côtés comme si on avait peur d'être vu"
tahito "vieux"   tāhitohito "mépriser"
tā'iri "fouetter"   tā'iri'iri "secouer la tête, remuer la queue (chien)"
tātara "dénouer, défaire"   tātaratara "démonter (une mécanique)"
mana'o "penser"   māna'ona'o "s'inquiéter, se faire du souci"
fā'ite "montrer, dévoiler"   fā'ite'ite "cafarder"
fa'aro'o "écouter"   fa'aro'oro'o "écouter aux portes, écouter les racontars" (péjoratif)

l) Intensité (rare) :

mona "agréable au goût"   monamona "qui a beaucoup de goût, sucré"
ve'a "chaud"   ve'ave'a "très chaud, brûlant"
rohi "fatigué"   rohirohi "très fatigué"

21.2.2.3. Redoublement grammatical

Lorsqu'une forme nominale, affectée ou non d'un quantifieur, réfère à une dualité ou une pluralité, un lexème qui le qualifie peut se trouver affecté d'un redoublement ; le redoublement est généralement du premier type au duel, ex. (21.9) et (21.11), et du second type au pluriel, ex. (21.6) et (21.10).

(21.5) te   mau   'oire   'ē'ē
      ART PL   ville   étranger
      "Les villes étrangères" ('ē "étranger")

(21.6) te   feiā   ri'iri'i
      ART gens petit
      "Les humbles" (ri'i "petit")

(21.7) e   'ati   'oia i te mau 'ati rarahi
      ASP avoir des ennuis 3S PP ART PL ennui grand
      "Il aura de grands ennuis" (rahi "grand")

(21.8) e pu'u iti mou'a tō reira 'o tei api roa
      I bosse petit mont POS LOC ID ART+ASP être plein INT

      i te aora'i rarahi (HF 293)
      PP ART palais grand
      "Il y a là une colline qui est pleine de grandes demeures magnifiques"

(21.9) e nau ta'ata 'i'ino ihoā rāua (HF 281)
      I QUAN homme mauvais vraiment 3D
      "Ce sont (tous les deux) vraiment des hommes mauvais"

De même, un lexème en position prédicative peut subir un redoublement quand le sujet, marqué ou non d'un quantifieur, réfère à une dualité ou une pluralité :

(21.10) 'ua 'ama'ama te mau mōrī
       ASP être allumé ART PL lampe
       "Les lampes sont allumées (un peu partout)", ('ama "être allumé")

(21.11) e'ita ānei 'orua e hahaere e tāi'a
       NEG INT 2D ASP aller ASP pêcher
       "N'irez-vous pas (tous deux) à la pêche ?" (haere "aller")

Dans les deux cas, cet "accord en nombre" n'est jamais obligatoire.

21.3. MÉTATHÈSES

Un petit nombre de mots semble formé par inversion des syllabes. Ce procédé de dérivation (originellement ludique ou argotique ?) paraît associé à une spécification sémantique :

maru "s'obscurcir (général)" **ruma** "s'obscurcir (ciel)"
teatea "clair, dégagé (général)" **ateate** "clair, limpide (eau)"
'ao "côte (os) (désuet)" **o'a** "membrure (d'une embarcation)"
'ōmuhu "murmurer, parler à voix basse" **'ōhumu** "médire, calomnier (à voix basse)"

21.4. PRÉFIXATION

Les préfixes ont joué dans le passé un grand rôle dans la formation des lexèmes. Aujourd'hui ne sont plus guère vivants que les préfixes **fa'a-** et **ha'a-** et le préfixe **tā-**.

21.4.1. fa'a-/ha'a-

Les préfixes **fa'a-** et **ha'a-** sont généralement considérés comme équivalents et servant pareillement à former des causatifs et des factitifs[19] ; ils seraient en distribution complémentaire, **ha'a-** devant une initiale labiale (**f, m, p, v**), **fa'a-** devant les autres consonnes. Cette description doit être sérieusement nuancée. En ce qui concerne le conditionnement phonologique, on constate qu'il existe des lexèmes, à initiale labiale ou non, qui admettent l'un et l'autre préfixe :

ha'a-fārerei et **fa'a-fārerei** "faire rencontrer"
ha'a-mau et **fa'a-mau** "fixer, établir"
ha'a-topa et **fa'a-topa** "faire tomber"
ha'a-'ati et **fa'a-'ati** "entourer"

Cependant un comptage opéré sur les mots enregistrés dans le lexique de Lemaître (1973) fait apparaître que, sur 244 mots en **fa'a-**, il y en a 20 dont le lexème de base commence par **f, m, p** ou **v**, tandis que, sur 165 mots en **ha'a-**, on en trouve 138 dont le lexème de base a une labiale initiale. Le conditionnement phonologique de la répartition des deux formes n'est donc pas une loi absolue, mais c'est une tendance très marquée.

En ce qui concerne la fonction, on a parfois différencié les deux formes. Selon Saranga (1983), **fa'a-** s'emploie devant tout espèce de lexème, agentif ou

---

19. Nous appelons causatifs les dérivés biactanciels des verbes uniactanciels (exemple : "faire tomber") et factitifs les triactanciels dérivés de biactanciels (exemple : "faire faire").

patientif (*cf.* § 5.3.2), tandis que **ha'a-** serait préfixé seulement à des patientifs, qui deviennent par là même agentifs. L'auteur note que, sur une trentaine de lexèmes soumis à l'expérience, seuls les quinze patientifs admettent la préfication en **ha'a-**. Exemple :

tupu "pousser" (végétaux)   **ha'atupu** "faire pousser"
(mais **fa'atupu** existe dans le même sens !).

Le même auteur introduit une différence sémantique entre les deux formes : tandis que **ha'a-** évoquerait l'idée d'une action exercée directement, personnellement par l'agent, **fa'a-** impliquerait une action indirecte, faisant appel à un agent intermédiaire ou à quelque moyen utilisé par l'agent pour aboutir à un certain résultat. On a pu aussi présenter **fa'a-** comme exprimant une "causativité très forte" et **ha'a-** une "causativité moins forte" (Peltzer 1986). Ces formulations reflètent une intuition dont il faudrait pouvoir préciser le fondement dans le fonctionnement de la langue. Il est possible aussi que l'usage varie selon les locuteurs. Une recherche de détail serait ici nécessaire.

Réserve faite des différences fines entre les deux formes que cette enquête pourrait révéler, voici les principaux emplois du préfixe **fa'a-/ha'a-**. Avec les agentifs biactanciels, il forme des factitifs. Exemples :

'amu "manger" **fa'a'amu** "faire manger, nourrir"
fānau "mettre au monde, donner naissance à" **fa'afānau** "accoucher (une femme)"
fārerei "rencontrer, visiter" **fa'afārerei/ha'afārerei** "faire rencontrer"
rave 'faire" **fa'arave** "faire faire"
tai'o "lire" **fa'atai'o** "faire lire"

(21.12) e   fa'atai'o vau   iā   'oe   i   tō   'oe   i'oa
         ASP faire lire 1S   PP   2S   PP POS 2S   nom
"Je vais te faire lire ton nom"

Avec les agentifs uniactanciels, il forme des agentifs biactanciels (causatifs) ou parfois uniactanciels. Exemples :

fiu "se lasser" **ha'afiu** "ennuyer" et aussi "s'ennuyer"
haere "aller, marcher" **fa'ahaere** "faire aller, marcher"
horo "courir" **fa'ahoro** "faire courir, conduire, piloter"
'ori "danser" **fa'a'ori** "faire danser"
reva "partir" **fa'areva** "faire partir" et "se mettre à partir".

(21.13) 'ua   fa'areva   te   pahī
         ASP faire partir ART bateau
"Le bateau part sur le champ/est prêt à partir"

Avec les patientifs, il forme des agentifs biactanciels (causatifs) ou uniactanciels. Exemples :

hape "se tromper"	**fa'ahape/ha'ahape** "induire en erreur"
'ī "plein"	**fa'a'ī** "remplir"
mana'o "penser"	**ha'amana'o** "se rappeler"
marō "sec"	**fa'amarō/ha'amarō** "sécher, assécher"
oti "fini"	**fa'aoti** "finir, terminer"
toetoe "froid"	**fa'ato'eto'e** "refroidir"
tupu "pousser"	**fa'atupu /ha'atupu** "faire pousser" et "repousser"
veve "pauvre"	**ha'aveve** "appauvrir"

(21.14a)   **'ua fa'atupu/ha'atupu vau i te tiare**
           ASP   faire pousser   1S   PP ART fleur
       "J'ai fait pousser les fleurs"

(21.14b)   **'ua fa'atupu/ha'atupu te tiare**
       "Les fleurs repoussent"

Avec les noms de nombre, il forme des causatifs :

toru "trois"	**fa'atoru/ha'atoru** "faire en sorte que la chose soit trois, diviser en trois"
hō'ē "un"	**fa'ahō'ē** "unifier, faire une seule part"

Avec les lexèmes qui se trouvent surtout dans des emplois de type nominal, il forme des agentifs signifiant "faire devenir" ou exprimant des activités diverses en rapport avec le sens du lexème de base. Exemples :

ari'i "roi"	**fa'aari'i** "faire roi"
pape "eau"	**ha'apape** "transformer en eau, liquéfier"
vahine "femme"	**ha'avahine** "déguiser en femme, traiter en femme, faire la femme"
'uri "chien"	**fa'a'uri** "traiter en chien, traiter de chien"
'ahu "vêtement"	**fa'a'ahu** "vêtir"
putē "poche"	**ha'aputē** "mettre des poches (à un vêtement)"
taime "temps"	**fa'ataime** "différer"

Les deux formes du préfixe sont parfois combinées, par exemple :

mana'o (patientif) signifie "penser"
ha'a-mana'o "penser activement, se rappeler"
fa'a-ha'a-mana'o "faire en sorte que qqn se rappelle, rappeler (qqch. à qqn)".

(21.15a)   **'ua mana'o vau iā-na**
           ASP   penser   1S   PP-3S
       "J'ai pensé à lui" (*litt*. la pensée de lui m'est venue)

(21.15b) e   ha'amana'o vau   i   tō-'u   nā   metua
        ASP   se rappeler 1S   PP   POS-1S   QUAN   parent
        "Je penserai à mes parents"

(21.15c) 'a   fa'aha'amana'o mai   iā-'u   e   ti'i   i   te   faraoa !
         1SP   faire rappeler DIR   PP-1S   ASP   chercher PP   ART   pain
         "Rappelle-moi d'aller chercher du pain"

21.4.2. tā-

Le préfixe **tā-** est le seul autre préfixe disponible dans la langue contemporaine. Il forme des agentifs et des lexèmes susceptibles principalement d'emploi nominal. Il convoie essentiellement l'idée d'application d'une entité ou d'un procès à un usage ou d'affectation d'un caractère à une entité.

Avec des agentifs, il forme des agentifs exprimant des procès qui sont des spécifications du procès désigné par le lexème de base :

huna "enterrer, cacher"   **tāhuna** "cacher en enterrant"
viri "rouler, enrouler"   **tāviri** "tourner, tordre" et aussi "clef"
ne'e "ramper"   **tāne'e** "marcher avec précaution"

Avec des patientifs, il exprime l'idée de "faire devenir" :

po'i "couvert"   **tāpo'i** "couvrir"
mau "fixe"   **tāmau** "fixer"
pē "mûr, fermenté"   **tāpē** "mettre à mûrir, à fermenter"
rava "allongé"   **tārava** "allonger, s'allonger"
he'e "glisser"   **tāhe'e** "purger"

Avec des lexèmes d'emploi principalement nominal, il forme des agentifs désignant des procès accomplis au moyen de l'entité de base :

pape "eau"   **tāpape** "laver à l'eau, diluer avec de l'eau, etc."
rima "main"   **tārima** "faire à la main"
pona "nœud"   **tāpona** "nouer"
i'a "poisson"   **tāi'a** "pêcher"
ū "lait"   **tāū** "lacter, mettre du lait (dans le café, etc.)"

Il peut aussi former des lexèmes désignant des entités ou qualités en rapport de contiguïté ou d'affectation avec l'entité de base :

fare "maison"   **tāfare** "auvent"
upo'o "tête"   **tāupo'o** "chapeau"
vaha "bouche"   **tāvaha** "mors"
mahana "jour"   **tāmahana** "journalier (travailleur)"
'āva'e "mois"   **tā'āva'e** "mensuel"

Avec des noms de nombre, il indique l'idée de multiple :

piti "deux"   **tāpiti** "bisser"

maha "quatre"   **tāmaha** "quadrupler"

21.4.3. Autres préfixes

D'autres préfixes, qui restent reconnaissables en tant que tels, ne servent plus à la dérivation dans la langue contemporaine.

- Le préfixe **'ā-** a été très productif. Il forme des lexèmes généralement agentifs, dont le sémantisme est en rapport variable avec celui du lexème de base :

pae "côté"	**'āpae** "longer le bord"
hipa "être de travers"	**'āhipa** "mettre de travers, détourner les yeux en se mettant en biais"
he'e "glisser"	**'āhe'e** "partir vent arrière"
pa'i "écraser, frapper"	**'āpa'i** "écraser contre terre, tuer"
pī "immature"	**'āpī** "jeune, nouveau"
piti "deux"	**'āpiti** "se mettre à deux"
ni'a "en haut, dessus"	**'āni'a** "être superficiel, frivole"

Il forme aussi des noms d'entités :

ivi "arête"	**'āivi** "colline"
pape "eau"	**'āpape** "ondée, bourrasque"
fa'a "fendu, fente"	**'āfa'a** "vallée"
pito joindre, lier"	**'āpito** "paquet de fruits de l'arbre à pain liés ensemble" et aussi "se tenir coude à coude"

- Le préfixe **au-**, peu productif, forme des mots de sens collectif :

pupu "groupe"	**aupupu** "se liguer contre"
riri "se fâcher"	**auriri** "se chagriner pour"
ta'a "séparé"	**auta'a** "s'installer à part pour la nuit"
pari "accuser"	**aupari** "accuser à tort"
taea'e "frère"	**autaea'e** "confrérie"
tahu'a "expert, prêtre"	**autahu'a** "corporation des experts, ordre des prêtres"

- Le préfixe **'au** évoque l'idée d'"entourer". Exemples :

papa "socle, rocher plat"	**'aupapa** "surface plane qui entoure un socle"
paru "coupon de tissu"	**'auparu** "étoffe qui entoure le coupon"
fau "outil"	**'aufau** "manche (d'un outil)"
tahu "allumer un feu"	**'autahu** "morceaux de bois allumés autour d'un feu"

- Le préfixe **fau-**, peu productif, est augmentatif :

fa'a "objet, ouvrage"   **faufa'a** "richesses, grande utilité"

    pare "avancée d'un toit"   **faupare** "toit à large bord, sorte de véranda
    upo'o "tête"   **faupo'o** (avec contraction) "chapeau à larges bords"

- Le préfixe **fe-** est itératif ou collectif :

    a'a "racine, source"   **fea'a** "hésiter, tergiverser"
    'ume "tirer"   **fe'ume** "avoir des tiraillements"
    ori "se promener"   **feori** "changer constamment de retraite"
    ura "s'enflammer"   **feura** "raviver (un feu, un souvenir)"
    ti'i "ancêtre", statue rappelant les **feti'i** "famille étendue" ; "ancêtres"

- Le préfixe **hō-**, inchoatif ou causatif, forme surtout des mots exprimant des sentiments :

    ri'ari'a "avoir peur   **hōri'ari'a** "prendre peur de"
    taratara "se hérisser"   **hōtaratara** "avoir les cheveux qui se dressent sous l'effet de la peur"
    riri "se fâcher"   **hōriri** "se fâcher à cause de"
    ta'i "pleurer"   **hōta'i** "provoquer les pleurs, pleurer à cause de"
    ata "rire"   **hō'ata** "provoquer le rire, plaisanter"

- Le préfixe **'ī-** est diminutif :

    hata "construction en bois"   **'īhata** "petite boîte"
    tari "régime (de fruits)"   **'ītari** "petit régime"
    rava "strie brunâtre"   **'īrava** "petite meurtrissure allongée brunâtre"

- Le préfixe **ma-** forme des patientifs :

    heu "découvrir"   **maheu** "découvert"
    hore "peler"   **mahore** "pelé"
    rere "voler"   **marere** "être en vol"
    a'a "en vue, élevé"   **mara'a** "se soulever"
    tere "avancer, voyager"   **matere** "être arrêté dans son voyage"

- Le préfixe **mā-** indique la ressemblance, l'idée de "tendre vers" :

    puhi "souffler"   **māpuhi** "reprendre son souffle"
    ui "questionner"   **māui** "(se) demander"
    'imi "chercher"   **mā'imi** "rechercher"
    nina "lisse"   **mānina** "être lissé"
    'ute'ute "rouge"   **mā'ute'ute** "rougir, rougeâtre"
    'uo'uo "blanc"   **mā'uo'uo** "blanchir, blanchâtre"

- Le préfixe **'ō-** a formé de nombreux mots, dont le sens comporte aussi l'idée de ressemblance ou de "tendre vers" la notion de base :

ne'e "ramper"	'ōne'e "commencer à ramper, ramper avec difficulté"
'ute'ute "rouge"	'ō'ute'ute "commencer à rougir"
fati "cassé"	'ōfati "casser"
pani "fermé"	'ōpani "fermer"
mata "œil"	'ōmata "maille (d'un filet)"
ihe "lance"	'ōihe "bâton à fouir"
vahine "femme "	'ōvahine "femelle"

- Le préfixe **pā-**, qui a été très productif, a différents sens dérivant de l'idée de contact en surface. Il peut indiquer l'idée de "prendre appui sur" ou de "reposer sur, tirer son origine de" la notion de base :

pua "fleur"	pāpua "jeune pousse de fleur"
vaha "bouche"	pāvaha "faux rapport" (reposant sur des racontars)
rau "valve"	pārau "nacre"
ti'a "piquet"	pāti'a "paroi de bambou soutenue par des piquets"
tua "haute mer, large"	pātua "rafale venue de la haute mer"
rima "main"	pārima "renvoyer" (en montrant la paume de la main)

Il peut aussi indiquer l'extension :

rava "allongé"	pārava "étendre (un filet)"
'imi "chercher"	pā'imi "chercher partout"
heru "fouiller"	pāheru "fouiller partout (sur une surface)"
tehe "inciser, circoncire"	pātehe "châtrer"

ou l'idée d'"être légèrement affecté" :

ota "cru"	pāota "légèrement cru (à l'extérieur)"
teitei "haut"	pāteitei "un peu haut, en pente"

- Le préfixe **pī-** est intensif ou semelfactif :

a'o "foncé"	pīta'o "très foncé"
ta'a "séparé"	pīta'a "branlant"
hae "déchirer"	pīhae "déchirer d'un seul coup par le milieu"
fao "creuser"	pīfao "ferrer (un poisson)"

- Le préfixe **pū-** évoque une idée d'extension, de multiplicité, de plénitude :

a'a "racine"	pūa'a "s'élargir, s'étendre"
toto "sang"	pūtoto "avoir le sang à fleur de peau"
naho "arrangé, en ordre"	pūnaho "entièrement arrangé, installé"
a'ia'i "agréable"	pūa'ia'i "très agréable"
rara "s'éparpiller"	pūrara "s'éparpiller partout"

ta'i "porter"	pūta'i "traîner avec soi en poussant et portant"
'ohi "ramasser"	pū'ohi "collecter"
to'a "guerrier"	pūto'a "concentration de guerriers"
'aihere "brousse"	pū'aihere "bosquet"

- Le préfixe **tai-** ou **ta'i-**, peu productif, évoque la multiplicité :

ruru "(se) rassembler"	ta'iruru "se réunir (en venant chacun de son côté)"
horo "courir"	taihoro "changer tous de place en courant"
nui "grand"	tainui "très grand"
ara "passage"	taiara "chemin avec plusieurs passages ou ramifications"
no'a "parfum"	taino'a nom d'une plante très odoriférante

- Le préfixe **tau-**, peu productif, semble convoyer l'idée de continuité, d'union :

ati "joindre"	tau'ati "réunir deux ou plusieurs choses" et aussi "double" (pirogue)
turu "soutenir"	tauturu "aider"
ene "raccommoder (filet)"	tauene "étendre une voile pour la racommoder"
ama "balancier"	tauama "à deux balanciers" (pirogue)
hā "quatre" (désuet)	tauhā "les quatre étoiles de la Croix du Sud"

- Le préfixe **tī-**, peu productif, semble fondé sur l'idée d'unité, de limitation, d'ajustement :

tore "raie, rayé"	tītore "fendre en suivant la raie"
na'i "petit"	īna'i "réduire"
opa "côté, penché"	tīopa "(se) mettre sur le côté"
te'a "écarter"	tīte'a "petit bâton pour maintenir les choses ouvertes"
puta "percé"	tīputa "espèce de poncho" (vêtement à une seule ouverture)
ao "jour"	tīao "pan de ciel encore dégagé" (avant la nuit)
reo "voix"	tīreo "dernier descendant d'une branche"

- Les deux préfixes **ti'a-** et **tū-** sont équivalents ; ils indiquent un procès exécuté tout juste ou seulement esquissé et, si c'est une entité, d'un représentant spécifique d'une catégorie ou d'un instrument spécifique :

pararī "cassé"	tūpararī "casser"
pohe "mort"	tūpohe "éteindre"
mā "propre"	tūmā "effacer"
pona "nœud"	tūpona "nouer"
mata "œil"	tūmata "jeter un regard"

hou "nouveau, jeune"	ti'ahou "néophyte, novice"
puna "source, repère"	ti'apuna "ancêtre, représentant des ancêtres"
pa'i "frapper, écraser"	ti'apa'i "marteau"

- Le préfixe **tō-** indique la ressemblance, la tendance :

ma'a "fourchu"	tōma'a "hésiter"
'ahe "bruissement des feuilles sèches"	tō'ahe "clapoter"
'ava'ava "acide"	tō'ava'ava "acidulé"
'ere'ere "noir"	tō'ere'ere "un peu noirci, noirâtre"

- Le préfixe **tua-** forme des collectifs (*cf.* tua "dos") :

ta'ata "homme, personne"	tuata'ata "suite d'un personnage"
turi "très ancien"	tuauri "les anciens" et aussi "le plus ancien habitant d'un lieu"
hine "être féminin"	tuahine "lignée des femmes" et aussi "sœur"
mo'o "vertèbre"	tuamo'o "épine dorsale"
mou'a "montagne"	tuamou'a "chaîne de montagnes"

- Le préfixe **uru-** indique un lieu abondant en une espèce végétale ou en corail vivant :

rā'au "plante"	ururā'au "forêt"
'ofe "bambou"	uru'ofe "forêt de bambous"
'aihere "brousse"	uru'aihere "forêt de brousse"
pu'a "corail"	urupu'a "pâté de corail"

21.5. SUFFIXATION

Les suffixes sont en petit nombre. Les morphèmes **-hia**, formateur de pseudo-passif, et **-ra'a**, instrument de nominalisation, étant l'un et l'autre susceptibles de s'affixer à des syntagmes entiers (lexème suivi de qualificatifs), nous les avons analysés comme des morphèmes grammaticaux (*cf.* §§ 12.4, 12.5) : il n'y a pas lieu d'y revenir ici, excepté pour certains emplois de **-ra'a** (ci-dessous, § 21.5.4).

21.5.1. -a

Le suffixe **-a** forme des lexèmes de sens passif, qui peuvent s'employer dans la construction pseudo-passive (*cf.* § 6). Il est souvent, mais pas toujours, équivalent, au morphème **-hia**. Il est aujourd'hui moins employé que ce dernier morphème.

Affixé à des lexèmes employés le plus souvent pour désigner des entités, il forme des dérivés désignant la possession de l'entité désignée par le lexème de base. Dans cet emploi, il se distingue de **-hia** par une nuance : les dérivés en **-hia** sont plus dynamiques que les dérivés en **-a**. Exemples :

tiare "fleur"	**tiarea** "avoir (eu) des fleurs, être florifère"
	cf. **tiare-hia** "être devenu fleur, florifère"
rouru "cheveu"	**rourua** "avoir des cheveux, être chevelu"
	cf. **rouru-hia** "être devenu chevelu"
mata'i "vent"	**mata'ia** "être venté" cf. **mata'i-hia** "être devenu venté"

Affixé à des lexèmes désignant ordinairement des procès, des états ou des qualités, le suffixe **-a** est équivalent à **-hia**. Avec des agentifs transitifs, il forme des dérivés désignant le fait de subir le procès. Exemples :

'ite "voir, savoir"	**'itea** "être vu, su, trouvé"
fānau "accoucher (de)"	**fānaua** "être mis au monde, naître"
'amu "manger"	**'amua** "être mangé"

Il en va de même avec des agentifs intransitifs ; le dérivé signifie alors "être le siège ou l'objet du procès" :

(21.16a) 'ua   tere   te   poti   nā   ni'a   i   te   moana
        ASP voyager ART bateau PP LOC PP ART océan
       "Le bateau a navigué sur l'océan"

(21.16b) 'ua   tere-a te moana e te poti
       "L'océan a été sillonné par le bateau"

(21.17a) 'ua   haere   'o   Tama   e   hi'o   iā   Teri'i
       ASP aller ID NP ASP voir PP NP
       "Tama est allé voir Terii"

(21.17b) 'ua   haere-a 'o Teri'i e hi'o e Tama
       "Terii a été visité par Tama"

Avec des patientifs, il indique aussi le fait de subir le procès d'une manière ou d'une autre :

pahī "gicler"	**pahīa** "recevoir la giclée"
mani'i "versé, renversé"	**mani'ia** "recevoir un liquide d'un récipient renversé"
topa "tomber"	**topā** "subir la chute de qch./qqn"

Avec des lexèmes désignant ordinairement un état ou une qualité, le suffixe **-a** a, comme **-hia,** un sens dynamique :

poria "gras, obèse"   **poriā** "grossi, devenu obèse"
nehenehe "beau"   **nehenehea** "devenu beau"
rahi "grand"   **rahia** "devenu grand"

> Rappelons que lorsqu'un dérivé en **-a** est suivi de qualificatifs, l'ensemble peut encore être suffixé de **-hia** (*cf.* § 12.5).

21.5.2. -'i

Le suffixe **-'i**, qui n'est plus productif, à partir d'agentifs, dérive des agentifs indiquant un contact direct avec l'objet du procès. Exemples :

poro "publier, annoncer"   **poro'i** "informer qqn"
turu "soutenir"   **turu'i** "s'appuyer à, contre"

Il forme aussi des agentifs à partir de patientifs :

ti'a "être debout"   **tīa'i** "attendre qqn ou qqch." (avec chute d'une glottale et allongement compensatoire)
tū "être bord à bord" **tu'i** "effleurer, toucher" (avec abrègement)

21.5.3. -'a

Le suffixe **-'a**, affixé à des lexèmes employés comme verbes agentifs ou patientifs, forme des dérivés qui peuvent désigner des entités en rapport avec le procès, à savoir :

- Le résultat du procès :

  fānau "mettre au monde" **fānau'a** "petit (d'un animal)"
  tuha "partager"   **tuha'a** "portion"
  hope "fini, se terminer" **hope'a** "fin, le dernier"
  ono "joindre"   **hono'a** "accord" et aussi "gendre, bru"
  a'u "humer"   **hau'a** "odeur, dégager une odeur" (avec chute d'une glottale)

- Le lieu du procès :

  tiri "jeter"   **tiri'a** "dépotoir"
  hiti "se lever"   **hiti'a** "lieu du lever (d'un astre)"

- L'instrument :

  hao "creuser"   **hao'a** "hache pour creuser la pierre"

- L'action elle-même ou la manière dont elle s'effectue. Exemple :

  haere "aller"   **haere'a** "voyage" et aussi "démarche"

La valeur du suffixe **-'a** est voisine de celle de **-ra'a**. Dans la langue moderne, **-'a** est beaucoup moins fréquent que **-ra'a**. D'autre part, lorsqu'un lexème pourvu du suffixe **-'a** est suivi de qualificatifs, la séquence doit encore être affectée du morphème **-ra'a**. Exemples :

(21.18) 'ua hitimahuta mātou i tō-na haere-'a-'oi'oi-ra'a mai
ASP s'étonner 1Pexcl I POS-3S aller-SUF-vite-SUF DIR
"Nous avons été étonnés qu'il soit vite arrivé" (*litt.* de son arrivée rapide)

La relation de **-'a** et **-ra'a** est comparable à celle des suffixes de pseudo-passif **-a** et **-hia** (*cf.* § 21.5.1).

21.5.4. -ra'a

Le morphème **-ra'a,** qui sert par ailleurs à nominaliser des syntagmes verbaux (§ 12.4), fonctionne aussi comme suffixe de dérivation à partir de locatifs, de noms de nombre et de lexèmes qui se trouvent principalement (ou uniquement ?) en emploi nominal. Le dérivé a souvent un sens local ou temporel. Exemples :

- Dérivés de locatif :

  ni'a "dessus"   **ni'ara'a** "le dessus"
  mua "devant"   **muara'a** "le devant"
  rāpae "dehors"   **rāpaera'a** "l'extérieur"

- Dérivés de nom de nombre :

  'ahuru "dix"   **'ahurura'a** "dizaine"
  hānere "cent"   **hānerera'a** "centaine"

Le dérivé peut aussi indiquer la quantième fois ou le quantième espace de temps :

(21.19) 'o te toru-ra'a teie o tō-na tere
ID ART trois-SUF PRON PP POS-3S voyage
"C'est la troisième fois qu'il fait le voyage"

(21.20) 'ua pohe 'oia i te piti 'ahurumā pae-ra'a o tō-na
ASP mourir 3S PP ART deux dix PP cinq-SUF PP POS-3S

matahiti
année
"Il est mort dans sa vingt-cinquième année"

- Dérivés de lexèmes généralement nominaux :

  tamari'i "enfant"   **tamari'ira'a** "enfance"
  vī "mangue"   **vīra'a** "saison des mangues"

21.6. COMPOSITION

La composition est très facile et très productive. Sauf certains cas particuliers (§ 21.6.1), les composés ne se distinguent pas des séquences syntaxiques formées d'un lexème + qualificatif(s) autrement que par leur relative fréquence et éventuellement par leur sens, qui peut être, à l'occasion, différent de l'addition des sens de ses composants. Il en résulte parfois une ambiguïté, la même suite de deux lexèmes pouvant s'interpréter comme qualification ou comme composé, ex. (21.21) (*cf.* aussi § 1.3.4 e.).

(21.21) e pape to'eto'e terā
        I eau froid PRON
        "C'est de l'eau froide" ou "C'est de la glace"

La plupart des composés sont formés de deux lexèmes (§ 21.6.2). Mais il en est aussi formés de plus de deux lexèmes (un lexème + plus d'un qualificatif) ou incluant un complément prépositionnel (un lexème ± qualificatif(s) + complément) (§ 21.6.3).

21.6.1. Composés avec morphème de liaison

Certains composés sont formés à l'aide d'un morphème de liaison -ā-, qui se place entre les deux lexèmes. Exemples :

'utu "limite" + **fare** "maison"
→ **'utu-ā-fare** "maison familiale, maisonnée"
'iri "peau, planche" + **puta** "trou"
→ **'iri-ā-puta** "porte, ouverture"
'iri + **tai** "mer" → **'iri-ā-tai** "surface de la mer"
ra'u "gratter" + **rimu** "mousse"
→ **ra'u-ā-rimu** "grattage de la mousse"
'uhi "tremper" + **'iri** "peau"
→ **'uhi-ā-'iri** "lavage de l'enfant après la chute du cordon ombilical"
ahu "construire" + **vaha** "bouche"
→ **ahu-ā-vaha** "promesses sans suite"
hae "déchirer" + **mata** "œil"
→ **hae-ā-mata** "invocation pour réveiller les dieux"
'amu "manger" + **riu** "eau dans le fond de l'embarcation"
→ **'amu-ā-riu** "pompe"
vāhi "diviser" + **vai** "eau, existence"
→ **vāhi-ā-vai** "trouble-fête"
'utere "éplucher" + **'iri** "peau"
→ **'utere-ā-'iri** "peler superficiellement"

hopuhopu "se baigner" + **ruro** espèce d'oiseau
→ **hopuhopu-ā-ruro** "faire trempette"
muri "derrière, après" + **vai** "eau
→ **muri-ā-vai** "embouchure, rivière"

(21.22) **'ua rere-ā-manu te mau raverave**
ASP voler-LIG-oiseau ART PL aide
"Les aides volent comme des oiseaux"

(21.23) **'ua marū-ā-nohu 'ona**
ASP doux-LIG-poisson-pierre 3S
"Il est doux comme un poisson-pierre"

21.6.2. Composés sans morphème de liaison

La plupart des composés sont formés d'un lexème suivi d'un autre lexème qui le qualifie. La composition dans ce cas ne se distingue pas de la relation de qualification, si ce n'est par la fréquence de la séquence et éventuellement une spécialisation sémantique : par exemple, **fare moni**, de **fare** "maison" + **moni** "argent", peut signifier "maison chère" (qualification) ou "banque" (composition).

Les relations sémantiques entre les deux composants sont extrêmement variées. On peut en gros, sous réserve d'examen plus détaillé et avec toutes sortes de nuances, distinguer les composés qui appartiennent à la même classe sémantique que leur premier élément, type **fare rata** "bureau de poste", de **fare** "maison" + **rata** "lettre" (le bureau de poste est une sorte de maison), et ceux dont le référent est tel qu'il entretient une relation de possession ou autre avec celui du premier élément, type **rima-hōro'a** "généreux", de **rima** "main" + **hōro'a** "donner" (le composé qualifie celui dont la main donne).

Voici des exemples du premier groupe :

ninamu "bleu" + **moana** "océan" → **ninamu-moana** "bleu marine"
fare "maison" + **'auri** "fer" → **fare-'auri** "prison"
pua'a "cochon" + **toro** "pointe" → **pua'a-toro** "bœuf"
taote "docteur" + **niho** "dent" → **taote-niho** "dentiste"
'aua "parc" + **moa** "poulet" → **'aua-moa** "basse-cour"
'amura'a "lieu où l'on mange" + **mā'a** "nourriture" → **'amura'a-mā'a** "table"
tumu "tronc" + **vī** "mangue" → **tumu-vī** "manguier"
parau "parole" + **pa'ari** "dur, sage" → **parau-pa'ari** "dicton"
ta'ata "homme" + **pāpa'i** , "dessiner, écrire"→ **ta'ata-pāpa'i** "scribe"
'auri "fer" + **patia** "piquer" → **auri-patia** "harpon"
ta'ata "homme" + **rāpae** "dehors" → **ta'ata-rāpae** "étranger"
mahana "jour" + **piti** "deux" → **mahana-piti** "mardi"
tūpa'i "tuer" + **mahana** "jour" → **tūpa'i-mahana** "tuer le temps"

mū "se taire" + **'ōfa'i** "pierre" → **mū-'ōfa'i** "être patient"
noho "demeurer" + **tua** "haute mer" → **noho-tua** "demeurer au large"

De même avec métaphore :

manu "oiseau" + **reva** "partir" → **manu-reva** "avion"
'ūrī "chien" + **ta'ata** "homme" → **'ūrī-ta'ata** "singe".

On peut ranger ici les collectifs formés de **hui**, qui désignent des groupes de personnes respectées. Exemples :

mana "pouvoir, puissance"	**hui-mana** "les puissants"
ari'i "roi"	**hui-ari'i** "la noblesse"
ra'atira "chef"	**hui-ra'atira** "la petite noblesse, la population"

On peut ranger aussi dans ce groupe des composés dont le premier terme peut désigner un procès et dont le référent serait l'agent ou le patient de ce procès. Exemples :

'ai "manger" + **ta'ata** "homme"	**'ai-ta'ata** "cannibale, ogre"
'ai + **ū** "lait"	**'ai-ū** "nourrisson, bébé"
tari "porter" + **parau** "parole"	**tari-parau** "héraut, garde-champêtre"
pi'i "cramponné" + **fare** "maison"	**pi'i-fare** "chat"
tāviri "tourner" + **taofe** "café"	**tāviri-taofe** "moulin à café"

Voici des exemples du deuxième groupe :

mata "œil" + **tū** "se mettre debout"	**mata-tū** "sournois, au même niveau"
mata + **pō** "nuit"	**mata-pō** "aveugle"
mata + **'ē** "s'écarter"	**mata-'ē** "se détourner (d'un parent ou ami)"
vaha "bouche" + **vai** "eau"	**vaha-vai** "flatteur" (dont les paroles glissent comme l'eau)
huru "genre" + **rau** "varié"	**huru-rau** "très varié"
toto "sang" + **hō'ē** "un"	**toto-hō'ē** "de même sang, parent"
upo'o "tête" + **ti'a** "se dresser"	**upo'o-ti'a** "gagner, remporter la victoire"
rima "main" + **pā** "appliquer"	**rima-pā** "renvoyer (en montrant la paume de la main)"

Des mots négatifs sont formés à l'aide de **'ore** "disparaître, ne plus exister" en second terme (*cf.* § 4.1.1) :

pape "eau"	**pape-'ore** "sans eau, sec"
moni "argent"	**moni-'ore** "sans argent, désargenté"
faufa'a "utilité"	**faufa'a-'ore** "inutile"
maramarama "lumière, intelligence"	**maramarama-'ore** "inintelligent"

21.6.3. Composés de plus de deux termes

Des composés peuvent être formés de plus de deux termes (un lexème suivi de plus d'un qualificatif) :

pua'a "cochon" + **horo** "courir" + **fenua** "pays, sol"
→ **pua'a-horo-fenua** "cheval"
mātini "machine" + **patapata** "taper" + **parau** "parole"
→ **mātini-patapata-parau** "machine à écrire"
fare "maison" + **ho'ora'a** "lieu de vente" + **rā'au** "drogue"
→ **fare-ho'ora'a-rā'au** "pharmacie",
ana "grotte" + **vaha** "bouche" + **rau** "varié"
→ **na-vaha-rau** "érudit, puits de science"
feti'a "étoile" + **horo** "courir" + **po'ipo'i** "matin"
→ **feti'a-horo-po'ipo'i** "l'étoile du matin, Vénus"

Moins fréquents sont les composés constitués d'un lexème suivis d'un complément prépositionnel :

papa "support" + **i ni'a** "en haut, au-dessus" → **papa-i-ni'a** "famille du fiancé"
papa + **i raro** "en bas, au-dessous" → **papa-i-raro** "famille de la fiancée".

Des noms propres traditionnels peuvent être constitués de longues séquences :

Tahiti-nui-mā-re'are'a "Tahiti à la brume dorée" (*litt.* Tahiti-grand-avec-jaune), nom de l'île de Tahiti
Mo'orea-i-te-rara-varu-'ana'ira'a-mou'a "Moorea aux huit rayons montagneux" (*litt.* Moorea-à-le(s)-rayon(s)-huit-rang-montagne), nom de l'île de Moorea.

22. LE PROBLÈME DES CLASSES DE MOTS

Nous avons recensé plus haut (§ 20) les mots et les morphèmes grammaticaux qui servent à structurer l'expression : ils appartiennent généralement à des inventaires limités et sont particulièrement fréquents dans le discours. Ils se rangent pour la plupart assez facilement en classes. La classification des lexèmes, sur critères distributionnels, pose un problème considérablement plus complexe.

22.1. CRITÈRE DES USB

La morphologie, très réduite, est d'un très faible secours. D'autre part, il apparaît intuitivement qu'un très grand nombre de mots sont susceptibles de remplir les fonctions les plus diverses. C'est pourquoi on a choisi, dès le début de l'exposé, de classer non les lexèmes, mais les "unités syntaxiques de base" (USB), c'est-à-dire les brèves séquences dans lesquelles entrent les lexèmes et qui forment les éléments de la syntaxe les plus immédiatement accessibles.

Les lexèmes peuvent en principe faire l'objet d'une première classification suivant les types d'USB qu'ils sont capables de former (*cf.* § 1.2.4). Sur cette base on aperçoit très vite quelques classes spécifiques. Ce sont, d'une part, les lexèmes qui peuvent former des USB dites locatifs (LOC), c'est-à-dire suivre immédiatement (sans article) des prépositions, exemples : **i roto** "dedans", **i ni'a** "dessus", **nā ni'a** "par dessus". Lorsqu'ils ne suivent pas une préposition, ce qui est rare, ils sont précédés de l'identificateur **'o** (comme les noms propres) : **'o roto** "l'intérieur", **'o ni'a** "le dessus"[20]. Ils sont incompatibles avec l'article **te** (***te roto** est exclu) : ils ne forment donc pas de FN. Ils se laissent ainsi définir par l'ensemble des USB suivantes : LOC/... (*FN)[21].

D'autre part, les noms de nombre sont les seuls qui peuvent entrer dans des formes numérales (FNUM), c'est-à-dire être précédés de particules numérales, exemples : **e piti** "deux", **to'o toru** "trois" (personnes). Mais ils peuvent former aussi des FN, ex : **te piti** "le deuxième", **te toru** "le troisième". Cette classe est donc définie par l'ensemble FNUM/FN/...

On aperçoit une troisième classe, celle des lexèmes, désignant des qualités, qui peuvent entrer dans des FQ, des FV, des FN, mais non dans des FI (formes inclusives), exemples : **te pōti'i nehenehe** "une/la belle fille", **'ua nehenehe te pōti'i ra** "cette fille est belle", **te nehenehe** "le beau, la beauté", mais non ***e nehenehe terā**. Pour faire entrer de tels lexèmes dans une FI, il faut les construire en qualificatifs de **mea** "chose, être", exemple : **e mea nehenehe terā** "cela est beau" (*litt.* est chose belle). Cette classe est donc définie par l'ensemble suivant : FQ/FV/FN/...(*FI).

Quelques lexèmes, comme **māite** "lentement, soigneusement", **vave** "tôt", paraissent ne former que des FQ, exemple : **'ua rave māite 'oia i tāna 'ohipa** "il travaille lentement". Ce serait une quatrième classe, définie par l'ensemble FQ/... (*FN, *FV).

Mais la majorité des lexèmes peuvent, semble-t-il, former des FV, des FN, des FI et des FQ. En effet toutes les formes verbales peuvent être nominalisées,

---

20. Mais on emploie plutôt la dérivation en -*ra'a*, qui forme des FN: **te rotora'a** "l'intérieur", **te ni'ara'a** "le dessus", *cf.* § 21.5.4.

21. L'astérisque indique une USB exclue pour les lexèmes en question. Les points de suspension indiquent qu'on laisse ouverte la possibilité que ces mêmes lexèmes forment encore d'autres USB, ce qu'on ne peut affirmer en l'absence de recherches systématiques.

c'est-à-dire devenir des formes nominales par simple substitution de l'article **te** à l'aspectuel. D'autre part, même des lexèmes qui désignent des entités peuvent entrer dans une FV constituée de l'aspectuel **'ua**, exemples : **te ta'ata** "un/l'homme", **'ua ta'ata** "il y a du monde, que de monde !". On ne peut donc isoler ni une classe définie par FV/... (*FN) ni, peut-être, une classe définie par FN/... (*FV). Pour subdiviser cette immense ensemble de lexèmes, le recours aux USB ne suffit pas : il faut faire appel à des critères plus fins.

22.2. CRITÈRES DES VARIANTES D'USB

Parmi les FN, les noms propres sont caractérisés par des particularités morphologiques. S'ils ne sont pas régime d'une préposition, ils ne prennent pas l'article **te** et ils sont ordinairement précédés de l'identificateur **'o** ; d'autre part, les prépositions en **-i** (**i, mai,** etc.) prennent devant les noms propres une forme en **-iā** (**iā, maiā** écrit **mai iā,** etc.). On est ainsi conduit à distinguer, parmi les FN, celles qui ont pour lexème un nom commun (sigle : FN^c) et celles dont le lexème est un nom propre (FN^p). La classe des noms propres est donc définie par l'ensemble suivant d'USB : FN^p/...

Les toponymes, comme **Tahiti, Pape'ete**, fonctionnent, selon le cas, comme locatifs ou comme noms propres (*cf.* § 20.8). Ils forment donc une classe ainsi définie : LOC/FN^p/...

D'autre part, parmi les FV, nous avons distingué (§§ 2.1.9, 5.3.2), par leurs propriétés syntaxiques, quatre classes (ou sous-classes) :

- Certaines FV formées de l'aspectuel **'ua** ne se prêtent pas à la commutation de **'ua** avec tous les autres aspectuels et ont une forme négative particulière : nous les avons appelées "verbes défectifs" (FV^d), exemple : **'ua ta'ata** "il y a du monde, que de monde !". Les lexèmes qui les forment s'emploient le plus souvent en FN et désignent ordinairement des entités.

- Certaines FV ne se prêtent pas à la rhématisation de leur sujet au moyen de la construction actancielle possessive : ce sont les verbes "patientifs" (FV^p), exemple :**'ua roa'a te i'a**"Le poisson est pris" (***nā te i'a i roa'a** est exclu).

- Certaines FV admettent la construction actancielle possessive, mais seulement sans "avancement" du complément, ce qui signifie qu'elles n'ont pas d'objet (*cf.* § 5.3.2) : ce sont des "verbes agentifs (intransitifs)" (FV^a), exemple : **'ua haere 'o Petero i te fare** "Pierre est allé à la maison" → **nā Petero i haere i te fare** "C'est Pierre qui est allé à la maison" (mais non ***nā Petero te fare i haere**).

- Certaines FV admettent la construction actancielle possessive avec (facultativement) "avancement" du complément, ce qui signifie que ce complément est un objet : ce sont les "verbes (agentifs) transitifs" (FV^t), exemple : **'ua hāmani 'o Petero i te fare** "Pierre a construit la maison" → **nā**

Petero te fare i hāmani (ou : **nā Petero i hāmani i te fare**) "c'est Pierre qui a construit la maison".

En général ce ne sont pas les mêmes lexèmes qui peuvent former ces différentes classes de FV. Ces distinctions permettent donc de poser autant de classes de lexèmes que de FV : une classe comprend les lexèmes du type de **ta'ata**, une seconde ceux du type de **roa'a**, une troisième ceux du type de **haere**, une quatrième ceux du type de **hāmani**.

Toutefois il arrive qu'un même lexème polysémique se range, selon le sens, dans une classe ou dans une autre. Ainsi, **'ite** forme des FV patientives au sens de "savoir", mais des FV agentives au sens d'"apprendre" (avec le directionnel **iho**) (Peltzer 1997 : 309-310).

22.3. AUTRES CRITÈRES ?

D'autres critères pourraient encore soit contribuer à affiner la classification ci-dessus soit fonder d'autres classifications qui viendraient la recouper. On peut penser au suffixe de pseudo-passif **-hia**, qui est possible avec certains lexèmes, mais, semble-t-il, non avec tous, et qui n'a pas avec tous les lexèmes les mêmes effets sémantiques (*cf.* § 6.2), et au préfixe de factitif/causatif **fa'a-/ha'a-**, qui n'a pas non plus les mêmes effets avec tous les lexèmes qu'il peut affecter (*cf.* § 21.4.1). Il se pourrait aussi que le jeu du morphème **-ra'a** fournisse un critère intéressant. Peut-être est-il possible encore d'établir des classifications fines sur la base de diverses constructions, comme il a été fait pour le tongien (Broschart 1997). Des études de détail seront ici nécessaires.

22.4. RÉCAPITULATION PROVISOIRE

Rappelons les classes établies à l'aide des critères mentionnés ci-dessus, §§ 22.1 et 22.2. Elles sont définies par l'ensemble des USB que peuvent former les lexèmes de chacune des classes :

LOC/...(*FN)	**roto** "dedans", **ni'a** "dessus"
FNUM/FN/...	**piti** "deux", **toru** "trois"
FQ/FN/FV/... (*FI)	**nehenehe** "beau", **viruviru** "propre"
FQ/... (*FN, *FV)	**māite** "lentement", **vave** "tôt"
FNp/...	**Teri'i, Heimata**
LOC/FNp/...	**Tahiti, Pape'ete**
FQ/FNc/FVd/...	**ta'ata** "homme", **'ūrī** "chien"
FQ/FNc/FVp/...	**noa'a** "être obtenu", **topa** "tomber"
FQ/FNc/FVa/...	**haere** "aller", **tāmā'a** "manger"
FQ/FNc/FVt/...	**hāmani** "construire", **pīpī** "arroser"

BIBLIOGRAPHIE SOMMAIRE

GRAMMAIRES TAHITIENNES

Académie tahitienne – 1986, *Grammaire de la langue tahitienne*, [Papeete,] Fare Vana'a.

COPPENRATH (H.) et PRÉVOST (P.) – 1975, *Grammaire approfondie de la langue tahitienne (ancienne et moderne)*, Paeete, Librairie Pureora.

DAVIES (J.) – 1810, *Te aebi no Tahiti*, London, The Missionary Society.

— 1823, *A grammar of the Tahitien dialect of the Polynesian language*, Tahiti, The Mission Press.

— 1851, *A Tahitian and English dictionary with introductory remarks on the Polynesian language and a short grammar of the Tahitian dialect*, Tahiti: The London Missionary Society.

JAUSSEN (T.) – 1887, *Grammaire tahitienne*, Papeete.

LOVY (P. D.) et BOUGE (L. J.) – 1953, *Grammaire de la langue tahitienne*, Publications de la Société des Océanistes, Musée de l'Homme.

PELTZER (L.) – 1996, *Grammaire descriptive du tahitien*, Pape'ete, Éditions Polycop.

TRYON (D. T.) – 1970, *Conversational Tahitian*, Berkeley, University of California Press. [Trad. française : P. Montillier, *Parler tahitien en 24 leçons*, Papeete, Éditions du Pacifique].

VERNIER (C.) et DROLLET (A) – 1934, *Grammaire de la langue tahitienne*, Paris, Maison des Missions.

VERNIER (C.) – 1954, *Introduction à la langue tahitienne : grammaire, vocabulaire usuel, conversation*, Paris, Maisonneuve et Chantemerle.

ÉTUDES SUR LE TAHITIEN

BICKMORE (L. S.) – 1995, "Refining and formalizing the Tahitian stress placement algorithm, *Oceanic Linguistics* 34, 410-442.

BODIN (V.) – 1977, *Tahiti, la langue et la société (Études linguistique et ethnologique)*, Thèse de doctorat de l'Institut national des Langues et Civilisations orientales (Dactylographie).

FORTUNEL (H.) – 1992, *Les opérations constitutives de l'énoncé en reo ma'ohi. Étude syntaxique du reo ma'ohi ou tahitien, langue des îles de la Société, Polynésie française*, Thèse de doctorat de l'Université de Paris 7 (Dactylographie).

LAZARD (G.) et PELTZER (L.) – 1991, "Predicates in Tahitian", *Oceanic Linguistics* 30, 1-30

— 1992, "La deixis en tahitien", *in* M.-A. MOREL et L. DANON-BOILEAU (eds), *La deixis*, Paris, PUF, 209-219.

— 1999, "La négation en tahitien", in E. HOVDHAUGEN & U. MOSEL (eds), *Negation in Oceanic languages. Typological Studies*, Lincom Europa, Lincom Studies in Austronesian Linguistics 02, pp. 141-162.

LEMAÎTRE (Y.) – 1973, *Lexique du tahitien contemporain*, Paris, ORSTOM.

— 1989, "La modernisation de la langue tahitienne, *in* I. FODOR et C. HAGÈGE (eds), *La réforme des langues : histoire et avenir*, Hamburg, Buske, vol.V, 83-103.

PELTZER-GROZNYKH (L.) – 1986, *Éléments de morphologie du tahitien : dérivation et composition*, Université de Lille III, Atelier de reproduction des thèses (Thèse de doctorat de l'Université de la Sorbonne nouvelle).

— 1996, "Représentation et structuration de l'espace en tahitien", *Bulletin de la Société de Linguistique de Paris*, 91/1, 297-321.

— 1997a, "Description phonologique du tahitien", *La linguistique* 33, 111-125.

— 1997b, "Notion et verbes de perception en tahitien", *in* C. RIVIÈRE et M. GROUSSIER (eds), *La notion*, Paris, Ophrys, 308-317.

RAAPOTO (D.) – 1979, *Études préliminaires pour une grammaire tahitienne*, Thèse de doctorat de l'École des Hautes Études en Sciences sociales, Paris (Dactylographie).

SARANGA (N.) – 1983, *Essai sur la diathèse actif-passif en tahitien*, Mémoire de DEA, Institut national des langues et civilisations orientales, Paris (Dactylographie).

AUTRES LANGUES POLYNÉSIENNES

BAUER (W.) – 1993, *Maori*, London/New York, Roudledge.

BIGGS (B.) - 1961, "The structure of New Zealand Maori", *Anthrological Linguistics* 3/3, 1-54.

— 1969, *Let's learn Maori : a guide to the study of the Maori language*, Wellington, Reed Education.

— 1971, "The languages of Polynesia", *in* T. A. SEBEOK (ed.), *Current trends in Linguistics, vol.8: Linguistics in Oceania*, The Hague/Paris, Mouton, 466-505.

BROSCHART (J.) – 1997, "Why Tongan does it differently : categorial distinctions in a language without noun and verb", *Linguistic Typology* 1, 123-165.

BUSE (J. E.) - 1963a, "The structure of the Rarotongan verbal piece", *Bulletin of the School of Oriental and African Studies* 26, 152-169.

— 1963b, "The structure of Rarotongan nominal, negative, and conjunctival piece", *Bulletin of the School of Oriental and African Studies* 26, 393-419.

— 1963c, "Rarotongan sentence structure", *Bulletin of the School of Oriental and African Studies* 26, 633-645.

CHUNG (S.) – 1978, *Case marking and grammatical relations in Polynesian*, Austin/London, University of Texas Press.

CHURCHWARD (C. M.) – 1953, *Tongan grammar*, Oxford University Press.

CLARK (R.) – 1976, *Aspects of Proto-Polynesian syntax*, Auckland, Linguistic Society of New Zealand.

DOUGHERTY (J. W. D.) – 1983, *West Futuna-Aniwa : an introduction to a Polynesian outlier*, Berkeley, University of California Press.

DU FEU (V.) – 1996, *Rapanui*, London/New York, Routledge.

ELBERT (S. H.) et PUKUI (M. K.) – 1979, *Hawaiian grammar*, Honolulu, The University Press of Hawaii.

HARLOW (R.) – 1996, *Maōri*, München/Newcastle, Lincom Europa.

HAWKINS (E. A.) – 1979, *Hawaiian sentence structures*, [Canberra,] Pacific Linguistics Series B.

— 1982, *Pedagogical grammar of Hawaiian. Recurrent problems*, Mânoa, University of Hawai'i.

HOVDHAUGEN (E.) *et al.* – 1989, *A Handbook of the Tokelau language*, Oslo, Norwegian University Press.

KRUPA (V.) – 1968, *The Maori language*, Moscow, Nauka.

— 1973. *Polynesian languages : a survey of research*, The Hague/Paris, Mouton.

MOSEL (U.) et HOVDHAUGEN (E.) – 1992, *Samoan reference grammar*, Oslo, Norwegian University Press.

MOYSE-FAURIE (C.) – 1997, *Grammaire du futunien*, Nouméa, CDP, coll. "Université".

NGUYEN-BA-DUONG – 1995, *Le wallisien : étude des unités significatives*, Thèse de doctorat de l'Université René-Descartes, Paris.

PAWLEY (A.) – 1972, *On the internal relationships of Eastern Oveanic languages*, Honolulu, Bernice P. Bishop Museum.

SEITER (W. J.) – 1980, *Studies in Niuean syntax*, New York/London, Garland.

SHUMWAY (E.) – 1971, *Intensive course in Tongan*, Honolulu, University of Hawaii Press.

ZEWEN (F.) – 1987, *Introduction à la langue des îles Marquises : le parler de Nukuhiva*, [Papeete,] Éditions Haere po no Tahiti.

INDEX DES NOTIONS

accent 15
accompli 27, 29, 50, 130, 135, 140, 197
actif 10, 67, 68, 69
action (verbe d') 9, 62, 63, 64, 69, 133
adversatif 146
agent 9, 62, 63, 66, 69, 154, 185
agentif (verbe) 10, 34, 64, 67, 193, 201, 213, 225, 226, 227, 228, 233, 234, 241, 242
agentivité 9
allocutaire 27, 155, 156, 174, 206
allongement 212-214, 215
anaphorique 47, 76, 81, 83, 116, 165, 166, 169, 180, 206, 207, 208, 210, 211
article 8, 9, 19, 161, 162-166, 175, 183, 197, 205, 207
aspectuel 8, 9, 10, 19, 21, 23, 27-32, 47, 52, 119, 124-142, 158, 197, 205, 208
assertif (prédicat) 50, 69
atélique 30
attributive (forme) 22, 38
bénéficiaire 155, 188, 189, 191
causatif 225, 229, 242
classe (de mots) 8, 23-24, 34, 63-64, 239-242
collectif 216, 229, 242
complément 22, 23, 24, 25, 26, 37, 64, 80, 145, 149, 174, 180, 184, 185, 197, 199, 236, 241
complétive 90
composition 26, 212, 236-239
concession 103, 137
concomitance 99, 106, 108
conditionnel 103, 105, 139

conjonction 46, 85-86, 137, 211, 212
conjonctive (subordination) 48, 85-96
construction actancielle possessive 25, 34, 46, 57, 61, 62-64, 76, 78, 79, 83, 189, 241
coordination 85, 90, 96-97
défectif (verbe) 34, 52, 64, 68, 115, 126, 133, 241
déictique 19, 22, 27, 30, 31, 32, 34, 36, 47, 123, 124, 134, 135, 141, 158-159, 161, 162, 170, 174, 179, 180, 205, 208
démonstratif 19, 119, 163, 167, 205, 207
dérivation 118, 126, 148
désidératif 27, 39, 52
diminutif 222, 229
directe (subordination) 48, 69-76
directionnel 10, 19, 22, 27, 30, 31, 32, 34, 36, 123, 124, 134, 141, 154-157, 158, 161, 162, 170, 173-174, 179, 180, 205, 208, 242
discours (particule de) 117-119, 124, 211
distributif 182, 183, 221
duel 179, 213, 216, 217, 223
duratif 220
équatif 35
ergativité 10
état 30, 67, 69, 133, 216
exclamation 115-116, 133, 137
existentiel 21, 37, 55
factitif 225, 242
fonction 24

futur 10, 27, 28, 30, 43, 89, 124, 130, 134, 152, 195
habituel 27, 28, 126, 130, 139
hortatif 141
hypothèse 88, 89, 102, 157
identificateur 19, 34, 77, 178, 205, 240
imminent 28, 136
impératif 30, 32, 73, 141, 159
inaccompli 19, 27, 124, 135, 197
inceptif 27, 30, 135
inchoatif 229
inclusif, -ive (particule, forme, syntagme, prédicat) 8, 10, 19, 21, 22, 24, 26, 36-40, 52, 54-56, 73, 74, 81, 91, 95, 104, 112, 119, 180-181, 205, 207, 240
incorporation 32-33, 217-218
indépendante (proposition) 25, 30, 31, 36, 46, 47, 90, 116, 124-126, 128-132, 133-137, 138
injonctif 27, 30, 39, 52, 107, 108, 125, 135, 136, 138, 183
intensif 145, 216, 218, 219, 222, 230
interrogation 109-115, 210
intonation 109
intransitif 10, 34, 64, 66, 67, 200, 233
irréel 88, 102
itératif 217, 219, 229
juxtaposition 104
lâche (subordination) 90-94, 95
lexème 8, 9, 19, 23, 24, 33, 124, 142, 144, 147, 161, 162, 171, 180, 207, 208, 236, 240
localisation 42, 45, 47, 113, 149, 154, 157, 163, 186, 190, 210
locatif, -ive (forme) 21, 22, 23, 26, 43, 55, 83, 170, 185, 187, 194, 205, 210, 235, 240, 241
locuteur 27, 154, 156, 164, 174, 206
métathèse 212, 224

narratif 30, 31, 133, 134, 141
négation 34, 36, 46, 49-59, 116, 126, 209, 210, 238
nom commun 21, 25, 241
nom de nombre 22, 164, 165, 168, 182, 193, 205, 210, 221, 235
nom propre 8, 9, 21, 25, 162, 178-179, 185, 210, 239, 241
nominal, -ale (forme, syntagme, prédicat) 8, 9, 21, 23, 25, 26, 34-36, 53-54, 60, 61, 74, 95, 101, 112, 143, 161-179, 180, 185, 197, 208, 227, 235, 240, 241
nominalisation 36, 109, 118, 124, 148, 197-201
numérale (particule, forme, expression) 10, 22, 26, 40-41, 56, 75, 91, 114, 182-185, 205, 240
objet 25, 34, 60, 61, 62, 63, 65, 66, 70, 73, 78, 83, 85, 149, 151, 184, 186, 197, 198, 199, 200, 241
oblique 47, 60, 61, 68, 75, 76, 79, 83, 116, 211
optatif 31, 138, 159, 183
parataxe 10, 90, 96, 104-109, 135, 137, 146, 147, 157
parfait 19, 27, 30, 133
partitif 165
passé 10, 27, 28, 29, 43, 126, 129, 130, 134, 140, 152, 158, 187, 195, 196
passif 232
patient 69
patientif (verbe) 10, 34, 64, 67, 187, 213, 225, 227, 229, 233, 234, 241, 242
personnel (pronom) 19, 21, 205, 206
phonème 15
pivot 42, 77-85
pluralité 166, 216, 219, 223, 230, 231

pluriel 161, 165, 166, 170, 207
possessif 22, 25, 37, 55, 80, 149, 161, 162, 163, 165, 167, 176-178, 180, 185, 189, 198, 199, 200, 207
potentiel 89, 139
prédéterminant 22, 162, 165, 166-171, 205, 207
prédicat 24, 26-46, 60, 69-76, 101, 117, 178, 180, 181, 184, 185, 195, 205
prédicateur 205
préfixation 212, 224-232
préposition 10, 19, 22, 25, 62, 96, 113, 174, 185-197, 205, 240
prépositionnel (groupe) 22, 23, 24, 25, 41-43, 44, 47, 57-58, 61, 76, 80, 91, 185, 236, 239
présent 27, 43, 50, 125, 134, 158, 195, 196
présentatif (morphème, prédicat) 24, 45-46, 205
processus 67, 69
progressif 19, 27, 128, 159, 197, 220
prohibition 50, 52, 54, 56
pronom 8, 9, 19, 21, 83, 162, 163, 168, 169, 178-179, 185, 205, 206, 207
pseudo-passif 10, 60, 65-69, 78, 123, 124, 153-154, 161, 185, 200, 232, 242
qualificatif, -ive (forme) 10, 22, 24, 25, 26, 32-33, 34, 36, 97, 123, 124, 142-148, 153, 154, 161, 162, 171-179, 180, 181, 198, 205, 208, 236 239, 240
quantifieur 161, 165, 166, 205, 207, 223
quasi-nom 23, 26, 36, 37, 44-45, 53, 77, 82, 84-85
quasi-verbe 23, 24, 26, 43-44, 58, 160-161
redoublement 212, 214-224

relative (proposition) 60, 76-85, 127
rhématisation 60-65, 118, 241
sociatif 178, 212
stricte (subordination) 46-48, 69-76, 86-89, 93, 94, 212
subordination 46-48, 69, 85, 212
subordonnée (proposition) 24, 25, 28, 29, 30, 31, 36, 40, 43, 49, 85, 116, 124, 126-128, 130, 132-133, 134, 135, 137, 159, 184, 211
succession 106, 108, 141
suffixation 212, 232-235
sujet 24, 25, 26, 35, 36, 37, 41, 48, 49, 50, 54, 55, 59, 60, 65, 66, 68, 70, 73, 75, 77, 82, 84, 87, 95, 107, 149, 178, 183, 197, 198, 199, 200, 201, 241
syllabe 15
syntagme 27, 97, 123-201
télique 30
temporelle (relation) 42, 43, 103, 105, 136, 139, 147, 150, 154, 157, 158, 163, 187, 192, 195, 210
thématisation 59-60, 206
transitif 10, 34, 64, 66, 67, 200, 241
transitivité 10
unité syntaxique de base 8, 21-22, 240
verbal, -ale (forme, syntagme, prédicat) 8, 9, 21, 22, 23, 24, 25, 27-34, 54, 69-76, 91, 112, 123-159, 172, 197, 240, 241
verbe 8
vocatif, -ive (particule) 178, 201

INDEX DES MOTS TAHITIENS

Abréviations :
art. = article, art. poss. = article possessif, asp. = aspectuel, conj. = conjonction, dir. = directionnel, id. = identificateur, part. = particule, part. incl. = particule inclusive, part. num. = particule numérale, part. voc. = particule vocative, prép. = préposition, prép. loc. = préposition locative, pron. = pronom, quant. = quantifieur, soc. = sociatif.

a 19, 25, 30, 32, 37, 44, 163, 174-177, 185, 189, 193-194, 199-201, 207, 209
-a 65, 153, 232-234
'a 27, 44, 52, 69, 72, 73, 75, 87, 102, 106, 116, 124, 127, 128, 135-138, 142, 159, 183, 205
-'a 234
ā part. 93, 102, 103, 117, 137, 211
ā prép. 195, 209
a'e 19, 27, 87, 102, 103, 108, 154, 156-157, 173, 181, 208, 212
āfea 114, 195, 211
aha 112-113, 211
'ahari, 'ahani, 'ahiri, 'ahini 48, 86, 88, 90, 99, 119, 212
'ahuru 205
ai 47-48, 61, 72, 73, 75, 79, 80, 85, 87, 89, 116, 137, 138, 158, 211
'aita 49, 50, 51, 52, 54, 55, 58, 98, 127, 128, 132, 210
ana part. 147
ana pron. 206
ana'e 103, 106, 139, 142, 147, 148, 173, 208
ānāfea 114, 195, 211
ānānahi 114, 195, 197, 209
ānei 110, 210
'aore 49, 50, 54, 55, 98, 132, 210, 211

'are'a 90, 99, 211
ato'a 142, 145, 148, 173, 208
atu 19, 27, 90, 99, 102, 108, 134, 137, 154, 155-156, 173, 208, 212
au 19, 206
au- 228
'au- 228
'aua'a, 'aua'e 94-96, 212
'a'uanei 86, 89, 212
'auē 115
'a'unei 86, 89, 212
e asp. 10, 19, 27-28, 29, 47, 49, 51, 52, 61, 69, 73, 119, 124-128, 134, 135, 147, 159, 197, 205
e part. incl. 10, 19, 22, 36-39, 74, 180-181, 205
e part. num. 10, 40, 183-185, 205
e prép. 66, 185, 209
'e 96-97, 211
ē conj. 86, 88, 90-94, 212
ē part. voc. 201
'ē 144, 208
e'ere 49, 50, 53, 56, 58, 210
ei part. incl. 10, 19, 39-40, 73, 89, 104, 180-181, 205
ei prép. 10, 43, 185, 195-197, 209
'eiaha 50, 52, 54, 56, 57, 58, 128, 210
eie 45, 205

ei iā 185, 195, 209
e'ita 49, 50, 51, 53, 54, 56, 57, 58, 126, 210
enā 45, 205
'ene 111, 210
e'ore 49, 50, 210
'ere 111, 210
fa'a- 224-227, 242
fa'ahou 142, 148
fau- 228
fe- 229
fea 100, 113-114, 160, 190, 211, 212
feiā 167
ha'a- 224-227, 242
haere 32, 142, 143, 208, 242
hāmani 19, 242
hānere 205, 210
hea 113, 115, 160, 211
hia 41, 114-115, 211
-hia 65, 124, 153-154, 208, 232, 233, 242
hina'aro 71
hitu 210
hō- 229
hō'ē 40, 166, 167, 170, 171, 205, 206, 207, 210
ho'i 98, 100, 117, 211, 212
hou 85, 86, 87, 137, 212
hui 167, 207
huru 93
i asp. 10, 27, 29, 30, 47, 49, 51, 61, 69, 73, 124, 130-133, 134, 135, 159, 205, 210
i prép. 10, 19, 55, 64, 115, 166, 184, 185, 186-188, 198, 199, 209
i prép. loc. 10, 43, 195-197, 209
-i 234
'ī- 229
ia 59, 60, 117, 162, 166, 206, 207, 211
iā 185, 186, 195, 199, 209
'ia 27, 31, 41, 52, 71, 73, 89, 105, 124, 138-140, 159, 183, 205, 210
iho 19, 27, 93, 102, 103, 117, 131, 134, 154, 157, 173, 208, 211
ina'a 100, 211
ināfea 114, 195, 211
inaha 100, 211
inānahi 114, 195, 209
ināpō 195, 197, 209
iō 185, 189, 209
'ite 19, 71, 107, 242
iva 210
ma- 229
mā prép. 185, 194, 209, 212
mā soc. 178, 212
mā- 229
ma'a 162, 165, 167, 170, 207
maha 210
mai asp. 10, 124, 141, 205
mai dir. 10, 19, 27, 42, 70, 134, 154-155, 173, 208
mai prép. 10, 19, 42, 92, 93, 185, 192-193, 209
mai iā 185, 192, 209
maita'i 142
māite 142, 240
maori, maoti 86, 96, 101, 192, 209, 212
mātou 206
mau quant. 165, 166, 207
mau "vrai" 119
māua 206
mea 22, 37-39, 86, 91, 92, 181, 212, 240
mua 22, 85, 86, 87, 137, 209, 212
muri 209
na 19, 27, 28, 30, 108, 119, 128, 129, 130, 135, 158-159, 174, 208
-na 206
nā art. 162, 164-165, 167, 170, 183-185, 189-190, 207

INDEX DES MOTS TAHITIENS

nā prép. 19, 43-44, 62, 160-161, 185, 209
nana 167, 207
nau 162, 166, 167, 170, 180, 205, 207
nehenehe 240, 242
nei 19, 27, 28, 128, 131, 134, 158-159, 174, 208
ni'a 190, 209, 240, 242
nō asp. 10, 124, 131, 140, 205
nō prép. 10, 19, 185, 189, 190-192, 209
noa 30, 90, 93, 101, 102, 108, 123, 137, 140, 142, 143, 145, 146, 148, 172, 208, 212
o 25, 33, 44, 163, 174-177, 185, 189, 193-194, 199-201, 207, 209
'o id. 19, 21, 22, 34, 44, 55, 77, 178, 205, 240, 241
'o prép. 19, 194, 209
'ō 160
ō- 229
'oe 206
'oi 124, 141, 205
'oia 19, 98, 206
'oi'oi 142
'ona 19, 206
ono 210
'ore 50, 58, 209, 210, 238
'orua 206
'outou 206
pā- 230
pā'āto'a 147, 148, 173, 208
pae 210
paha 110, 211
pa'i 117, 211
pauroa 147, 148, 173, 208
peneia'e 90, 99-100, 110, 210, 211
peu 86, 90, 92, 212
pī- 230
piha'i 209
pīpī 242
piti 210, 242

pohe 19, 23, 24
pū- 230
pu'e 167, 207
ra 13, 27, 28, 101, 118, 128, 129, 131, 134, 158-159, 174, 208
rā 97-98, 99, 100, 101, 211, 212
-ra'a 118-119, 124, 148-153, 197, 208, 232, 235, 240, 242
rahi 142
rāpae 209
raro 190, 209
rātou 206
rave 107
reira 80, 86, 89, 167, 169, 171, 206, 208, 209, 212
rima 142, 143
roa 32, 145, 148, 162, 172, 208
roa'a 241
rōpū 209
roto 21, 209, 240, 242
rotopū 209
tā 77, 162, 163, 175-178, 207
tā- 227-228
ta'ata 19, 34, 52, 64, 116, 241, 242
tā'āto'a 147, 148, 173, 208
tahatai 209
tahi 75, 137, 166, 167-169, 170, 171, 206, 207, 210
tai 209
tai- 231
ta'i 41, 182, 205
ta'i- 231
tāmā'a 242
tana 207
tāna 206
tāta'i 41, 183, 205
tātou 206
tau 162, 166, 167, 170, 180, 205, 207
tau- 231
ta'u 207
taua 162, 165, 207
tāua 206

tauatini 205, 210
tā'ue 32, 144, 208
tautini 205, 210
te 19, 77, 82-84, 127, 162-163, 167, 169, 197, 206, 207
tē 19, 27, 28-29, 47, 49, 51, 61, 62, 72, 106, 124, 127, 134, 135, 158, 205
tei 43, 185, 186, 195-197, 209
teie 19, 45, 162, 163, 165, 206, 207, 211
tei iā 185, 195, 209
tenā 19, 45, 162, 163, 206, 207
terā 19, 45, 98, 162, 163, 206, 207, 211
tī- 231
ti'a 138, 144, 208
ti'a- 231
tō art. poss. 37, 162, 163, 175-178, 194, 207
tō "ton" 207
tō- 232

tōna 165
to'o 44, 182, 205
topa 242
toru 210, 242
tō'u 206
tū- 231
tua- 232
-'u 206
'ua 19, 27, 30, 34, 41, 47, 49, 52, 61, 69, 95, 115, 127, 128-130, 132, 133-135, 159, 183, 197, 205, 241
'ūrī 242
uru 232
uta 209
vai 111-112
vau 19, 206
va'u 210
vave 142, 240, 242
vetahi 166, 167-168
viruviru 242

TABLE DES MATIÈRES

INTRODUCTION 7
ABRÉVIATIONS 13
PRÉLUDE PHONOLOGIQUE 15

Première partie
LA PHRASE

1. LES ÉLÉMENTS 19
   1.1. Les unités minimales 19
   1.2. Les unités syntaxiques de base (USB) 21
   1.3. Les fonctions 24
2. LES PRÉDICATS 26
   2.1. Prédicats verbaux 27
   2.2. Prédicats nominaux 34
   2.3. Prédicats inclusifs 36
   2.4. Prédicats numéraux 40
   2.5. Prédicats prépositionnels 42
   2.6. Prédicats quasi verbaux 44
   2.7. Prédicats quasi nominaux 45
   2.8. Prédicats présentatifs 45
3. PRINCIPES DE LA SUBORDINATION 46
   3.1. Subordination lâche et subordination stricte 46
   3.2. Subordination directe et subordination conjonctive 48
4. LA NÉGATION 49
   4.1. Généralités 49
   4.2. Prédicats verbaux 51
   4.3. Prédicats nominaux 53
   4.4. Prédicats inclusifs 54
   4.5. Prédicats numéraux 56
   4.6. Prédicats prépositionnels 57
   4.7. Double négation 59
5. THÉMATISATION ET RHÉMATISATION 59
   5.1. Thématisation 59
   5.2. Rhématisation 61
   5.3. La construction actancielle possessive 62
   5.4. Thématisation et rhématisation 65

6. LE PSEUDO-PASSIF 66
    6.1. Forme 66
    6.2. Fonction 67
7. ENCHAÎNEMENTS DE PRÉDICATS 69
    7.1. Prédicat verbal suivi d'un autre prédicat 70
    7.2. Prédicat nominal suivi d'un prédicat verbal 75
    7.3. Prédicat inclusif suivi d'un prédicat verbal 75
    7.4. Prédicat numéral suivi d'un prédicat verbal 76
    7.5. Prédicat prépositionnel suivi d'un prédicat verbal 76
8. LES PROPOSITIONS RELATIVES 77
    8.1. Généralités 77
    8.2. Relatives directes 78
    8.3. Relatives en *te* 82
    8.4. Relatives sans antécédent 85
9. SUBORDONNÉES CONJONCTIVES 86
    9.1. Généralités 86
    9.2. Subordonnées strictes 87
    9.3. Subordonnées lâches 90
    9.4. Double subordination 95
10. COORDINATION ET PARATAXE 97
    10.1. Liaison par éléments initiaux 97
    10.2. Liaison par éléments suivant le prédicat 102
    10.3. Liaison par juxtaposition 104
11. LES MODALITÉS DU DISCOURS 110
    11.1. L'interrogation 110
    11.2. L'exclamation 116
    11.3. Particules diverses 117
    11.4. Emplois idiomatiques de *-ra'a* 119

Deuxième partie
LES SYNTAGMES

12. LE SYNTAGME VERBAL 123
    12.1. Généralités 123
    12.2. Aspectuels 124
    12.3. Qualificatifs 142
    12.4. Le morphème *-ra'a* 148
    12.5. Pseudo-passif 153
    12.6. Directionnels 154
    12.7. Déictiques 158
13. SYNTAGMES QUASI VERBAUX 160
    13.1. Généralités 160
    13.2. Divers 161

14. LE SYNTAGME NOMINAL 161
  14.1. Généralités 161
  14.2. Articles 162
  14.3. Prédéterminants 166
  14.4. Qualificatifs 171
  14.5. Directionnels 173
  14.6. Déictiques 174
  14.7. Compléments possessifs 174
  14.8. Syntagmes ayant pour noyau un nom propre ou un pronom 177

15. LE SYNTAGME INCLUSIF 179

16. EXPRESSIONS NUMÉRALES 181
  16.1. Généralités 181
  16.2. En fonction de prédicat 183
  16.3. En fonction de sujet 183
  16.4. En fonction d'objet 184
  16.5. En fonction de complément 184

17. GROUPES PRÉPOSITIONNELS 185
  17.1. Généralités 185
  17.2. *i/iā* 186
  17.3. *iō* 188
  17.4. *nā* 189
  17.5. *nō* 190
  17.6. *mai/mai iā* 192
  17.7. *mā* 193
  17.8. *o* et *a* 193
  17.9. *'o* 194
  17.10. *ā* 194
  17.11. *i, tei, ei/iā, tei iā, ei iā* 195
  17.12. *maoti/maori* 197

18. NOMINALISATIONS 197
  18.1. Généralités 197
  18.2. Constructions 198
  18.3. Sujet ou objet traité en complément possessif 199

19. VOCATIFS 201

Troisième partie
MORPHOLOGIE, CLASSES DE MOTS

20. MORPHÈMES GRAMMATICAUX 205
  20.1. Prédicateurs 205
  20.2. Pronoms 205
  20.3. Articles 207
  20.4. Quantifieurs et autres prédéterminants 207
  20.5. Directionnels et déictiques 208

20.6. Suffixes *-ra'a* et *-hia* 208
20.7. Qualificatifs 208
20.8. Locatifs 209
20.9. Prépositions 209
20.10. Noms de nombre 210
20.11. Négation et interrogation 210
20.12. Conjonctions et particules diverses 211

21. MORPHOLOGIE LEXICALE 212
21.1. Allongements de voyelle 212
21.2. Redoublement 214
21.3. Métathèses 224
21.4. Préfixation 224
21.5. Suffixation 232
21.6. Composition 236

22. LE PROBLÈME DES CLASSES DE MOTS 239
22.1. Critère des USB 240
22.2. Critères des variantes d'USB 241
22.3. Autres critères ? 242
22.4. Récapitulation provisoire 242

BIBLIOGRAPHIE 243
Grammaires tahitiennes 243
Études sur le tahitien 243
Autres langues polynésiennes 244

INDEX DES NOTIONS 247

INDEX DES MOTS TAHITIENS 251

TABLE DES MATIÈRES 255

ERRATA

Page- Ligne ou (exemple)	au lieu de :	lire :
20 - (1.11)	I ART	PP ART
21 - 18	(e tāmuta	te tāmuta
23 - 21	expression prépositionnelle	groupe prépositionnel
25 - 12	expressions prépositionnelles	groupes prépositionnels
29 - (2.9)	tā tāmā'a prendre repas	tā tāmā'a ASP prendre repas
33 - (2.38)	maere roa INT étonnant	maere roa étonnant INT
34 - 13	'aspectuel	l'aspectuel
42 - (2.97),(2.99)	reira ANA	reira LOC
43 - (2.100),(2.101)	reira ANA	reira LOC
46 - 14	§ 3.4	§ 4.1
- 15	§ 4.5	§ 5.3
50 - (4.3)	a haere	e haere
52 - 11	FN	FV
60 - (5.5)	(AN)	(ANA)
69 - 6 du bas	enchainement	enchaînement
76 - (7.35)	a ara	'a ar
80 - (8.16)	ART se fâcher	ASP se fâcher
82 - (8.24)	I	i
88 - (9.5)	I	i
90 - 5 du bas	tandis que"	"tandis que"
94 - (9.34)	'āhiri	'ahiri
- (9.35)	āhiri	'ahiri
95 - (9.42)	I	i

108 - (10.65)	**huira'atira'a**	huira'atira 'a
126 - (12.20)	NP	LOC
127 - (12.27)	**tamari'ie haere I**	tamari'i e haere i
143 - (12.126)	**tamari'ii**	tamari'i i
- (12.129)	rivage	LOC
147 - (12.153),(12.154)	**ana**	ana
	ASP	d'habitude
158 - 9	concurrence	cooccurrence
160 - (13.7)	MP	NP
165 - 5	quantificateur	quantifieur
170 - (14.48)	(quelques) deux	quelques/deux
175 - (14.87)	**tā na**	tā-na
182 - (16.6)	**tamari'ii**	tamari'i i
190 - 14	**na ni'a i**	nā ni'a i
192 - (17.46)	I Mo'orea	i Mo'orea
- (17.48)	**ua**	'ua
193 - (17.54)	sPP ept	PP sept
198 - 6	(18.6)	(18.5)
- 10	(18.7)	(18.6)
213 - 15	cvv̄ cv → cvv̄ cvv̄	cvcv̄ → c̄vcv̄
214 - 2 du bas	**ūtuō**	tūtuō
215 - 3 du bas	**āmā'a**	tāmā'a
216 - 3	§ 21.2.3	§ 21.2.2.3
229 - 9 *toute la ligne est à lire comme suit* :		
	ti'i "ancêtre, statue rappelant les ancêtres"	**feti'i** "famille étendue"
231 - 14	**ati**	'ati
- 16 du bas	**īna'i**	tīna'i
232 - 13	**turi**	uri
234 - 9 du bas	**a'u**	ha'u
235 - 8 du bas	**'ahurumā**	'ahuru mā
239 - 11	**na-vaha-rau**	ana-vaha-rau